熬通宵也要读完的

大隋史

覃仕勇 著

台海出版社

图书在版编目（CIP）数据

熬通宵也要读完的大隋史 / 覃仕勇著 . -- 北京：台海出版社，2021.2

ISBN 978-7-5168-2807-6

Ⅰ.①熬… Ⅱ.①覃… Ⅲ.①中国历史—隋代—通俗读物 Ⅳ.① K241.09

中国版本图书馆 CIP 数据核字（2020）第 216841 号

熬通宵也要读完的大隋史

著　　　者：覃仕勇	
出 版 人：蔡　旭	封面设计：仙　境
责任编辑：曹任云	策划编辑：仪雪燕

出版发行：台海出版社
地　　址：北京市东城区景山东街 20 号　　邮政编码：100009
电　　话：010-64041652（发行，邮购）
传　　真：010-84045799（总编室）
网　　址：www.taimeng.org.cn/thcbs/default.htm
E-mail：thcbs@126.com

经　　销：全国各地新华书店
印　　刷：三河市嵩川印刷有限公司

本书如有破损、缺页、装订错误，请与本社联系调换

开　　本：710 毫米 ×1000 毫米	1/16
字　　数：288 千字	印　张：19.5
版　　次：2021 年 2 月第 1 版	印　次：2021 年 2 月第 1 次印刷
书　　号：ISBN 978-7-5168-2807-6	

定　　价：48.00 元

版权所有　　翻印必究

序 言

隋朝的历史很短,却是最先在我脑海里留下"王朝"概念的朝代。

这个概念源于小人书、连环画。

说起儿时的连环画,那可真是满满的回忆。

我收藏过的连环画,林林总总,有好几百本。

可惜这些"宝贝"总是在收藏过程中偶遇"不速之客",或被借去或被顺走,书本不断流失;甚至在我外出求学以后,管理失控,书本四散,书魂飘零,十不存一二。后来经历了两次搬家,最终丢失,不可再寻。

书本虽然尽失,如今说起却是历历如绘。

为什么会这样?

除了图文给我印象深刻之外,最主要的,每一本都与我有一段交织了欢笑或泪水的"缘分",每一本背后都有一段与我相关的故事。

如果时间和精力允许,我很愿意把这些故事讲述出来,它将是一件非常赏心的事。

总觉得，我今天还能对文学、史学、美术、书法保持有相当的兴趣，这应该归功于儿时阅读过和收藏过连环画。

如果把关于连环画最深邃的记忆翻挖出来，我最早接触且印象深刻的，应该是我邻居小伙伴家的一本连环画。

那是一本破旧且脏，还残缺的连环画，没有封面，前后都严重缺页，只剩下中间薄薄的二三十页。

小伙伴和我都还没有上学，不识字。那天黄昏，他拖着两条长长的鼻涕，乐呵呵地拿着书到我家院子里，和我一起坐在院子的泥地上，用沾满了鼻涕的手翻看书里的画。

画风很粗犷，接连十几幅画里都有一张大弓，这张大弓的主人是一个长着铁线一样胡须的粗犷男人，瞪着眼、龇着牙。

围绕着这张大弓，出现了一系列单看图画就可以看得懂的故事：这个长着铁线一样胡须的粗犷男人在街市上举着大弓，嘴里在高呼着什么，人们被成功地吸引了过来。有人去试那张大弓，弓的形状却毫无改变。有两个人一左一右去拉那张大弓，一个人在左边，用两只手去拽弓身；另一个人在右边，也用上了两只手去拉弓弦，弓的形状仍毫无改变。有一个五大三粗的男人去拉弓，脸上青筋暴起，弓被拉了个半开。长着铁线一样胡须的粗犷男人拉弓，弓被拉了个满月。来了一个骑马的将军，他骑在马上拉弓，弓被崩断了……

这些画，画得实在有趣。

我们虽然弄不懂画里讲的具体内容，只是胡乱翻着看，却感觉趣味无穷，不时指着画里的人物笑。

我们还拿了瓦砾、石块在院子里照着书上的画来画人、画弓、画马、画大刀。

后来，在中学教书的父亲回来，看到这本书，他认真地告诉我，书里讲的是《隋唐演义》里山东好汉秦琼"五马闹花灯"的故事。

我一边听父亲讲故事，一边盯着书里的画看，听得津津有味，也看得津津有味。

小伙伴带着他的破书回家了，父亲看出了我的不舍和落寞，后来到书店给我买回那本破书的完整版,书名叫《闹花灯》。

从此,我和连环画结下了不解之缘。

我最先收集的连环画,就是"隋唐演义"系列连环画。

我因此知道了中国古代历史上有两个朝代:隋朝、唐朝。

隋朝、唐朝是两个朝代,为什么会合称在一起呢?

我最先的理解是:山东好汉秦琼"五马闹花灯"的演义故事是发生在隋朝将要灭亡、唐朝将要开始的时间交接点上,那么,这段演义故事就叫"隋唐演义"。

这个理解并没有错。

但现在史家治史,每论及唐朝的文化、经济以及各项政治制度,仍是离不开隋。

所谓言唐必说隋是也。

即隋朝和唐朝总是被捆绑在一起的。

合在一起的隋唐,也已被当作中国最强盛的时期。

这到底又是什么缘故呢?

中国古代历史上有两大鼎盛王朝,它们分别是汉与唐。

而在汉唐之前,都有一个庞大而短命的王朝:秦和隋。

秦朝统一了春秋战国以来天下纷争乱糟糟的局面,本身的统治时间不长,国祚只传了两帝一王,共十四年历史,却为两汉奠定了长治鼎盛的基础。

隋朝则是结束了自西晋末年以来长达三百年的分裂局面,并清除各种文化乱象,大力推行汉化,其统治时间稍长,隋文帝、隋炀帝两帝在位时间共三十七年,为后来唐宋汉文化大发展奠定了坚实的基础。

史学家吕思勉先生在《隋唐五代史》一书中说:"汉、唐并称中国盛世。贞观、永徽之治,论者以比汉之文、景;武功尤远过之。然非其时之君臣,实有过人之才智也。唐太宗不过中材,论其恭俭之德,及忧深思远之资,实尚不如宋文帝,更无论梁武帝;其武略亦不如梁武帝,更无论宋武帝、陈武帝矣。若高祖与高宗,则尤不足道。其能致三十余年之治平强盛:承季汉、魏、晋、南北朝久乱之后,宇内乍归统一,生民幸获休息；塞外亦无强部；皆时会为之，非尽由于人力也。"

在吕思勉先生的眼里，唐朝的贞观、永徽之治，比汉朝的文景之治强盛多了，在武功方面更是远远超出。但唐太宗的才干，不过是中等级别，文治不如宋文帝、梁武帝，武治更被宋武帝、陈武帝远远甩开。之所以出现了三十多年的治平强盛，都是时数、运数所致，并非全由人力。

显然，吕思勉先生所说的时数、运数，主要来自隋文帝一统天下，终结了汉、魏、晋、南北朝以来三百多年的动乱，使内重归于统一。

一句话，隋朝在中国古代历史上地位很重要，不容忽视！

但隋朝被绑在唐朝之上，且其本身的历史太短，还是遭到了大众的忽视。

本书从隋朝的诞生渊源说起，到隋朝全面终结，描绘了一幅隋朝全景图，力图让大家对隋朝有一个整体上的了解。

目 录

第一章　大一统之前的乱局 / 1
　◎一位很有作为的皇帝，被活活气死 / 1
　◎荒唐太后以女充男，将一新生女婴立为皇帝 / 4
　◎高欢为何总能压宇文泰一头？ / 7
　◎玉壁大战中的疑点 / 9
　◎最神似霸王项羽的人，连死法都一样 / 13
　◎历史奇观：十四岁孩童发动政变 / 17
　◎斛律金：北齐第一名将 / 19

第二章　隋朝开国 / 25
　◎勇猛堪比关张的隋太祖杨忠 / 25
　◎原本只想安安静静地做个美男子的隋文帝 / 30
　◎杨坚篡周建隋时，李唐家族在忙什么呢？ / 33
　◎尉迟迥是北周忠臣吗？ / 37

◎说说独孤信的煤精印 / 41
◎北周宇文部的爱恨情仇 / 44
◎北周五帝的命运 / 46
◎南梁亡国前三年，帝位传九人，乱象横生 / 49
◎千金公主欲复国，结局很惨烈 / 55

第三章　大隋猛将 / 61
◎有李广之能、霍去病之勇、班超之谋的长孙晟 / 61
◎达奚长儒：隋朝最恐怖的将领 / 68
◎韩擒虎：少年擒虎，长大擒王，死后成了"阎罗王" / 71
◎名将贺若弼只因嘴太碎，身遭横祸，满门被抄 / 74
◎政治智商让人着急的杨素，居然富贵福禄寿齐全 / 81
◎史万岁：史上至强单挑王 / 88
◎"神行太保"麦铁杖 / 94
◎李密为何成为反隋义军盟主？ / 99
◎裴仁基：一门父子三虎将 / 106

第四章　吞并南陈 / 110
◎南朝陈武帝唯一嫡子，命运太悲惨 / 110
◎陈武帝遭挫骨扬灰、断子绝孙，令人痛惜 / 113
◎陈后主恩将仇报，弟弟被迫卖酒度日 / 117
◎吴明彻被擒，陈朝被灭已成定局 / 119
◎威武一生的萧摩诃，晚年被陈后主夺妻 / 125
◎不服贺若弼，怒怼韩擒虎的周罗睺 / 128
◎斩杀绝代美女张丽华是谁的主张？ / 131

第五章　大隋名臣 / 138
◎开隋定策功臣刘昉 / 138
◎三位佐命功臣为何要造反？ / 144

◎隋朝版的"鸿门宴",惊心动魄 / 149
◎高颎不慎种祸根 / 152
◎"得其时、遇其主"的李德林为何以悲剧收场? / 160
◎清高的苏威晚年求官成笑柄 / 168
◎虞庆则纳美妾,结果招来杀身大祸 / 172
◎身为薛道衡的"粉丝",隋炀帝为何最终还是杀了薛道衡? / 176
◎卢思道身历三次改朝换代,多次获罪,却逢凶化吉 / 182
◎封伦:历事数主的官场"老油条" / 186

第六章 帝王家事 / 191

◎隋文帝若让杨勇继位,隋朝也许崩得更快 / 191
◎论隋文帝五子之长短 / 197
◎隋亡时,隋文帝的兄弟为何不出来救国? / 201
◎隋炀帝真的是杀父弑君吗? / 205
◎杨丽华对父亲表示永不谅解 / 210
◎杨丽华为女选婿,被选中的李敏是什么来头? / 213
◎知道吗?隋朝共有八帝,其中之一活到了唐高宗朝 / 219
◎九岁小孩墓发掘,棺外刻四字咒语 / 223

第七章 短命的隋朝 / 226

◎隋文帝知法玩法,对后世影响极坏 / 226
◎曾恩待秦琼的来护儿,差点平灭高句丽 / 230
◎神秘的鱼俱罗,因重瞳被忌杀 / 235
◎惨遭隋炀帝雪藏的猛将杨义臣,无力回天 / 238
◎打仗最像霸王项羽的杨玄感,下场很惨 / 241
◎李密这一失策,导致隋末瓦岗军的崩解 / 246
◎现京杭大运河是隋炀帝时凿的?请莫张冠李戴 / 256
◎杨坚曾血洗北周宇文氏,为何留下了宇文化及一家? / 260
◎隋炀帝原本是可以避免死于江都的,但他不想活了 / 266

第八章　隋朝余话　/ 274

◎隋朝的国号"隋"是怎么来的？　/ 274

◎隋朝基业始自北周，天下正朔是否传承自北朝？　/ 275

◎隋杨本姓"普六茹"？李唐本姓"大野"？　/ 277

◎说说隋朝的"千年粮仓"　/ 279

◎隋名将杨素是否常送美女给年青才俊？　/ 281

◎抢到项羽一条腿的人，他的后代建立了一个强盛王朝？　/ 284

◎兰陵王古尸容貌复原出来了吗？　/ 287

◎隋人《出师颂》为何这么值钱？　/ 290

◎张伯驹卖掉北京胡同里十五亩豪宅，只为购这幅《游春图》　/ 295

◎隋末瓦岗寨今何在？　/ 299

第一章 大一统之前的乱局

 一位很有作为的皇帝，被活活气死

北魏孝文帝拓跋宏是一位在南北朝时期非常有作为的皇帝，也是一位在中国历史上杰出的少数民族政治家、改革家。

孝文帝执政期间，致力于整顿吏治，倾心汉化，迁都洛阳，对北魏和中国历史产生了深远影响。他本人曾写诗"白日光天兮无不曜，江左一隅独未照"，表达了要完成南北统一大业的远大志向。

历代史家对孝文帝评价极高。

北魏裴延儁评价其"天纵多能，克文克武"。

南宋儒者叶适称赞其"有舜，文王之姿"。

一代大儒真德秀则说："元魏孝文号为贤主。"

明代大文学家、史学家王世贞从文学的角度称赞说："自三代而后，人主文章之美无过于汉武帝、魏文帝者。"

不过，谈及孝文帝这些成就，还得从他的祖母冯太后说起。

冯太后的来历可不简单。

冯太后的祖父是北燕的最后一代君主冯弘。

北魏神䴥三年（430年）秋，北燕明君冯跋病死，弟弟冯弘废杀了冯跋的太子冯翼，自立为天王。

冯弘凶狠阴毒，登上了大位，把哥哥的一百多个儿子一股脑儿赐死，搞得天怒人怨，众叛亲离，甚至他的好几个儿子都不愿认他为父，逃入北魏。

这几个逃入北魏的儿子中，有一个名叫冯朗。

冯太后就是冯朗的女儿，十二岁被文成帝拓跋濬选为了贵人，十六岁被立为皇后。

冯太后没有生育，拓跋濬另立宫中贵人、南朝寿阳人李氏所生的儿子拓跋弘为太子。

北魏实行子贵母死制度，拓跋弘在被立为太子时，生母李贵人即被赐死，由冯太后抚养成人。

北魏和平六年（465年），文成帝拓跋濬驾崩，年仅十二岁的皇太子拓跋弘即位，是为献文帝。

政局动荡，冯太后临朝听政，定策诛杀了权臣乙浑，执掌朝政。

冯太后朝权一在手就欲罢不能，深深地爱上了权力的魔杖。

随着拓跋弘一年年地成长，冯太后不得不一点点地还政。

但是，北魏皇兴三年（469年），冯太后威逼拓跋弘立两岁的儿子拓跋宏为太子，并于北魏皇兴五年（471年）威逼拓跋弘让出皇位。

这样，年仅十八岁的拓跋弘成了历史上最年轻的太上皇。

为了让拓跋弘彻底告别政坛，冯太后又于北魏承明元年（476年）将之毒死。

孝文帝拓跋宏年纪太小，冯太后兴冲冲地重新临朝听政。

也就是说，基本整个献文帝朝和孝文帝朝前期，北魏的真正统治者，就是冯太后。

冯太后对北魏朝廷进行了一系列中央集权化的改革，对后来的孝文帝影响至深。

当然，对孝文帝影响最深的，还是冯太后给他选的两位皇后。

这两位皇后都是冯太后的侄女，姐姐叫冯媛，妹妹叫冯润，是冯太后哥哥的女儿，其中冯媛为第一任皇后。

北魏太和十四年（490年），冯太后死在太和殿，时年五十岁。

二十四岁的孝文帝为祖母举行了盛大的葬礼，同时，正式亲政。

孝文帝沿袭祖母改革的步伐进一步推进。他先整顿吏治，立三长制，实行均田制。北魏太和十八年（494年），他以"南伐"为名，迁都洛阳，全面改革鲜卑旧俗：规定以汉服代替鲜卑服，以汉语代替鲜卑语，迁洛鲜卑人以洛阳为籍贯，改鲜卑姓为汉姓，自己也改姓"元"。他鼓励鲜卑贵族与汉士族联姻，然后参照南朝典章，修改北魏政治制度，并严厉镇压反对改革的守旧贵族。

在改革过程中，孝文帝的决心和力度都非常大。

孝文帝的第一位皇太子元恂自幼得冯太后的溺爱，嚣张跋扈，目中无人，反对孝文帝的改革。孝文帝对之杖责，收不到成效，一怒之下，将之赐死于河阳，按平常礼仪入葬。

皇后冯媛虽然接受了汉服，但拒绝学习汉语。

孝文帝义无反顾地将之废掉，将其遣送到瑶光寺为尼。

孝文帝的铁腕使鲜卑经济、文化、社会、政治、军事等方面大大地发展，缓解了民族隔阂，史称"孝文帝改革"。

冯媛被废后，孝文帝立冯润为后。

冯润比姐姐冯媛还难惹，恃宠生娇，脾气火暴。

孝文帝迁都洛阳后，一直忙于南征，经常不在皇宫。

冯润独守宫中，难耐寂寞，和一个宫中执事高菩萨好上了。

这高菩萨长得仪表堂堂，身体十分健壮，冯润和他难舍难分。

为了能够长相厮守，冯润让他假扮宦官，经常在宫中与他玩乐。

孝文帝后来在汝南患病，冯润就更加目中无人、愈加放肆。她还笼络了中常侍双蒙等充当心腹，培植党羽。

宫中众人忍无可忍，将此事告知彭城公主。

彭城公主是出了名的美人，但红颜多舛，年纪轻轻就死掉了丈夫，回到宫中守寡。冯润的同母弟北平公冯夙是个流氓加恶棍式的浪荡公子，垂涎于公主的美色，霸王硬上弓，准备强夺强娶。冯润也配合兄弟，不断给公主加压。

无奈之下，彭城公主偷偷带着十余侍从前往汝南向皇帝求救，同时告发了冯氏淫乱后宫的丑事。

正是："垂死病中惊坐起，暗风吹雨入寒窗！"

正在病中的孝文帝，初闻此噩耗，犹如五雷轰顶、天旋地转。

北魏太和二十三年（499年），孝文帝带病回到洛阳，捕杀了高菩萨、双蒙等人，但只和冯润分居，没有废黜她。

孝文帝身体本来就差，经过这场情事变故，身体每况愈下，最后病死于南征途中。

临终前，孝文帝对两个弟弟彭城王元勰、北海王元祥说："皇后不守妇道，我死以后，她恐怕会干预朝政，你们可用我的遗令将她赐死，仍按皇后礼制厚葬，别败坏了冯家的名声。"

孝文帝死后，彭城王、北海王等按皇帝遗令，强迫冯润服毒而死，谥号幽皇后。

荒唐太后以女充男，将一新生女婴立为皇帝

话说，北魏的开国之君拓跋珪是一个牛人，同时也是一个很变态的人。

说他牛，那是因为他善于抓住时机，因势而起，扩张疆土，励精图治，将鲜卑政权推进封建社会。

说他变态，那是因为他喜欢吸毒，长年服食寒食散，刚愎自用、猜忌多疑，以杀人为乐。

最变态的是，他尤其崇拜汉武帝死前杀钩弋夫人，因此为自己的王朝立下了一条"子贵母死"的规矩，即后宫妃嫔中，包括皇后，谁的儿子册封了太子，谁就必须死。

因为这条规矩，他的子孙出生率就受到了极大影响。

有了这条规矩，任何一个后宫妃嫔，包括皇后，谁都不可能怀着轻松的心态给北魏的皇帝生儿子，因为生了儿子，就可能被册封为太子，而儿子被册封为太子之日，就是自己被赐死之时。

这太可怕了！

北魏皇宫的妃嫔小心翼翼地生活和生产着，谁都不第一个生儿子，因为第一个儿子被册封为太子的可能性最大。

不管怎么样，总会有一个人先生下儿子，生下了儿子，被册封为太子后，就会有一个无辜的女人含泪告别人世。

就这样，北魏的君主传了一代又一代，传到了第九代。

第九代宣武帝元恪原本和第一任皇后于氏生过一个儿子元昌。

于皇后刚生下儿子那会儿，后宫里的女人弹冠相庆，以为自己没事了。

哪料，元昌不久就夭折了。

一下子，后宫的气氛突然紧张起来，大家都不愿意和宣武帝同房。

可叹宣武帝空有三宫六院数千妃嫔，却要面临断子绝孙的危险。

所幸，有一个姓胡的女人视死如归，挺身而出，公开表态说："天子岂可独无儿子，怎可为了一己之生死而令皇家没了嫡传的血脉呢？"

这话传到宣武帝的耳中，宣武帝感激加感动，使劲宠幸，终于使她有了身孕。

在怀孕期间，胡氏每夜都当着众人在佛前庄重起誓："但愿所怀是个男孩，即便因为当上太子而杀了我，也在所不辞！"

佛也许真被感动了，保佑她顺利地生下了儿子元诩。

宣武帝乐坏了，加封胡氏为充华嫔。

元诩三岁那年，被册立为太子。

按照祖训，胡氏该上路了。

但宣武帝不肯按祖训处死胡氏。他铁了心要废除"子贵母死"的规矩，保护好胡氏，不让这个伟大的女人受到一丝一毫的伤害。

元诩六岁那年，宣武帝病故了，死时才三十三岁。

宣武帝一死，他唯一的儿子元诩便继承了帝位，胡氏翻身做主人，成了北魏的皇太后。

由于皇帝年龄太小，胡太后就临朝称制，掌握了北魏大权。

胡太后没什么文化，见识也很少，指望她治理好国家，概率接近于零。

事实也证明了这一点，胡太后在领略到了权力的魔力之后便一发不可收拾。兴建宫殿、佛寺，蓄养男宠、面首，挥霍无度，把北魏搞得乌烟瘴气，纲纪大乱，民不聊生。

胡太后胡搞恶搞了十几年，元诩便想收回母亲的权力。

为了维持现有的权力，胡太后打算杀死亲生儿子元诩。

不过，她迟迟没有动手。

因为，一道巨大的难题摆在她面前：元诩是宣武帝元恪唯一的儿子，且元诩本人还没有儿子，元诩一死，立谁为君？

也算是天遂人愿，不久，元诩的潘嫔怀孕了！

胡太后喜形于色，坐等着皇子出生，然后动手弑掉元诩，再立幼帝，继续执政，号令四方。

可是，胡太后失望了。

苦等了九个月，潘嫔生产了，生下的却是个公主！

胡太后急疯了。

继续等元诩有了儿子再动手？

不行，再等，恐怕会节外生枝。

胡太后决定瞒天过海，对外诈称是皇子降生，大赦天下，改元武泰。

胡太后的想法是，除掉元诩，刻不容缓。

除掉元诩后，就用这个小公主冒充皇子，先继承皇位作为过渡，然后再从元诩的堂侄辈里选个小王子来顶替。

说干就干，胡太后毒杀了元诩，以女充男，立潘嫔生下的皇女为帝。

在这种背景下，潘嫔生下的皇女就成了中国历史上的第一位女皇帝。虽然她对外的身份是男皇帝，但事实上就是女皇帝。

不过，这位女皇帝的在位时间并不长。

胡太后自料纸难包住火，这种事，瞒得了一时，瞒不了一世，因此下诏书宣称："潘嫔实际上生的是女儿。原临洮王元宝晖的后代元钊，是孝文帝的嫡系后代，应该做皇帝。文武百官各进二级官位，宿卫进三级官位。"宣布迎立临洮王三岁的世子元钊即位。

胡太后的做法激怒了大军阀尔朱荣。

尔朱荣上表章抗言说："皇后生女，称为储君，疑惑朝野，表面悲哀，实则庆幸，宗庙之中，祖先被欺，天下百姓，离心离德，致使朝廷危如累卵，国家毁于一朝，选君于婴孩之中，寄治乳抱之日，必然导致奸臣逆竖把持朝政，乱臣贼子破坏纲纪，他们便可随心所欲地指影以行权力，借形而弄诏令，这就是蒙住眼睛捕捉麻雀，塞着耳朵盗取铜钟。"

不日，尔朱荣率大军杀向京师洛阳，声称要立长乐王元子攸为帝，处死了胡太后和小皇帝元钊，随后又制造了史上有名的"河阴惨案"，敲响了北魏王朝的丧钟。

高欢为何总能压宇文泰一头？

曾有人说，中国出现过两个南北朝时期。

这第一个南北朝时期，指的当然是魏晋十六国之后、杨坚篡周代隋完成天下大一统之前，南北两方阵营相对峙的时代。

第二个南北朝时期，指的则是靖康奇祸之后，南宋与金相对峙时代。

但是，我们比较一下，所谓的"第二个南北朝时期"，南宋与金帝国之间虽然时有杀伐，但彼此内部政权是比较稳定的。它们的灭亡，并不是死于内乱，而是双双亡于刚刚崛起的蒙古新贵之手。

在第一个南北朝时期，南北对峙双方内部的变幻颇多，却又各不相同。

南朝这边，刘宋、萧齐、萧梁这几个政权，你方唱罢我登场，轮番上阵与北魏相抗衡。

北朝那边，保持了较长时间的稳定，不动声色地接住了南朝方面宋、齐、梁的车轮大战。但是，到了后面扛不住了，北方六镇起义，国内大乱，北魏一下子崩塌，分裂成了东、西两魏。

一开始，东、西两魏的大本营分别在洛阳和长安。

洛阳是原先北魏的首都，不说别的，单说这一点，就可以知道，这纷争不息的两魏局势，肯定是东强西弱。

事实也是如此，东魏继承了北魏的部分人口和军队，西苞汾、晋，南极江、淮，东尽海隅，北渐沙漠；而西魏仅占据经济凋敝且人口稀少的陕西、宁夏及甘肃部分地区。

因此，东魏的话事者高欢，对西魏横看竖看不顺眼，恨不得早一天吞下西魏，完成北方的统一。

不过，西魏的实际当权者宇文泰，却是个永远不肯服输的主，张牙舞爪地与高欢对抗。

于是，两魏之间就发生了"小关之战""弘农之战""沙苑之战""河桥之战"等一系列战争。

"小关之战"的爆发时间是东魏天平三年（西魏大统二年，536年）十二月，彼时，高欢倚仗自己拥有优势兵力，兵分三路西征，自己亲领一路，司徒高敖曹一路，大都督窦泰一路，与宇文泰激战于今陕西潼关以东地区。

宇文泰面对强大来敌，沉着应战，采取了"集中精锐，各个击破"的战术，先以精骑潜出小关，袭灭窦泰一路，然后回师北上，击溃高欢一路。

该战，以西魏胜利告终。

为了扩大"小关之战"后取得的战果，东魏天平四年（西魏大统三年，537年）八月，宇文泰亲率独孤信等十二将东伐，发动了"弘农之战"。

宇文泰初战告捷，先克槃豆，再取东魏粮食基地弘农，迫降了宜阳、邵郡等地。

高欢勃然大怒，于同年十月集结起二十万之众，以排山倒海之势扑向占据了弘农的宇文泰部。

宇文泰驻扎在沙苑，闻高欢来犯，遂引军于渭曲布阵迎战。

由此，至为惨烈的"沙苑之战"打响。

宇文泰以逸待劳，部署得当，正奇相搭，虚实相间，经过一番格杀、血拼，最终击溃了高欢，并尾随掩杀，斩杀了一万多东魏军士，俘虏了七万多人，全取了河东，进而占据了洛阳城郊的金镛城。

为了挽回颓势，高欢于东魏元象元年（西魏大统四年，538年）整饬兵马，发起了"河桥之战"。

他让侯景、高敖曹围困住据守金镛城的东魏大将独孤信，自己亲率主力向西，与前来救援金镛的宇文泰激战于河阴。

双方鏖战了两个多月。

尽管互有胜负，旗鼓相当，但对宇文泰来说，他是客场作战，不但粮运难继，而且各方面的调度难于执行，时间一久，便难于支撑。

最后，宇文泰仅留下都督长孙子彦继续据守金镛，自己烧营而遁。

高欢欢呼着追杀到崤山，胜利而还。

此战，高欢一举收复了南汾、颍、豫、广四州。

我们看，"小关之战""弘农之战""沙苑之战""河桥之战"这四场大战，高欢连输三场，却未伤及根本；但宇文泰仅仅输在第四场，却举国大震，人心浮动，变乱四起。其中，沙苑所俘军人赵青雀、雍州百姓于伏德等叛乱影响很大，让宇文泰疲于奔命、焦头烂额、苦不堪言。

不过，高欢虽然在"河桥之战"获胜，却只是惨胜，其得力猛将高敖曹、大都督李猛、西兖州刺史宋显都在这场大战中丧生，再也无力西进。

于是，双雄之间的争霸，暂时告一段落。

玉壁大战中的疑点

在"沙苑之战"刚刚结束那会儿，宇文泰就派军进驻在河东，使高欢不敢再像以前那么肆无忌惮地西渡黄河进入关中，要闹事，也只能南下在河南一带展开。

但是，如何拱卫河东，却是一件很伤脑筋的大事。

镇守弘农的并州刺史王思政经过一番实地考察，认为只要在玉壁修筑起一个城防，就足以粉碎高欢谋取河东之心。

经过宇文泰审批，王思政亲自规划经营，在汾河、涑水河分水岭的峨眉塬北缘，修筑了城防坚固的玉壁城。

此外，他还以玉壁城为依托，沿汾河修筑了大大小小十多个防御工事，构成有效的防守纵深。

有了玉壁城拱卫的河东，不仅可以牵制住高欢的西进，还直接威胁到高欢的军事中枢所在地晋阳，成了一把指向高欢咽喉的尖刀。

高欢因此倒吸了一口冷气。

东魏兴和四年（西魏大统八年，542年），寝食难安的高欢率军前来攻打玉壁城，准备拔掉这一根眼中钉、肉中刺。

不过，高欢由于来得急，考虑不周，选择出兵的时机不对，时值隆冬，天气突然转冷，很多士兵、马匹被冻僵、冻死，没法展开大型攻击。

高欢在玉壁城下苦撑多日，天气还没有回暖的迹象，而冻死的士兵人数一天天增多，最后，不得不含恨退去。

东魏武定元年（西魏大统九年，543年），高欢本来是想再攻玉壁城的，但是，他手下的豫州刺史高慎竟然献虎牢关投降了宇文泰！高欢被迫领兵南下，与宇文泰在邙山一带展开生死血拼。

这一战，对宇文泰来说，真是得不偿失。

他因为接收虎牢之地，招来高欢的疯狂反扑，损失了士卒六万多人，连丢豫州、洛州，就连弘农也几乎失守。

高欢本来可以趁此机会收复河东、平定关中的。

但是，士将疲倦，群心厌战，又兼内有图谋叛己之臣，外有山胡等强敌觊觎，高欢抱憾东归，错失千古良机，成终生大恨。

东魏武定四年（西魏大统十二年，546年）八月，经过休整了两年多的高欢再次西征。

这次西征，高欢把第一要务放在攻克玉壁城上。

他整军十五万，驻扎于汾河北岸，与玉壁城隔河相对。

这时的玉壁城守将已由原先的王思政换成了韦孝宽。

由于王思政调任荆州刺史，他向宇文泰推荐晋州刺史韦孝宽前来接替自己的职。

有意思的是，在南北朝时期，一南一北都出现了一个姓韦的名将。

南朝的是淮南韦虎——韦睿；北朝即是韦孝宽。

成就韦孝宽不世之威名的，就是在玉壁城与高欢这一场万众瞩目的旷世大战。

战斗的过程，堪称古代战场最精彩的攻防大战之一。

双方无所不用其极。

高欢作为攻方，占据战斗的主动，每一次交锋，都是他率先变招，韦孝宽被动应对，见招拆招。

交战的第一回合：高欢在城外筑起土山，以求居高临下，用抛石机、弩箭远程攻击城内；韦孝宽针锋相对，在城楼上构架城楼，层层加高，力争保持着高出城外一头的优势，压制着对方。

堆土山工程庞大，东魏士兵苦不堪言；在城楼上构建木楼相对容易，所以西魏可以轻松应对。

这场争高赌赛最后以高欢认输告终。

高欢于是把攻击方向转向了地下。

他在城南挖掘了十条地道，同时声东击西，猛攻北城；韦孝宽洞察其奸，加派军队在北城坚守，然而在城南沿城挖掘壕沟，静待敌军破土探头，当敌军探头时，立刻动手，继而在地道口堆积木柴，用鼓风机向地道深处鼓烟而入。

西魏士兵被烟熏火燎，鼠窜而遁。

第二回合，韦孝宽完胜。

比较让人疑惑的是第三回合。

这次，高欢以攻车撞击城墙——攻车上的巨大圆木每撞击城墙一次，都弄得惊天动地，如果没办法破解，必将城塌人亡。

按说，这一招至刚至猛，破无可破。

但是，史书上载，韦孝宽以柔克刚，他命士兵用布匹做成帐幔，从城楼上垂放下来。

这么做有什么用呢？

第一章 大一统之前的乱局

11

有人说，这一招可以减缓攻车的撞击力。

真的吗？

真的能达到化解掉攻车巨大撞击力的程度吗？

实在难以置信！

于是，又有人说，这一招的主要功效，不是减缓攻车的撞击力，而是遮挡住了操作攻车的东魏士兵的视线，使他们无法掌握发力撞击的时机。

总之，这一回合，韦孝宽又赢了。

第四回合，高欢为了消灭这些讨厌的巨大帐幔，他让士兵焚烧。

韦孝宽为了保护帐幔，制作出钩镰刀，从城楼上伸下来，割断了那些举向帐幔的火把。

火把跌下，反倒烧坏了不少攻车。

火攻不行，高欢又打起了水的主意。

他看到玉壁城里面的饮水，取自汾河，于是让人筑起堤坝，改变流经城内的河道，断绝城中水源。

韦孝宽没有办法，只好发动人力，在城内打井取水。

最后，高欢祭出了最为丧心病狂的一招：挖了更深的地道，一直挖到城墙下面，先用木头撑住，然后放火焚烧木头，以致使城墙倒塌。

这招够毒够狠，韦孝宽怎么破？

史书载，韦孝宽在城墙后方筑起栅栏，撑住了城墙不塌。

真是无法想象！

这场攻防战持续了五十多天，高欢黔驴技穷，手下军士死伤惨重，折损了七万多人，气恨交加，旧病复发。

有大星坠于营中，军中惊疑有将星坠落，士气一落千丈。

高欢担心此兆应在自己身上，黯然下达撤军的命令。

归途中，军中讹传高欢被西魏大弩射杀，人心惶惶。

韦孝宽又趁这当口大造声势，派大军四处高喊："劲弩一发，凶身自殒。"

为稳定军心，高欢强支病体，在露天大营召集诸将宴饮。

白雪飘零,天高地迥,侍臣斛律金作下千古名曲《敕勒川》:"敕勒川,阴山下,天似穹庐,笼盖四野。天苍苍,野茫茫,风吹草低见牛羊。"

高欢亲自和唱,哀感流泪。

东魏武定五年(西魏大统十三年,547年),正月朔日,出现日食。

在病榻上的高欢叹息道:"日蚀为了我吗?死亦何恨!"

最神似霸王项羽的人,连死法都一样

项羽善战、敢战、能战,有拔山倒海之威势,有横绝一世之气概,暗恶叱咤,千人皆废!

可惜的是,战略目光稍逊,政治格局太小,最终于垓下败逃,英雄末路,乌江自刎,将星陨落。

不过,就算死,项羽也死得悲壮激越,动人心魄。

他看到汹涌而来的汉军中有旧时相识吕马童,大喝道:"若非吾故人乎?"

吕马童一听,脸色大变,不敢与之对视,低头对身边的王翳说:"此项王也。"

项王豪迈不减,大吼道:"吾闻汉购我头千金,邑万户,吾为若德。"拔剑自刎而死。

后世凡出勇将、悍将、猛将,人们总喜欢把他比喻成"小霸王""小项羽"。

比如三国孙策,又比如李密。

吴郡太守许贡曾暗中写信给曹操,密劝曹操拘禁和限制孙策,有提到"孙策骁雄,与项籍相似"。

庾信的《哀江南赋序》也将孙策与项羽相提并论,称:"孙策以天下为三分,众才一旅;项籍用江东之子弟,人唯八千。"

老实说,把孙策比喻为项羽,还是有几分相似度的,《三国演义》因此给孙策加了一条绰号"小霸王"。

李密曾"牛角挂书"研读《项羽传》，把项羽当成自己的人生偶像；而他死后，魏征替他写墓碑文时，也把他比喻成项羽。

无论如何，把隋末李密比喻成项羽，这差距不是一般的大。

至于《水浒传》里的"小霸王"周通，就只能是一个周伯通式的笑话了。

这里说一个被众多史学家公认最接近项羽的猛人——东魏名将高昂。

高昂，字敖曹，是渤海蓨县人，北魏东冀州刺史高翼第三子，幼时便桀骜不驯，年纪稍长，神力盖世，胆量过人，无法无天。

高翼遍求严师管束这个不肖子。但这个不肖子受尽严师捶挞，既不还手，也不放在心上，依然我行我素，热衷于骑马射箭，还放言说："男儿当横行天下，自取富贵，谁能端坐读书当一个老博士。"

高敖曹此语之豪气虽远不如项羽幼时见秦始皇所发的"彼可取而代也"，但其不同凡响，已见一斑。

高敖曹与长兄高乾最为相得。

高乾看中了博陵崔圣念的女儿，派人上门提亲。

博陵崔氏自恃是名门大族，看不上渤海高氏，再加上高乾完全就是一个二世祖、小混混的做派，便断然拒绝。

高敖曹大怒，带了一伙人将崔氏女抢了出来，让她和兄长高乾在野外拜堂成亲。

老爷子高翼知道后，对这个逆子的做法是既激赏，又后怕，他仰天长叹说："高敖曹这逆子如果不使我灭族，就应当光宗耀祖。"

高敖曹不断惹是生非，高翼饱受牵连，经常被关在监狱中。

高翼在狱中悲呼道："我四个儿子都是无法无天之徒，我死后也不知还有没有儿子给我添土？"

北魏设置在北边防御柔然的六镇将士因为待遇下降，发动起义，天下大乱。

高敖曹兄弟四人趁势而起，在起义军和朝廷之间不断变换身份。

尔朱荣成为北魏权臣后，忌惮高氏兄弟，将他们诱捕，囚禁在驼牛署。

北魏孝庄帝刺杀掉尔朱荣后，放出高氏兄弟，让他们兄弟去收拾尔朱荣的余党。

高敖曹披甲执戈，犹如猛虎出柙，三下五除二，就清除了洛阳周围的尔朱荣残部。

孝庄帝大喜，让他们赶赴山东、河北一带招兵，以拱卫京师。

高敖曹拔剑起誓，决意要为朝廷效命。

然而，高氏兄弟才抵达河北，京城就被尔朱别部攻陷，孝庄帝被杀。

高敖曹时在信都，收到噩耗，悲痛不已。

殷州刺史尔朱羽生在这当口率五千兵马袭击信都。

高敖曹勃然大怒，不穿戴披挂铠甲，双手执两条长槊，率领十余骑兵，急吼吼地出城迎战。

高乾听到军士报告，大惊，尽点起城中五百人追出助战。

但是，还是慢了一步。

高敖曹十余骑已大胜而归，不但驱逐走强敌，而且十余骑均毫发无伤，堪称奇迹。

史称："（高敖曹）马槊绝世，左右无不一当百，时人比之项籍。"

孝庄帝已死，高敖曹兄弟势弱无所依，最终投奔了新崛起的一代枭雄高欢。

高欢自称出身于渤海高氏，称高敖曹为叔，并让自己的儿子高澄对高敖曹行子孙之礼。

高欢与尔朱余部在韩陵山展开决战。

高欢部仅有三万两千人，敌军却有二十万之众，压力非常大。

初战不利，高欢被迫后撤。

尔朱联军趁胜掩杀。

情况万分危急。

高敖曹率一千骑兵猛然从栗园出击，将尔朱兆的军队拦腰截断，反败为胜。

清除了尔朱余部，于是便进入高欢与宇文泰双雄对峙、两虎相争时代。

高敖曹曾从商洛山区进军，一路势如破竹。

但是，在攻陷上洛城之战中，高敖曹被流矢射中右肋，险些丢了性命。

高欢召还高敖曹后，任命他为大都督，统率七十六个都督，与行台侯景在虎牢练兵。

高敖曹专门为父亲大修坟墓，口中念念有词地说道："您生前就怕死后没人给您添土，现在我来为您添土了！"

当时的鲜卑人普遍看不起汉人，认为汉人懦弱，但听到高敖曹的名字，却大气也不敢喘。

高敖曹也很有性格，他反过来看不起鲜卑兵，自己带领的都是由清一色汉人组成的军队。

某次，高欢对高敖曹有些不放心，说："高都督你所率领的都是汉族子弟，恐怕不济事，我不如另拨一千多鲜卑兵入你部曲，如何？"

高敖曹昂然答道："我这些部曲训练已久，前后历次战斗，战斗力远胜鲜卑儿。"

高欢只好无奈地笑笑。

高敖曹不但看不起鲜卑人，还逮着机会骂他们，动辄就将他们斩杀。

高欢部以鲜卑人居多，高敖曹既然这样肆无忌惮地凌辱鲜卑人，便因此得罪了许多人，这也为他的死埋下祸根。

东魏元象元年（西魏大统四年，538年），高敖曹与宇文泰在河桥交战，由于轻敌，高敖曹军被冲散，他单骑逃往河阳城。

镇守河阳城的是高欢的堂弟高永乐，此人与高敖曹有旧怨，紧闭城门不纳。

后面追兵已至，高敖曹自知不能免，于是昂起头颅，对追兵吼道："来吧！送你一个开国公的爵位。"

众人一拥而上，瓜分了高敖曹的首级。

高敖曹死，年三十八岁。

高欢闻高敖曹死讯，如丧考妣，追封高敖曹为太师、大司马、太尉、录尚书事、冀州刺史，谥曰忠武。

北齐皇建元年（560年），北齐孝昭帝高演追封高敖曹为永昌王，并将他的灵位放在世宗高澄的陵庙中。

史学家蔡东藩对于高敖曹之死，一语以惜之，云："高敖曹以轻敌而亡，轻躁者之不可行军，固如此哉！"而对于项羽之死，语多指责，称："彼杀人多矣，能无及此乎！天亡天亡，夫复谁尤！"

历史奇观：十四岁孩童发动政变

南北朝时的北齐王朝是个短命王朝，从建立到灭亡，仅二十七年。

而在这二十七年时间内，一共出现了高洋、高殷、高演、高湛、高纬、高恒等六位皇帝。

这些皇帝个个性格乖戾，执政能力一代不如一代。

这其中又以后主高纬最为不堪。

高纬荒淫无道，独爱冯小怜，自称"无愁天子"，政治腐败，自毁长城，诛杀了名将斛律光、兰陵王，最终迎来了王朝末日。

高纬的父亲高湛把帝位传给高纬，是一时鬼迷心窍，误听了宠臣和士开的鬼话。

高湛后宫有美女无数，皇后胡氏更是世间罕有的美女。但高湛偏偏喜欢北齐开国皇帝高洋的皇后、他的嫂嫂李祖娥，软硬兼施、诱迫成奸，然后与之双宿双飞，长栖在昭信宫。

高湛这么做，可就苦了皇后胡氏。

胡皇后青春年少，孤寂难耐，就红杏出墙，和高湛的亲信随从、给事和士开好上了。

和士开相貌俊俏，风流倜傥，弹得一手好琵琶。

高湛也很厚道，觉得自己有愧于胡皇后，不但不加以责怪，还有意成全他们，积极制造机会给他们相会。

和士开勾搭上了胡皇后，内心虽然也感激高湛，但毕竟君心难测，他还是希望把自己一生的荣华全都寄托在胡皇后身上，就撺掇高湛退位，把帝位传给胡皇后的儿子高纬。

北齐河清四年（565年），高湛宣布传位给十岁的太子高纬，自任太上皇。从此深居宫中，专事淫乐。

高纬说话结巴，做事吊儿郎当，高湛其实并不喜欢他。

高湛喜欢的是同样为胡皇后所生，仅比高纬小两岁的高俨。

高俨聪慧狡黠，而且狠忍、坚强。

有一件事足以证明：高俨有喉疾，为了根治，他让医生用钢针直刺入喉，这期间，他"张目不瞬"，眼睛连眨都不眨一下。

一个乳臭未干的小屁孩，会有这样的表现，实在让人惊骇。

高湛没有理由不宠爱他。

高湛禅位后，"名号虽殊，政犹己出""军国大事咸以奏闻"，手里依然掌控着北齐的大权，他封八岁的高俨为东平王，随后一路拜开府、侍中、中书监、京畿大都督、领军大将军、领御史中丞，迁司徒、尚书令、大将军、录尚书事。

高俨迅速成了北齐手握军政大权的风云人物。

一开始，老臣都想看这个小小孩童的笑话。哪料，高俨办理起政事来，干练勇敢、老成决断，让人敬畏。

以致一年之后，高湛"以后主为劣，有废立意"，多次想废了高纬，重新立高俨为皇帝，只不过被群臣劝住了。

而在父亲的支持下，高俨的地位差不多要与高纬并列了。史载："俨恒在宫中，坐含光殿以视事，诸父皆拜焉""俨器服玩饰，皆与后主同"。

北齐天统四年（568年）年底，高湛酒色过度，死了，年仅三十二岁。

按寻常戏路，高湛死了，高纬亲政，高俨就危险了。

但高俨若无其事，因为他手中握着军政大权，所以有恃无恐。

事实上，高纬真不敢对高俨怎么着，他加封高俨为琅琊王，且各种各样的官职还在不断增加。

高俨十二岁就做到了大司马，俨然曹操、司马懿、霍光一类权臣的角色。

因高湛已死，胡太后与和士开的关系正式公开化，和士开的很多做法都肆无忌惮，大加排除异己，封淮阳王，日益权重。

高纬虽然忌惮和士开，却计无所出，不知如何是好。

高俨想除掉和士开，而且毫无高纬的顾虑，他矫诏骗和士开到御史台，一刀就把和士开送上了西天。

杀了和士开，高俨一不做二不休，干脆率领京畿三千多军士杀往高纬的住处，准备杀高纬而代之。

这时的高俨才不过十三四岁，居然诛杀大臣，发起政变，表现出来的能力和魄力让人震惊。

高纬惊骇之余，向老臣斛律光问计。

斛律光身为一时名将，临危不乱，分析说，这不过是"小儿辈弄兵"，没什么可害怕的，劝高纬亲自出马，断言"与交手即乱"。

果然，高纬一出现，高俨部众便作鸟兽散，政变宣告失败。

部众既散，高俨成了光杆司令，身上又背负了"逆贼"的罪名，那就什么官也不是了，成了一个孤立无助的小孩子，只好跑到母亲胡太后宫中躲了起来。

显然，这种躲，躲得了一时，躲不了一世。

北齐武平二年（571年）九月下旬，高纬找到了机会，巧妙地避开了母亲胡太后的耳目，在深夜将高俨秘密捉到大明宫处死。

高俨死时年仅十四岁。

胡太后得知后，大哭十多次。

为了安慰母后，高纬下令厚葬高俨，追封其为楚恭哀帝。

高俨有四个遗腹子，对这几个孩子，高纬是不可能让他们存活在人世的，于是在他们出生后便被幽禁而死。

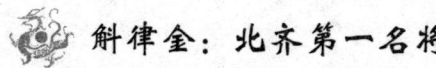
斛律金：北齐第一名将

受时下一些影视作品的影响，在很多人心目中，北齐的第一名将是兰陵武王高肃，即高长恭。

有人把兰陵武王高长恭吹嘘成"北齐最后的支柱",甚至说高长恭是"中国古代十大名将"之一,地位与韩信、卫青、霍去病、李靖等人并列。

高长恭自然是很能打的,《北齐书·卷十一·列传第三》里面记载:"芒山之败,长恭为中军,率五百骑再入周军,遂至金墉之下,被围甚急。城上人弗识,长恭免胄示之面,乃下弩手救之,于是大捷。"

带领五百骑杀入重围,这份胆气、这份狠劲,以及这份冲杀能力,自然是很牛的。

单凭这一战的表现,高长恭的确可以吹上一辈子了。

但是,无论是《北齐书·卷十一·列传第三》还是《北史·卷五十二·列传第四十》,关于高长恭的战绩,仅此一件,其他均乏善可陈。

由此可见,高长恭虽然能打,但只能算是冲锋陷阵的猛将,远不能与韩、卫、霍、李等名将相提并论。

宋徽宗建武庙祭祀古代七十二名将,韩、卫、霍、李等人入庙从祀,高长恭却未在其中。

这七十二名将中,南北朝共占六席,北齐仅有斛律光一人上榜。

严格地说,斛律光和高长恭并不是同一代人,他比高长恭年长了二十六岁,他的父亲斛律金是北齐高祖高欢座下第一大将,而高长恭是高欢的孙子。

东魏天平四年(西魏大统三年,537年),高欢与宇文泰在洛阳邙山交兵,高欢陷入重围,形势岌岌可危,正是斛律光的父亲斛律金舍生忘死,为高欢开路,最终溃围而出。

东魏武定四年(西魏大统十二年,546年),高欢率军狂攻韦孝宽镇守的玉壁,历时五十余日,士卒死伤七万多人,高欢心如死灰,三军沮丧,士气低落。斛律金用鲜卑语高唱《敕勒歌》,稳定了军心,大军才没有发生溃乱,徐徐结阵而返。

不用说,斛律金当然也是一代名将,史称其"性敦直,善骑射,行兵用匈奴法,望尘识马步多少,嗅地知军度远近"。

青出于蓝而胜于蓝,斛律光更胜出乃父许多倍。

斛律光身为将门虎子，少工骑射，以武艺知名。

在十七岁那年，他首次随父出征，初试锋芒，出手不凡，一箭射落宇文泰的长史莫者晖并将之擒获驰归。

高欢亲睹这一过程，对其赞叹不已、大加嘉奖，擢升他为都督。

斛律光陪伴高欢的长子高澄狩猎，看见一只大鸟，云表飞飏。

说时迟，那时快，斛律光引弓发矢，一箭正中其颈。

该鸟形如车轮，旋转而下，至地，庞然一大雕也。

高澄取雕观玩，深壮异焉。

丞相属邢子高感叹说："此射雕手也。"

斛律光是高澄的亲信都督，从此人们都称他为"落雕都督"。

高澄原本已经做好了夺取东魏皇位的所有准备工作，却在受禅前夕被人刺杀，其弟高洋继承了他的事业，建立了北齐。

斛律光从而成了高洋最为倚重的将领。

在北齐与北周争锋过程中，斛律光不负众望，率兵大败北周的仪同王敬俊，夺取了北周的绛川、白马、浍交、翼城等四戍，后来阵斩北周开府曹回公，惊走北周柏谷城主帅薛禹，进取文侯镇。

北周屡战不胜，于是与崛起于漠北的突厥汗国结好，共略北齐。

突厥于北齐天保六年（555年）彻底消灭了柔然残部，取代了柔然的地位，征服了契丹等部族，建立了一个以鄂尔浑河上游为中心，东起辽海，西抵西海，南临大漠，北至北海的大汗国。

北齐河清二年（563年），北周与突厥的木杆可汗成功结盟。

北周兵分两路，一路由柱国杨忠率领，经突厥由北往南攻；另一路由大将军达奚武率领，由南向东北进攻，约定会师晋阳。

杨忠动作神速，自北而南，连续攻占了二十几座北齐城池，在陉岭与木杆可汗的十万突厥骑兵会合，从恒州再分成三路大军，气势汹汹地扑向晋阳。

北齐武成帝高湛率大军从邺城倍道兼程，赶往晋阳主持战事，另派斛律光率三万步骑兵往驻平阳，抵挡达奚武。

可笑的是，达奚武听说是斛律光来了，竟然不战而走。

斛律光紧追不舍，追杀入周境，俘获周军二千余人，大奏凯歌。

晋阳方面，由于木杆可汗出工不出力，杨忠孤军失援，大败而遁。

北齐河清三年（564年），北周当政的宇文护一怒之下，调集了长安二十四军，以及各地军队，共二十多万，出潼关伐齐。

北周分三路东进：中路由柱国大司马尉迟迥、齐国公宇文宪、柱国庸国公可叱雄等人率领，众称十万，直指洛阳；南路由大将军权景宣统领，进围悬瓠（今河南汝阳）；北路由少师杨檦统领，攻打轵关（今河南济源西）。

突厥的木杆可汗在晋阳吃了大亏，为了重振威名，便整顿起十几万骑兵，侵入北齐长城，骚扰幽州、并州。

北齐多处受敌，举国大震。

当然，对北齐构成最大威胁的还是北周的中路大军。

尉迟迥率领的北周中路大军连战连捷，一直杀到了洛阳城下，屯兵于邙山，日夜攻打，志在必得。

高湛派斛律光率骑五万驰往赴击。

小字辈高长恭就是在这场大战中一战成名的。

但是，高长恭只是这场大战的配角，真正的主角还是斛律光。

斛律光披坚执锐，亲自射杀了北周柱国庸国公可叱雄，挥军掩杀，一直逐杀到三十里之外。

北周尉迟迥、宇文宪保住小命逃脱，军械、器甲、辎重丢弃殆尽。

听说高湛要亲临洛阳策勋颁赏，斛律光命人将斩获的周军尸体堆成京观。

高湛睹京观而称善，封斛律光为冠军县公，迁太尉。

这次邙山之战是高长恭事业的顶点，但对斛律光而言，还远远不是。

北周经过邙山之败，仍不肯服输，于北齐天统三年（567年）再次围攻洛阳，阻断齐军粮道。

北齐后主高纬命斛律光率步骑三万前往接战。

斛律光军至定陇，与北周张掖公宇文桀、中州刺史梁士彦、开府司水大夫梁景兴率领的诸军相遇。

斛律光擐甲执锐，身先士卒，锋刃相交，大败周军，斩首两千多。

斛律光引军再到宜阳，与周齐国公宇文宪、申国公拓跋显敬相峙百日有余，最后大败宇文宪军，俘虏其开府宇文英、都督越勤世良、韩延等人，斩首三百多。

宇文宪趁斛律光还军，命宇文桀、大将军中部公梁洛都与梁景兴、梁士彦等率三万步骑迂回到其前面拦击。

斛律光遇神杀神，遇佛杀佛，在鹿卢交阵斩梁景兴，获马千匹，兴尽而归。

该年年底，斛律光率步骑五万在玉壁营筑了华谷、龙门二城，与宇文宪、拓跋显敬相持。

面对强大的斛律光，宇文宪变乖了，再也不敢轻举妄动。

斛律光趁机进围定阳，修筑起南汾城，置州设郡以逼迫北周。

一时间，民众前来归附有万余户。

北齐武平二年（571年），斛律光率众筑平陇、卫壁、统戎等镇、戍十三所。

北周方面再也坐不住了，派柱国木包罕公普屯威、柱国韦孝宽率步骑万余进攻平陇。

斛律光与之激战于汾水之北，大败周军，俘斩千计。

随后，斛律光又率五万步骑沿平阳道进攻姚襄、白亭等城戍，攻无不克，俘虏城主、仪同、大都督等九人，斩杀和捕获数千士卒。

作为回应，北周方面派其柱国纥干广略围攻宜阳。

斛律光率五万步骑往救，在城下大破周军并乘胜追击，夺取了北周建安等四戍，俘获周军千余人。

这样，在北周人的心目中，斛律光俨然成了让他们望而生畏的战神。

北周名将韦孝宽深忌斛律光之英勇，决定实施反间计以除之。

他制造谣言，编成儿歌，其中有"百升飞上天，明月照长安""高山不推自崩，槲树不扶自竖"等句。

斛律光表字明月，这"明月照长安"中的"明月"和"槲树不扶自竖"的"槲"，指的都是他。

北齐后主高纬昏庸，猜疑心重，果然中计，将斛律光杀害。

时年为北齐武平三年，即572年，斛律光该年五十八岁。

补充一下，这一年，高长恭被任命为大司马，但他在次年也被高纬杀害了。

斛律光的死讯传到北周，北周武帝宇文邕大喜过望，下令赦免国内所有的罪犯，让国人都来分享他的快乐。

北周平灭北齐后，宇文邕追赠斛律光为上柱国、崇国公，指着诏书对一众文臣武将说："此人若在，朕岂能至邺！"

唐建中三年（782年），唐德宗追封古代名将六十四人并为他们设庙享奠，"北齐右丞相咸阳王斛律光"赫然位居其中。

北宋宣和五年（1123年），宋室依照唐代惯例，为古代七十二位名将设庙，斛律光和手下败将宇文宪、韦孝宽均在其中。

最后说一下，北齐文宣帝高洋后期患上了精神病，肆意杀人，曾经骑马执矛，三次要刺斛律光的父亲斛律金。斛律金岿然不动，一身正气震慑着了高洋。高洋三次都不敢将矛刺出。

后主高纬要杀斛律光，却下得了狠手。

他单传斛律光进宫来见，让被后世称为"北齐第一御用杀手"的卫士刘桃枝埋伏在凉风堂，持锤从其背后下手。

斛律光在跪拜高纬时，后脑中了刘桃枝砸来的一锤，强支不倒，回首瞋目喝道："桃枝常为如此事。我不负国家。"

刘桃枝听了，势如疯狗，嗷嗷狂叫，招呼上另外三个大力士，以弓弦其颈，拉而杀之。

呜呼，一代名将，就这样死于宵小之手。

史称：斛律光死时，"血流于地，铲之，迹终不灭"。

第二章 隋朝开国

勇猛堪比关张的隋太祖杨忠

隋太祖杨忠先后在北魏、南梁、西魏、北周各大阵营效力,病逝于北周天和三年(568年)。他的庙号太祖,以及谥号武元皇帝,是他的儿子杨坚在建立隋朝后追加的。

在中国古代历史的大一统王朝中,隋文帝杨坚的帝位来得比较容易。杨坚能走到登顶那一步,虽说离不开他篡位前夕天时、地利、人和等一系列因素,但最主要的是靠他的父亲杨忠驰骋疆场,舍生忘死,浴血奋战大半生奠定下的坚实的基础。

杨坚称帝后,搞了一场认祖归宗活动,认有"关西孔子"之称的东汉太尉杨震为祖。

但杨震的后裔族群,是弘农望族;杨坚却是出自山东寒族。

也就是说,隋杨王室能从草根蜕变为贵族,全仗杨忠一人之力。

在北魏末年，北方六镇乱起，天下骚动。杨忠的父亲杨祯避居中山，死于战乱。

年方十九岁的杨忠则被南梁军队掳到了江南。

如果不出意外，杨忠应该成为南朝人了。

但是，北魏永安二年（529年），梁武帝派白袍名将陈庆之护送叛魏降梁的北海王元颢返回魏国，杨忠混在军中，回到了洛阳。

陈庆之在北魏大显神威，震骇一时。

元颢却不甘于做南梁的傀儡皇帝，不断挤兑陈庆之，致使陈庆之进退失据，最终全军覆灭，他本人易容改装逃回了建康。

杨忠在元颢事败后投入了尔朱荣的阵营，在尔朱度律帐下充当统军。

特别要说明的是，在黄河北面大败元颢党羽的是尔朱荣亲自任命的先锋独孤信。

独孤信"美容仪，善骑射"，此前在跟随尔朱荣征讨韩娄时，曾匹马挑战，擒获渔阳王袁肆周，扬名军中，被号为"独孤郎"。

杨忠"美髭髯，身长七尺八寸，状貌瑰玮，武艺绝伦，识量沉深，有将帅之略"。

两位大帅哥在洛阳相识，结成了莫逆之交。

再补充一下，独孤信有七个如花似玉的女儿，他的大女儿嫁给了宇文泰的儿子宇文毓，即北周的第二位皇帝北周明帝；他的四女儿嫁给了李虎的儿子李昞，这个李昞就是唐高祖李渊的父亲。

独孤信后来也和杨坚结成了亲家，将他的七女儿独孤伽罗嫁给了杨忠的儿子杨坚。

独孤信因此被后人戏谑为"中国古代历史上最牛岳父"。

杨忠和独孤信初相识，因为独孤信职位比他大，所以，接下来相当长的时间里，他都是跟随独孤信转战四方。

尔朱家族被高欢举兵平灭，杨忠和独孤信一起追随北魏孝武帝元脩西迁，得进封侯爵。

北魏永熙三年（534年），杨忠参与了平定潼关、攻克回洛城的战斗并和独孤信前往征讨东魏荆州刺史辛纂占据穰城。

杨忠打败辛纂，驱马直奔穰城，大声呵斥守门者说："今大军已至，城中有应，尔等求活，何不避走！"

杨忠这一声断喝的威势，不亚于长坂桥上张飞的三声断喝。

守门士兵闻之色变，纷纷作鸟兽散。

杨忠率部冲杀入城，弯弓大呼，擒杀了辛纂，攻占了穰城。

不得不说，攻占穰城，是杨忠出道后建立的第一件奇功。

但这件奇功很快就被湮没了。半年之后，东魏的高敖曹、侯景等人领大军进逼，穰城成了一座孤城。没奈何，杨忠只好和独孤信弃城而逃，再次进入江南，投奔南朝梁武帝。

梁武帝认为杨忠和独孤信都是世间罕见的奇才，大加重用。其中，杨忠担任文德主帅，得封为关外侯。

两人在南梁居住了三年，以探亲为由，请假回西魏并表示"事君无二"。

梁武帝深义之，礼送甚厚。

西魏大统三年（537年），杨忠与独孤信顺利回到西魏都城长安。

西魏丞相宇文泰非常喜爱杨忠的勇猛，将他留在自己的身边，不离左右。

宇文泰到龙门打猎，杨忠"独当一猛兽，左挟其腰，右拔其舌"，犹如天神下凡。

宇文泰壮之，称他为"揜于"。

"揜于"是鲜卑语，意指猛兽。

杨忠从此以"揜于"作为自己的表字。

杨忠跟随宇文泰作战，屡建战功。

在"沙苑之战"中，他阵擒高欢手下大将窦泰；在"河桥之战"中，他与五名壮士力战守桥，致使敌人无法前进；此后，他参与了破黑水稽胡、解玉壁之围、邙山之战、平定蛮帅田柱清之乱等一系列军事行动。

侯景渡江，梁武帝丧败，宇文泰欲经略汉、沔，特意授杨忠都督三荆、二襄、二广、南雍、平、信、随、江、二郢、淅十五州诸军事，镇守穰城。

杨忠以穰城为据点，攻取了南朝梁的齐兴郡、昌州、雍州、竟陵郡、随郡、安陆等地，将汉东之地全部纳入西魏的版图中。

杨忠攻取雍州时，他的手下只有两千兵马，但他调度得当，让将士变换旗帜，按照次序前进，竟然展示出了几万兵马的威势。南梁雍州刺史、岳阳王萧詧在雍州城楼上观望，惊疑不定，开城诚心归服。

杨忠攻打随郡时，活捉了南梁守将桓和，周边的城堡和营垒纷纷望风请求投降。

杨忠准备攻打安陆前，南梁以凶猛霸道闻名的猛将柳仲礼统军回守，诸将都有些畏惧。杨忠不以为然，说："攻守势殊，未可卒拔。若引日劳师，表里受敌，非计也。南人多习水军，不闲野战，仲礼回师在近路，吾出其不意，以奇兵袭之，彼怠我奋，一举必克，则安陆不攻自拔，诸城可传檄而定也。"

他精选两千骑兵，衔枚夜进，在漴头大战柳仲礼。

在激战中，他亲自陷阵，手擒柳仲礼，悉俘其众。

安陆的南梁守将马岫因此大感震恐，举城而降。

杨忠率军抵达石城，准备进逼江陵。

但宇文泰答应了梁元帝萧绎的求和，同意其成为西魏附庸，召杨忠回师。

杨忠大奏凯歌，因功进封爵位为陈留郡公，位至大将军。

北周孝闵帝元年（557年），宇文泰之子孝闵帝宇文觉受禅登基，建立了北周政权，杨忠入朝担任小宗伯。

北周明帝二年（558年）二月，北齐北豫州刺史司马消难请求投降北周。

杨忠与达奚武一同率领五千骑兵前往受降。

两人驰入北齐境内五百里，三次派遣使者与司马消难联络，却都没有联络上。到了距离北豫州虎牢城三十里处时，达奚武担心情况有变，大打退堂鼓，劝杨忠按原路撤回。

杨忠坚定地说："有进死，无退生。"独以千骑夜趋城下。

虎牢城依山而建，四面峭绝，杨忠到了城下，徒闻击柝之声。

幸好，司马消难没有食言，开门迎杨忠入城。

北齐将领伏敬远却指挥甲士两千据守东城，大战一触即发。

杨忠指挥若定，让人回去通知达奚武前来接应司马消难和他的部属，自己领三千骑殿后。

到了洛水南岸，杨忠命众人解鞍而卧。

等齐军追至洛水北岸，杨忠激励众将士说："但饱食，今在死地，贼必不敢渡水当吾锋。"

齐军遥见杨忠军的威势，竟不敢逼近。

达奚武协助杨忠把司马消难及其部属护送入长安后，长叹道："达奚武自是天下健儿，今日服矣！"

其实，达奚武这个感叹是多余的，和杨忠相比，他们之间的差别可不是一点、两点，而是天差地别。

北周保定二年（562年）五月，当政的宇文护与突厥结盟，准备联合讨伐北齐，一众大臣都说："齐氏地半天下，国富兵强。若从漠北入并州，极为险阻，且大将斛律明月未易可当。今欲探其巢窟，非十万不可。"

在这一片唱衰之声中，独有杨忠慷慨激昂，主动请缨，他说："师克在和不在众，万骑足矣。明月竖子，亦何能为。"

宇文护大为欣喜，改年，即北周保定三年（563年）九月，任命杨忠为元帅，统步骑一万人，绕道向北，与突厥从北路出发讨伐北齐。另外命令达奚武率领步兵、骑兵三万人从平阳南路出发，约好时间在晋阳会合。

杨忠从武川出兵，进展神速，在一个月内，连续攻占了北齐二十多座城池，势头不下于当年威震华夏时的关云长。

北周保定三年年底，杨忠顺利与突厥的木杆可汗、地头可汗、步离可汗所率领的十万骑兵会合，进攻晋阳。

一方面因为突厥内部矛盾丛生，诸部无力齐心；另一方面，达奚武在平阳遇上了北齐名将斛律光，他竟不战而退，做了个可耻的逃兵。

杨忠孤军攻晋阳不下，只得撤军。

次年，即北周保定四年（564年）八月，宇文护亲自出兵洛阳，命杨忠出沃野次会同突厥讨伐北齐。

因宇文护在邙山之战兵败，杨忠最终无功而返，罢兵返回镇所蒲坂。

北周天和三年（568年），杨忠病逝，享年六十二岁，被追赠太保，都督同、朔等十三州诸军事，赐谥号"桓"。其子杨坚承袭封爵。

原本只想安安静静地做个美男子的隋文帝

很多人不知道，隋朝的开国之君隋文帝杨坚是个美男子。

虽然《隋书》把杨坚的相貌写得如同神龙下凡，请不要相信，这些都是后来史官为"君权天授"所造的势。

我们看一下，史官们是怎么造势的。

一、写隋文帝长了一颗龙头——"为人龙颔，额上有五柱入顶"，额头上有五个隆起的肉瘤延伸到头顶上。

二、"目光外射，有文在手曰王"，手上天然长有一个"王"字掌纹。

三、"长上短下，沉深严重"，上身长，下身短，态度严肃深沉。

老实说，额头生的五个肉瘤延伸到头顶上，不是病了就是长残了。

而根据陆游在《老学庵笔记》中的记载，杨坚可是一个美男子——"隋文皇帝聪明神武屡有征应，天姿奇伟瑰丽异常，美颜英气犹冠绝古今，动则龙行虎步，静如巍然玉山，脸如皎然朗朗之满月，目如曙星无微不照，远近冠带莫不友爱之。"

因为长得太美太帅，杨坚每次入宫谢恩，都会引得"周帝胄宗室鲜卑贵妇竞相拥于宫门左右争睹其颜，相践踏而致死者数人"。

西晋卫玠是个绝世美男，人们为了争睹他的风采，围观的人太多，结果，卫玠每次为了从围观的人群中逃出，耗费了大量的精力，久而久之，就病倒了，最后离开了人世。成语"看杀卫玠"就是这么来的。

杨坚呢，是来争看他的人太多，从而导致有些观众被挤死了。

我们有理由相信，那时的杨坚，应该没有想到自己以后会当上皇帝。他的内心，就满足于安安静静地做一个美男子。

话说回来，史官把杨坚的相貌写得稀奇古怪，用意并非丑化，而是旨在说明：杨坚是天上真龙下凡，肉胎还保留有龙的特征。

他们还把杨坚的族谱硬往弘农杨氏靠。

弘农杨氏是关中大族，史上比较出名的人物有汉初赤泉侯杨喜。杨喜的赤泉侯是因为追杀项羽到乌江边，抢到了项羽的一条大腿，从刘邦那里讨要来的。

杨喜之后，在汉武帝托孤霍光主政时代，出现了一个名叫杨敞的丞相。

当然，最出名的还是东汉的"关西孔夫子"杨震，此人是儒学大师，时学术界之泰斗。

东汉末年，还出了一个杨修。

有些史官说，杨坚的六世祖杨铉是杨震的八代孙，杨铉生杨元寿，杨元寿生杨惠嘏，杨惠嘏生杨烈，杨烈生杨祯，杨祯生杨忠，杨忠生杨坚。

但是，据《周书·杨忠传》载，杨忠于北周保定三年（563年），率军联合突厥伐北齐时，曾"出武川，过故宅，祭先人，飨将士，席卷二十余镇"，即隋杨先世家族其实是生活于武川。

鉴于武川是匈奴鲜卑人杂居之地，即隋杨先世可能不是汉人，而是匈奴人或鲜卑人。

另外，《隋书·高祖纪》所记载的"铉生元寿，后魏代为武川镇司马"属于孤证，其他的书找不到凭证。

杨铉这个人是有史可查的，但杨铉的儿子里并没有叫"杨元寿"的人。

最关键的是，杨震是儒学大师，即弘农杨氏崇尚儒学。隋室之家族关系常与儒教道德伦理相抵触，反与西北民族风俗习惯暗合。这也佐证出隋杨先世为西北少数民族而非汉人。

另外，杨坚之父杨忠娶了山东吕姓寒女为妻。如果他是弘农华阴望族，在当时门第极严的社会传统下，是不可能做出这种行为的。

再说回杨坚的相貌。

《隋书·高祖纪》还讲了许多让人难以置信的奇闻。

比如说，杨坚刚出生于冯翊般若寺，寺中就"紫气充庭"，然后有从河东来的尼姑赶来对其母亲吕氏说"此儿所从来甚异，不可于俗间处之"，最后把小杨坚抱走了。

又说杨坚周岁时，吕氏偷偷前去探望，刚刚抱起，发现其头上凸起一个角，遍体起鳞，顿时花容失色，松手惊呼。

孩子因此坠地，哇哇大哭。

尼姑闻声从外面冲进来，一边抱孩子，一边责骂吕氏，说道："已惊我儿，致令晚得天下。"

一个当尼姑的，说这种大逆不道的话，她到底是长了几个脑袋啊！

怪事层出不穷。

杨坚年十五，被北周太祖宇文泰授予散骑常侍，车骑大将军，封成纪县公；年十七，迁骠骑大将军，加开府。

据说，周太祖宇文泰见了杨坚，赞不绝口地说："此儿风骨，不似代间人。"

想想看，宇文泰是什么人？

乃是曹操式的人物，一时之枭雄。

既然杨坚长了这样的不凡"风骨"，他岂能相容？

更奇的是，宇文邕登位后，不但不多防着杨坚一点，反而与之联姻，聘杨坚长女杨丽华为太子宇文赟的太子妃。

史书载，齐王宇文宪曾提醒宇文邕说："普六茹坚相貌非常，臣每见之，不觉自失。恐非人下，请早除之。"

宇文邕却淡淡地说："此止可为将耳。"

宇文邕的儿子宇文赟是个出了名的二世祖，犯浑程度与北齐的高纬相同。

宇文邕的心腹王轨多次警告说："皇太子非社稷主，普六茹坚（杨坚的鲜卑姓为"普六茹"）貌有反相。"

宇文邕很不耐烦地说："必天命有在，将若之何？"

这"必天命有在，将若之何"之类的话，只能是史家编的了。

之所以这么编，无非是想证明上苍一直在保佑着杨坚，即杨坚是真命天子，百毒不侵。

史书中还出现了宇文赟继位后，曾对皇后杨丽华说"必族灭尔家"之类的话。

但说过之后并没有任何动作。

前面说了，周宣帝宇文赟就是个二世祖，什么都不懂，登位后就知道吃喝玩乐，他是在北周宣政元年（578年）六月即位的，觉得皇帝这个职位羁绊到自己玩乐，几个月之后，即在北周大成元年（579年）二月，便下诏传位于长子宇文阐并改年号为大象，自己宅在后宫，终日与嫔妃宫女们玩乐。到了北周大象二年（580年）五月，宇文赟便驾崩了。当时才二十二岁。

天哪！宇文赟的儿子宇文阐才八岁，哪守得住偌大的江山？

改年二月，杨坚轻而易举地从这位小外孙的手里夺过了政权，篡周建隋，建立了隋朝，成了隋朝的开国之君隋文帝。

五月，隋文帝杨坚派人害死宇文阐，谥号静帝，葬于恭陵。

只能说，杨坚这个皇帝位，来得太容易了。

杨坚篡周建隋时，李唐家族在忙什么呢？

隋大业十四年（618年）三月，隋炀帝在江都被禁军将领元礼、马文举、裴虔通等人发动兵变杀死。

同年五月，李渊逼迫隋恭帝禅位给自己，在长安称帝，建国号唐，定都长安。

李渊即位后，追谥父亲李昞为元皇帝，庙号世祖；追谥祖父李虎为景皇帝，庙号太祖；而他本人在唐贞观九年（635年）病逝后，被儿子李世民上谥号太武皇帝，庙号高祖。

唐高祖李渊出生于北周天和元年（566年），隋炀帝杨广出生于北周天和四年（569年），两人只差了三岁。

最妙的是，李渊和杨广两人是姨表之亲。

李渊的祖父李虎与北周太祖宇文泰、名将于谨、大帅哥独孤信等八个人对西魏有辅佐之功，被加"柱国"衔的最高武官，号称"八柱国"。

其中，宇文泰为儿子宇文毓谋娶到了"八柱国"之一独孤信的大女儿。宇文毓后来成为北周的第二位皇帝，北周明帝。

李虎为儿子李昞谋娶到了独孤信的四女儿。

时为西魏十二府兵大将军之一的杨忠，则为儿子杨坚谋娶到了独孤信的七女儿。

不难看出，唐高祖李渊和隋炀帝杨广是同一辈人；李渊的父亲李昞和杨广的父亲杨坚是同一辈人；李渊的爷爷李虎和杨广的爷爷杨忠是同一辈人。

但李渊的爷爷李虎身为"八柱国"之一，杨广的爷爷杨忠只是西魏十二府兵大将军之一，二者的官位和级别相差甚多。

为什么会这样？

原因很简单。

他一出生，身份就比杨坚尊贵。

尽管杨坚在称帝后称自己是东汉太尉杨震后人，他的父亲杨忠实际上却是出自山东寒族。

北魏末年，天下大乱，杨忠的父亲杨祯死于战乱，杨忠则在经历了一连串磨难后结识了大帅哥独孤信。并在此后相当长的一段时间里，跟随独孤信一起闯荡江湖，渐渐有了点名气。

李虎的出身好，他的先祖可以远推到西汉飞将军李广，甚至春秋李老君李耳；近则可以推至十六国时期西凉开国君主李暠。

李暠的儿子李歆是西凉第二任君主；李歆的儿子李重耳在西凉灭亡后，出仕北魏，官至弘农太守；李重耳的儿子李熙，官至金门镇将；李熙的儿子李天锡，官至宿卫统兵的武官幢主。

这个李天锡就是李虎的父亲。

李虎一出生，地位就比杨忠高。

当然，李虎也是有过人之处的，史称其"少倜傥，有大志"。但他的经历，既远没有杨忠丰富多彩，也没有像杨忠那样历经艰难、九死一生。

也就是说，单论领兵打仗及军事才能，李虎远远不能和杨忠相比。

但李虎在有生之年，他的身份和地位都一直位居杨忠之上。

李虎早年得太保贺拔岳赏识，官拜宁朔将军、屯骑校尉，后拜左厢大都督。

可笑的是，北魏永熙三年（534年），贺拔岳遭侯莫陈悦杀害，众将都在谋议拥戴响震天下的枭雄人物宇文泰来接掌贺拔岳的部队。李虎却眼不识珠，连夜奔往荆州，极力劝说贺拔岳的哥哥贺拔胜前来接收贺拔岳手下的人马。贺拔胜知道自己的斤两，没有听从。李虎这才改变了初衷，审时度势，重新站队，回去向宇文泰报到。

但是，在经过阌乡的时候，误走误撞的李虎被另一个大枭雄高欢俘获，随后被捆送到了洛阳。

可以说，李虎这次真是糗大了。

不久，北魏孝武帝元修谋取关中，知道李虎是宇文泰的人，派他回去辅佐宇文泰镇守关中。

李虎这才正式成为宇文泰的手下。

此后，李虎忠心追随宇文泰，而且追随得非常紧，属于牢牢捆绑在一起那种。

以至于宇文泰做出诸多惊天动地的事迹，包括：建立西魏政权、与东魏交兵等，都有李虎的身影。

所以，在论功的时候，李虎都会理所当然地分到一份。

这么一来，虽然李虎表现平常，但天长日久，由薄而厚，功劳越积越多，终于在西魏大统三年（537年）受封陇西郡公，与安定公宇文泰、广陵王元欣、赵郡公李弼、河内公独孤信、南阳公赵贵、常山公于谨、彭城公侯莫陈崇同为"八柱国"。

西魏大统三年（537年），在南梁羁留了三年的杨忠才逃回到长安，并成为宇文泰所倚重的大将。

杨忠跟随宇文泰擒获窦泰、攻破沙苑、大杀四方，因功升征西将军、都督诸军事、骠骑大将军等，封陈留郡公，赐姓普六茹氏。

那边的李虎死得比较早，他在西魏大统十七年（551年）病逝，北周建立后，被追封为唐国公，谥号襄。

李虎共有八子，分别是长子李延伯、次子李真、三子李昞、四子李璋、五子李绘、六子李祎、七子李蔚、八子李亮。

由于长子李延伯早夭，次子李真战死，并且这两人都没有子嗣，所以，第三子李昞袭爵，为唐国公。

杨忠则在北周建立后历任小宗伯、大司空、柱国大将军等，进封随国公。

北周与北齐争锋，杨忠多次率军打败北齐军队，曾一口气攻陷北齐二十多座城池。

杨忠病逝于北周天和三年（568年），享年六十二岁，追赠太保，谥号桓。

杨忠共有五子，分别是长子杨坚、次子杨整、三子杨瓒、四子杨嵩、五子杨爽。

杨忠死后，爵位由长子杨坚承袭。

唐国公李昞出生于西魏大统二年（536年），随国公杨坚出生于西魏大统七年（541年），两人只相差五岁。

李昞寿数不永，他在北周建德元年（572年）病逝，享年三十七岁。

也就是说，李昞并未能目睹杨坚禅代的过程。

李昞有四子：长子李澄、次子李湛、三子李洪、四子李渊。

《旧唐书》记载："高祖长兄曰澄，次曰湛，次曰洪，并早卒。"

因为三位长兄早卒，所以由七岁的李渊袭爵。

七岁的人袭爵，能做得了什么？

北周大定元年（581年），杨坚受北周静帝禅让，建立隋朝。

杨坚的皇后独孤伽罗是李渊母亲的妹妹。因为这个缘故，李渊得到了杨坚的器重，在十六岁的年纪，懵懵懂懂地成了杨坚的千牛备身（皇帝的禁卫武官）。

李渊年纪稍长，被杨坚先后任命为谯州刺史、陇州刺史和岐州刺史。

杨广即位之初，李渊先后做了荥阳、楼烦两个郡的太守，后来被任命为殿内少监、卫尉少卿。

隋大业十一年（615年），李渊拜山西河东慰抚大使，随后，又拜太原留守。

从这个时候开始，李渊有了自己的势力。

隋末群雄并起，李渊乘势从太原起兵，攻占长安。

特别说一下，李渊的大哥李澄和三哥李洪死得很早，没有留下子嗣；他的二哥李湛虽然留下了李博义和李奉慈两个儿子，但这两个儿子也许是太过年幼，也许是太过无能，在李渊起事时所起的作用完全比不上李渊的两个儿子李建成和李世民。

倒是李渊的叔叔和堂兄弟如李孝恭、李道宗、李神通、李瑗等人出了大力。

不管怎么样，在杨坚时代，李氏家族是比较弱势的，没什么话语权。

尉迟迥是北周忠臣吗？

尉迟迥年轻时是一个人见人爱的大帅哥，史称其"少聪敏，美容仪。"

他的优秀基因遗传了一代又一代，子孙也同样俊秀漂亮。

他有一个孙女，名叫尉迟炽繁，花容绝代，早早嫁给了北周宗室西阳公宇文温。

北周宣帝宇文赟即位那一年，宗室命妇要进宫朝圣，宇文赟和尉迟炽繁见面了。

宇文赟是个荒淫无度的君主，不管什么三纲五常，也不管什么伦理道德，强行把尉迟炽繁留置皇宫，把她封为了长贵妃。

尉迟炽繁的丈夫，可怜的宇文温，不久被皇帝随意捏造了一个罪名处死了。之后，更册封尉迟炽繁为皇后。

尉迟迥还有一个孙女，后来在隋文帝杨坚的宫廷中当宫女。杨坚无意中发现,便忘了和自己的妻子独孤皇后曾经发过"只愿一生爱一人"的誓言,迅速宠幸了她。此事让独孤皇后黯然神伤,不久便郁郁而终。

这两个孙女的美色足以折射出尉迟迥年轻时的帅。

尉迟迥不但帅,而且才能出众。

梁太清三年(549年),侯景在建康作乱那会儿,梁武帝坐困台城,遣人到荆州宣读密诏,任命当时的荆州刺史、自己的第七子萧绎为侍中、假黄钺、大都督中外诸军事、司徒,承制行事,起兵勤王。萧绎起兵后,先攻灭自己的侄儿、兄长,再东下攻杀侯景。

他虽然最后消灭了侯景,梁武帝却早已饿死于城中。

于是萧绎在江陵称帝,即梁元帝。

梁元帝的弟弟武陵王萧纪严重不服,在蜀地自立为帝,率军东下,准备进攻江陵。

所谓鹬蚌相争,渔翁得利。

萧氏兄弟刀兵相向,最适合坐据长安的宇文泰从中攫利。

况且,懦弱的梁元帝担心争不过弟弟,写信向宇文泰求援,并恳请宇文泰征伐蜀地。

宇文泰立即召开群僚会议,商议出兵事宜。

有人竟然看不到其中的巨大福利,反对出兵。

尉迟迥踊跃请求带兵出战。

不用说,宇文泰和尉迟迥是英雄所见略同。

实际上,宇文泰和尉迟迥是舅甥关系——宇文泰的姐姐就是尉迟迥的母亲,宇文泰管尉迟迥叫外甥;尉迟迥则要恭恭敬敬喊宇文泰一声舅舅。

看,尉迟迥和宇文家就有血亲,而北周宣帝宇文赟作为宇文泰的孙子,却娶了尉迟迥的孙女尉迟炽繁,这关系实在有点乱。

话说回来,宇文泰看见外甥尉迟迥的想法和自己一致,心中大乐,就把这一美差交给他去办了。

于是,尉迟迥意气风发地带领大军前往伐蜀,基本没大费什么周折,就收取了蜀地,成就了"灭国大功"。

凭这个"灭国大功",他在宇文泰手下拜为侍中、骠骑大将军、开府仪同三司,晋爵魏安郡公。

宇文泰之子孝闵帝宇文觉受禅建周后,他又得拜柱国大将军。

甚至,宇文觉认为尉迟迥的平定蜀地大功可以与霍去病封狼居胥相比,封他为宁蜀公,迁任大司马,以本官镇守陇右。

改年又进封他为蜀国公,食邑一万户,出任秦州总管、秦渭等十四州诸军事、陇右大总管。

尉迟迥的孙女婿宇文赟即位后,专门任命他为大右弼,还转任大前疑,出任相州总管。

补充一下,宇文赟的后宫制度很紊乱,他不是只有一个皇后,而是有五个皇后!

其中,最正牌的皇后是杨坚的女儿杨丽华。

宇文赟即位不到两年,才二十二岁的年纪就病逝了。

宇文赟的长子宇文阐只有八岁,这样,北周的权柄就旁落到了杨坚手上。

杨坚有心想要篡夺北周的政权,却不能忽视尉迟迥的存在。

他让尉迟迥之子魏安公尉迟惇带去诏书,以会葬名义征调尉迟迥,试探尉迟迥的态度。

尉迟迥认定杨坚有图谋篡位之野心,拒绝接受征调,留下了儿子,谋划起兵。

尉迟迥这一表现,明摆着是要跟杨坚作对。

但单凭这一点,杨坚还不好对尉迟迥动粗。他进一步试探尉迟迥的意思:派出郧公韦孝宽前往相州,代替尉迟迥担任总管。

尉迟迥沉不住气,带人前往迎杀韦孝宽。

这样,双方的脸皮撕破,可以开打了。

尉迟迥召集文武士庶,登城北楼作战前动员,他说:"杨坚以凡庸之才,藉后父之势,挟幼主而令天下,威福自己,赏罚无章,不臣之迹,暴于行路。吾居将相,与国舅甥,同休共戚,义由一体。先帝处吾于此,本欲寄以安危。今欲与卿等纠合义勇,匡国庇人,进可以享荣名,退可以终臣节。卿等以为何如？"

尉迟迥这一番话鼓动性很强，史称："众咸从命，莫不感激。"

以至于不但尉迟迥自己所管辖的相、卫、黎、毛、洺、贝、赵、冀、瀛、沧各州都听从他的号令，青、胶、光、莒各州以及荥州刺史邵公宇文胄、申州刺史李惠、东楚州刺史费也利进、东潼州刺史曹孝达，都闻风响应。

这还不算，尉迟迥又向北交结高宝宁，联络突厥；向南联络陈国，答应割让长江、淮河一带的土地，共讨杨坚。

为了能与杨坚抗衡，尉迟迥多走了一步棋：拥戴赵王宇文招的儿子以号令天下。

战争先在尉迟迥弟弟的儿子尉迟惇与北周名将韦孝宽之间展开。

沁水之战，韦孝宽一击破敌，并乘胜进抵邺城城下。

尉迟迥不顾年岁已高，亲自披坚执锐，部署下十三万人，在城南列阵，迎战韦孝宽。

韦孝宽已经七十二岁高龄，须发苍然。

两位老将，各自指挥军队交战。

韦孝宽笑到了最后，不但击溃尉迟迥十三万之众，而且趁势破城。

尉迟迥走上城楼，悲呼数声，举剑自杀。

尉迟迥从起兵到失败，共计六十八天。

尉迟迥一死，杨坚再无顾忌，顺利地篡周建隋，开创了大隋帝国。

对大隋帝国而言，尉迟迥自然是大奸臣、大逆贼，他家的男子全被杀害，女眷充公为奴为仆，这就是尉迟迥孙女在杨坚后宫充当宫女的缘由。

隋炀帝无道，隋失其鹿，天下共逐。

大唐开国后，尉迟迥的从孙、库部员外郎尉迟耆福曾向唐高祖上表，请求改葬尉迟迥。

朝廷群臣议论，认为尉迟迥忠于周室，诏命允许。

唐人著《北史》，对尉迟迥也大赞其"能志存赴蹈，投袂称兵"，将他与起兵讨伐王莽的翟义以及举兵反对司马昭的诸葛诞相提并论。

武则天篡唐建周，越王李贞起兵反武。唐高祖之女常乐公主也以尉迟迥的事迹激励夫君赵瑰起兵响应，她说："我闻杨氏篡周，尉迟迥乃周出，犹能连突厥，使天下响震，况诸王国懿亲，宗社所托，不舍生取义，尚何须邪？"把尉迟迥视为一个大忠臣。

明末人张燧目睹清兵入关、神州陆沉之惨象，悲呼道："周灭而有王谦、尉迟迥，斯皆破家殉国、视死犹生。"

与张燧同时代的大史学家王夫之却不以为然，指责尉迟迥是一个大野心家。

王夫之说："尉迟迥怎么可以算得上北周的忠臣？彼时宇文阐称帝已经两年，他的帝位是从他父亲那继承过来的正统帝位，虽被杨坚逼迫，但并未失德，尉迟迥却改奉赵王宇文招之少子以起兵。想当年，被人称为逆贼的曹操都不敢奉刘虞以反叛汉献帝，尉迟迥如此肆无忌惮，可知其心怀异志也。如果说尉迟迥算得上忠臣，那么刘裕之讨刘毅，萧道成之拒沈攸之，如果他们也像尉迟迥那样失败身死，是不是也要把他们视为晋、宋仗节死义之臣呢？仅仅因为杨坚无功而欲夺人之国，那凡是手头有兵的，都想做与杨坚相同的事。所以说，尉迟迥其实就是另一个杨坚罢了。"

说说独孤信的煤精印

西安市的历史文化沉淀和积累非常厚重。

西安市文史研究馆馆员多是文化艺术界名流，比如微雕大师曲儒，建筑大师张锦秋，著名画家刘文西，著名画家罗国士，著名作家贾平凹，著名书法家陈泽秦、邱星，名老中医姚树锦，文学评论家王仲生，考古专家王翰章，等等。

可以说，馆员们的学术领域涵盖历史、考古、文学、民俗、宗教、书画、建筑、工艺美术、传统医学、园艺、摄影、民间工艺等。

其中的考古专家王翰章是一位博古通今的通才。

他在研究中国道教文化、研究乾陵无字碑、研究蜀道及石门石刻以及历史上西安建都等问题，都有比较透彻和独到的见解，蜚声考古界。

20世纪90年代初，他到各地采风，经过陕西旬阳县时，专门到县文化馆参观。

这一参观，发现了一件宝贝：一块多面体的黑色石头，石头的多个表面都镌刻着文字，即这块石头是一个多面体印章。

那么，印章上刻的是什么字呢？

文化馆工作人员在十年前就用印油把这些字都印在了一张纸上，以供参观。

印文上的字并不是难辨的甲骨文，也不是难认的篆体字，而是和楷书差不多的魏碑。

但工作人员印出了这些字，也只是觉得好玩，谁也没瞧出这些印章的主人是谁。

他们说，也许就是一个古代小人物的东西，谁知道呢？

的确，古代大人物的印章，都用密度极高、极坚固、极通透又温润的美玉来制作。

而这枚印章的材质，其实是一块煤精。

煤精是褐煤的一种变种，比煤轻，容易碎，是石头中的次品、渣类，历史大人物会用它制作印章？

而且，这枚印章一共有二十六个面，其中十四个面镌刻有印文，每一个面印文都不同，大概，印章的主人就是刻来玩的。

或者，印章的主人就是一名以雕刻印章为生的工匠，他在一块煤精上刻了十四个印章，目的是节省材质、携带方便，可以通过这一个小小的煤精石，随时向顾客展示自己的作品、炫耀自己的手艺，以招揽生意。

很好，推理很合乎逻辑。

但是，王翰章在看到那些印在白纸上清清楚楚、易辨易认的印文时，气就不打一处来。

这些印文都是些什么呢？

这些印文分别为：大司马印、大都督印、刺史之印、柱国之印……

看看，大司马、大都督、刺史、柱国，还小人物？还雕刻匠？这都是大官、重臣、国之柱石的人物呀！

且慢，其他印文还有：臣信上疏、臣信上章、臣信上表、臣信启事、信启事、信白笺、密、令……

显而易见，这个印章的主人不但是朝廷重臣，而且名叫"信"！

中国历史上哪朝哪代有过名叫"信"的朝廷重臣？

如果还不知道，那么，有一面的印文已经是把答案戳到观看者的眼底了："独孤信白书"！

这不就是西魏重臣独孤信的印章吗？！

说起独孤信，那可是一个举足轻重的历史大人物哪！

独孤信和宇文泰、李虎、杨忠等人都出身于武川镇，并且与宇文泰、李虎等八人一并被封为西魏"八柱国"。

独孤信本人战功赫赫、声名远播。

王翰章看着"独孤信白书"的五字印文，非常生气，非常不理解，为什么堂堂文化馆几十号人，竟然听都没听过历史上赫赫有名的独孤信的大名？

他向工作人员追问了这枚印章得来的经过。

工作人员赶紧翻查资料和相关记录，原来，它是在1981年11月9日被陕西省旬阳县旬阳中学一个名叫宋清的中学生在放学路上捡到的。当时，他以为这块黑色石头是人们玩甩骰子游戏的骰子，但看到"骰子"上刻的不是数字而是充满古韵的文字，觉得不同寻常，就拿到文化馆上交了。

王翰章连声叹气，说："一个中学生都知道这块宝贝不同寻常，几十名文化工作者却把它当成普通古玩对待，天哪，这可是一个稀世之宝啊！"

这个稀世之宝经王翰章鉴定之后，收藏于陕西历史博物馆，现在成了陕西历史博物馆的镇馆之宝。

最后补充一下，中国陕西历史博物馆的镇馆之宝"独孤信多面体煤精组印"曾被写入2019全国高考Ⅱ卷数学题，成了考试过后考生们热议的对象。

北周宇文部的爱恨情仇

中国古代演义史书中，比较著名的就《三国演义》《隋唐演义》《封神演义》《残唐五代史演义》等几种。

这其中，成就最高的是《三国演义》，其次是《隋唐演义》。

《三国演义》是"七分史实，三分虚构"，即受史实框架限制，塑造人物不免束手束脚。

《隋唐演义》则是"一分史实，九分虚构"，史实基本被架空，作者叙事天马行空，虚构出一大批栩栩如生的英雄人物，为妇孺老幼所津津乐道。

这里说一下《隋唐演义》中浓墨重彩描画的隋唐第二条好汉宇文成都。

宇文成都身长一丈，腰大十围，金面长须，虎目浓眉。头戴一顶双凤金盔，身穿一件锁子黄金甲，坐下一匹能行千里的黄花马，使一条凤翅镏金镋，重四百斤。书中说他是"上界雷声普化天尊临凡""身负三载龙命"，端的是威风凛凛天神一般的存在。

"上界雷声普化天尊临凡""身负三载龙命"之说自然是假的，但宇文成都的来头确实不小。

作者把他设计为宇文化及的儿子。下面，重点说一说宇文化及的家族渊源。

宇文化及是北周上柱国宇文盛之孙，右卫大将军宇文述长子。

宇文盛是北周太祖宇文泰的得力干将。

实际上，宇文盛和宇文泰都来自鲜卑宇文部。

按照地域分布，鲜卑分为西部鲜卑、中部鲜卑和东部鲜卑。

西部鲜卑包括：吐谷浑部、乞伏部和秃发部等；中部鲜卑包括：拓跋部和柔然等；东部鲜卑包括：宇文部、段部和慕容部等。

十六国时期，鲜卑人充当了极其耀眼的角色，分别建立了慕容氏诸燕、西秦、南凉、北魏等国家。

这些国家中，命最长的是拓跋部建立的北魏。

北魏的诞生可以追溯到东晋太元十一年（386年）拓跋珪在牛川自称代王建国时。

过了一百四十多年，即北魏正光四年（523年），北魏设置在北方防御柔然的六镇军民爆发起义，国家即陷入动乱之中。

最先在乱世中崛起的契胡酋长尔朱荣，此人平定了六镇之乱，成了权臣，极大地威胁到了朝廷的生存。

孝庄帝对尔朱荣的强势深感不安，手藏利刀，趁尔朱荣进京面见之机将之刺死。

尔朱荣虽死，但他的势力还在，他的堂弟尔朱世隆和侄子尔朱兆攻打洛阳，擒杀了孝庄帝。

这么一来，局势更乱。

已被鲜卑化的汉人高欢和已被汉化的鲜卑人宇文泰双双横空出世，两雄争锋，互不相让。

高欢在北魏中兴二年（532年）立元脩为帝，即孝武帝。

孝武帝无法容忍高欢专政，于北魏永熙三年（534年）投奔长安的宇文泰。

高欢一看不好，赶紧立元善见做皇帝，即孝静帝，并迁都于邺。

这么一来，北魏出现了两位皇帝、两个政权。

史称宇文泰把控的长安政权为西魏，而称高欢把控的邺城政权为东魏。

西魏和东魏都是傀儡政权，名存实亡，不久双双被宇文氏家族和高氏家族代替，前者称北周，后者称北齐。

北周与北齐相争，北周笑到了最后。

但北周的笑声未歇，就被隋杨篡夺了。

宇文盛、宇文述父子都是北周重臣，得到了隋文帝的敬重。

宇文述原本在北周拜开府，封濮阳郡公，平定尉迟迥叛乱后，又拜上柱国，封褒国公。隋文帝即位，拜其为右卫大将军。

宇文述共有三子，长子宇文化及，右屯卫大将军；次子宇文智及，将作少监；幼子宇文士及，中书侍郎、左卫大将军、凉州都督、郢国公。

也就是说，《隋唐演义》所虚构的宇文成都，如果按照史实排列，他应该是鲜卑宇文部人，宇文述之孙。

北周五帝的命运

北周是一个先天不足，后天发展又有些畸形的朝代。

北周太祖宇文泰的确是一时之雄杰，他立足于关陇，争战东魏，蚕食南梁，奠定了好大一片基业。

但他寿数不永，仅五十岁就病逝了，且在其有生之年，并未登基称帝，他的庙号"太祖"，是他的儿子北周孝闵帝宇文觉追尊所得。

宇文觉于父亲逝后第二年，便废西魏恭帝自立为周天王，定都长安，建国号周。

不过，宇文觉的才略远不能与其父相比，他所做的这一切，其实是堂兄宇文护的鼎力相助。说"鼎力相助"还是美饰之词，实际上，宇文觉不过是个提线木偶，宇文护才是在幕后操控大局的人。

毕竟，当上皇帝这一年，宇文觉不过是一个十六岁的懵懂少年，没有堂兄在幕后操控，哪能干得成这等大事？

宇文护其实只比叔叔宇文泰小六岁，在宇文泰崛起之年就紧随其后，历经战场，屡建战功，才能不在宇文泰之下。

唯因如此，宇文泰在西巡病重之际，派人驾驿站车马星火传见宇文护，郑重地对宇文护托以后事，说："我如今已经危在旦夕，恐怕不久于人世。我的儿子们都还年幼，但是外敌内忧尚未平定，此后国家政权都托付给你，希望你勉力从事，完成我的志愿。"将权力悉数移交给宇文护。

宇文护接掌过国政，不辜负叔叔之托，迫使西魏恭帝元廓禅位于宇文觉，建立了北周。

说句公道话，如果宇文护真有私心，他可以按部就班，一点点消化和转化掉叔叔宇文泰的影响，然后自己从西魏恭帝那儿受禅称帝，完全不用理会叔叔宇文泰的那一帮儿子的。

但是他没有。

可惜的是，半大不小的小伙子宇文觉没有这样的觉悟，他认为堂兄宇文护的存在会威胁到自己的地位，自己虽羽翼未全，便想除掉这位堂兄，自己独立执政。

宇文护觉察后，勃然大怒，举手投足之间，就把他从皇帝的宝座上赶下来，贬为略阳公并幽禁，不久将之送上了黄泉路。

宇文觉从当上皇帝到停止呼吸，这前后时间不到一年，死时年仅十六岁。

废掉了宇文觉，宇文护还没有自立的意思，而是毕恭毕敬地到岐州迎立叔叔宇文泰的庶长子宇文毓为帝。

宇文毓比宇文觉年长八岁，之前当皇帝的是宇文觉，仅仅因为宇文觉是宇文泰唯一的嫡子罢了。

除了宇文毓之外，宇文泰还有宇文邕等十一个庶子。

宇文护在宇文泰十二个庶子中迎立了一个年纪最大而不是年纪最小的，说明他还是没有太多私心。

而且，在宇文毓即位后的第三年，宇文护主动上表交还朝政大权。

宇文毓大喜过望，高兴地答应了宇文护的请求。

这么一来，宇文护警觉了。

宇文毓的确是不愿意当傀儡皇帝的，他非常迫切地想亲自理政。

宇文护恐惧而不自安，让人在宇文毓的食物中下毒，再杀一帝，另立宇文泰第四子宇文邕为帝。

宇文邕是宇文泰所有儿子中最为出色的，在他很小的时候，宇文泰就觉得他气度不凡，常对别人说："将来能实现我的志向的，一定是这个儿子。"

他在北周武成二年（560年）四月即帝位，隐忍了十二年，终于在北周天和七年（572年）三月诛杀了堂兄宇文护，从堂兄宇文护笼罩下的阴影中走出来，独掌朝政，于北周建德六年（577年）平灭北齐，统一北方，把北周的国力推向顶峰。

不过，在北周宣政元年（578年）六月，宇文邕在率诸军伐突厥途中病倒，还军长安后即逝，年仅三十六岁。

宇文邕是一位严父，他扳倒了堂兄宇文护后，格外珍惜这来之不易的皇权，于北周建德元年（572年）册立了年方十三岁的儿子宇文赟为太子，并对之严加要求。

宇文邕所奉行的是"棍棒出孝子"的教育理念，动辄大棒交加。

处于青少年叛逆的宇文赟对父亲恨之入骨，以至于宇文邕死后才一天，他就不守孝，欢呼着登基当上了皇帝。

宇文赟非常荒唐，他对处理政事没有半点兴趣，当皇帝的唯一目标就是享受。

当他发现，当上皇帝后每天都会被大臣烦到，就不堪其扰，因此宣布禅位，把帝位让给了儿子宇文阐，自己当太上皇风流快活去了。

说起来很多人不会相信：宇文赟从即位到禅位，这前后时间不到一年！

并且，他在当上太上皇风流快活了一年多之后，就瞪眼咽气，早早去了九泉之下的父亲宇文邕那里。

宇文赟死时年仅二十二岁。

这就害惨了他的儿子宇文阐。

宇文赟有宇文阐的时候，他才十四岁，前一年，他刚刚当上太子。

给宇文赟生下宇文阐的，是一个婢女。

这个婢女姓朱，名满月，吴地人，因家族犯法，她被收入东宫，负责打理新太子的衣服，那年，她已经二十五岁了。

虽说宇文赟在次年就迎娶随国公杨坚的长女——十三岁的杨丽华为太子妃，但他没有忘记朱满月，他在当上皇帝后，一口气立了五位皇后，其中杨丽华为天元大皇后，朱满月为天大皇后，另外，陈月仪为天中大皇后，尉迟炽繁为天左大皇后，元乐尚为天右大皇后。

不难看出，在五大皇后中，朱满月因为是宇文阐的母亲，地位仅次于宇文赟的正室杨丽华。

宇文赟死后，陈月仪、尉迟炽繁、元乐尚遵守遗旨，出家为尼；

杨丽华被尊为皇太后，朱满月被尊为帝太后。

皇太后和帝太后共同扶持八岁的小皇帝宇文阐坐江山，这情形和清朝末年慈安、慈禧两宫皇太后垂帘听政的境况有几分相似。

但是，两宫皇太后垂帘听政的情形不过短短几个月，皇太后的父亲杨坚果断动手，于北周大定元年（581年）逼宇文阐禅让，自立为帝，建立隋朝，是为隋文帝。

北周从557年宇文觉称周天王算起，到581年宇文阐禅位，历五帝，共二十四年国祚。

杨坚是怎么处置幼帝宇文阐和北周这两位太后的呢？

杨坚先降宇文阐为介国公，几个月之后，为除后患，派人将之杀害。宇文阐死时才九岁，是个非常可怜的孩子。

除了宇文阐被毒死外，宇文氏全族五十九名男丁全部被杀。

清人赵翼因此在《廿二史札记》中痛斥说："窃人之国，而戕其子孙至无遗类，此其残忍惨毒，岂复稍有人心。"

宇文阐的母亲朱满月被斥去做尼姑，法号法净，于隋开皇六年（586年）去世，时年四十岁。

皇太后杨丽华是杨坚的女儿，杨坚当然不忍心赶她去当尼姑，他封女儿为乐平公主，和自己的妻子独孤伽罗商量着，让女儿改嫁。

奈何杨丽华是个烈女，坚决不同意。

杨坚最终只好作罢。

事实上，杨丽华对父亲杨坚的篡周行为是非常愤恨的，至死都不予以原谅。

杨坚也无言以对，心中对她抱有无限愧疚。

杨丽华以乐平公主的身份死于隋大业五年（609年），享年四十九岁。

南梁亡国前三年，帝位传九人，乱象横生

西晋末年，经过"八王之乱"和"永嘉之乱"，神州大地版图破碎，

晋室"衣冠南渡"之后，形成了南北分裂、长期对峙的态势。

这种对峙态势维持了二百多年。

最终，隋文帝杨坚清扫宇内，将南北归于统一，合四海重为一家。

关于隋文帝杨坚的统一大功，史册浓墨重彩地记载下了他北击突厥、南平陈国的辉煌功勋。

但是，隋文帝杨坚统一南北过程中有一个细节——收归西梁，也不应该被忽略。

毕竟，西梁虽小，它好歹也是一个实际存在着的政权。而且，这个政权与前朝南梁渊源极深，如果不及时吞并和消化，其随时都会有起兵作乱的可能。

后来的事实也证明，即使它已经被隋文帝杨坚收并，国被灭了三十多年，在隋朝末年，它还是死灰复燃，弄出了不小的动静。

那么，这个小小的西梁国，是怎么来的呢？

这得从它的前身南梁说起。

按照传统的史学观点，中国南北朝时期是从南朝宋与北魏相对峙时算起的。

南北朝对峙的前面大部分时间里，北朝一直都很稳定，一直都是北魏的天下。

南朝却经历了宋、齐、梁三朝的政权更替。

即南梁是南北朝时期南朝第三个朝代。

南梁的开国皇帝就是历史上著名的"菩萨皇帝"梁武帝萧衍。

梁武帝萧衍在当政前期，是一个非常英明的君主，他励精图治，把国力治理得蒸蒸日上。

史家公论：南梁是南朝经济、文化最繁盛的朝代并且远强于北朝。

实际上，与南梁对峙的北魏，已经开始走下坡路了。

北魏从孝文帝元宏死后，汉化的鲜卑贵族日益腐化堕落，各种社会矛盾激烈，国力江河日下，后来又发生了"六镇之乱"，因此战乱不息，分裂成了东、西两魏。

如果说，梁武帝能抓住机会，向北发展，说不定，他就是那个统一南北的"千古一帝"。

但是,梁武帝老了,他当了近五十年的皇帝,已步入耄耋之年,偏偏又恋栈不退,每日沉醉于馋臣的歌功颂德之中,不思进取,自我感觉良好。

最搞笑的是,他喜谀恨谏,佞佛、假慈悲。

他在国内大力营造佛教气氛,鼓动民众信佛。

甚至搞出了四次舍身同泰寺的闹剧,劳民伤财。

梁武帝的假慈悲有多假呢?

从他对待侄子萧正德的态度可窥知一斑。

萧正德是他的六弟萧宏之子。

他在称帝之初,因为膝下无子,将萧正德过继为子。

他为什么要这么做?其中道理天下人皆知。

这让萧正德在幼小的心灵上留下了很深的烙印——我就是梁朝帝位的继承人。

但是,随着梁武帝的长子、大名鼎鼎的昭明太子萧统出生,萧正德梦碎了。

萧正德被梁武帝勒令回归本宗。

不过,梁武帝也没有亏待萧正德,封他为西丰县侯,食邑五百户,后又升任其为吴郡太守。

萧正德却愤愤不平,他内心的落差实在太大。

一般人遇到这种情况,愤愤不平归愤愤不平,最多就发几句牢骚,然后认命。

愤愤不平的萧正德却做出了一个让人不可思议的举动——他投奔了北魏!

南齐宗室萧宝夤在南齐亡后一直生活在北魏,他向北魏孝明帝元诩上奏说:"岂有伯为天子,父作扬州,弃彼密亲,远投佗国?不若杀之。"

萧宝夤的话真是一针见血、一语中的啊!

如果北魏孝明帝元诩听劝,马上杀了萧正德,那后来就不会有那么多事了。

但北魏孝明帝元诩一时妇人之仁，没有下手；当然，也没有礼遇萧正德。

碰壁后的萧正德，竟然又灰溜溜地溜回南梁了。

梁武帝以"菩萨渡人"的姿态，接纳了萧正德，没有数落、没有责备，只是流着泪训诫一番，就恢复他的封爵，任命他为征虏将军。

这等于是在南梁帝国中枢埋下了一颗定时炸弹。

乱世枭雄侯景原是尔朱荣的手下，担任过尔朱荣的先锋，参加了镇压"六镇之乱"，立过不少军功。

高欢消灭了尔朱家族后，侯景投降了高欢。因为才能出众，他遭到高欢的猜忌。

高欢所在的东魏阵营正与宇文泰所在的西魏阵营展开生死厮杀，侯景一怒之下，就想转投宇文泰。

宇文泰与高欢英雄所见略同，都认定侯景是个祸害天下的害人精、破坏之王，对他心怀戒备，不肯接纳。

这样已经和高欢、宇文泰闹掰了的侯景，只好狼狈不堪地投奔了梁武帝。

已经年老昏聩的梁武帝，缺乏高欢、宇文泰的识人眼光，以为侯景是上天恩赐给自己用以安邦定国的"武曲星"，给予侯景很高待遇，比如：河南王、大将军、持节等。

如果梁武帝真的是铁了心重用侯景，可能也没事。

问题是，他心猿意马、把持不定。

他的另一个侄子萧渊明在高欢的儿子高澄发兵攻打侯景时落入了东魏人之手，拥有"菩萨心肠"的梁武帝，为了解救侄子，竟然产生了拿侯景去换回萧渊明的想法。

梁武帝的心态被侯景侦知，侯景忍无可忍，举兵叛变。

侯景援引了那个一心要做太子而不得的萧正德为内应，举仅有的八千兵起事，突袭了建康城。

因为有萧正德的内应，侯景顺利攻破朱雀门，进围台城（宫城）。

台城尚未攻下，萧正德便急吼吼地登基为皇帝，改元正平，封侯景为丞相。

形势发展到这一步，侯景的势力空前扩张，已拥有十万人之众。

南梁太清三年（549年），侯景攻破台城，为了遣散前来救援梁武帝的援军，他废黜了萧正德，入觐梁武帝及皇太子，矫诏让各路援军散去。

等到各路援军相继退去，侯景占领了建康全城，控制了梁朝军政大权。

当然，侯景也不是傻子，他知道梁武帝恨透了自己，于是吩咐断绝台城的供应，饿死梁武帝，立萧纲为帝，是为简文帝。

改年，侯景废萧纲，改立豫章王萧栋为帝。

所有人都知道，侯景这是在为自己称帝做铺垫。

果然，一个月之后，侯景命萧栋禅让，自己风风光光地登基为帝，国号为汉，改元太始。

似乎，从理论上说，南梁算是灭亡了。

但史家并不以为然。

因为，侯景能控制的不过建康一地，并未征服整个江南。

而侯景如此冒冒失失地称帝，招致了梁军和各地武装的强烈攻击。

南梁大宝二年（551年），侯景的主力在巴陵被萧绎的大将王僧辩击败，其势力迅速委顿，一蹶不振。

次年，王僧辩与萧绎的另一大将陈霸先在白茅湾会盟，誓师东下，一举攻破建康。

侯景在逃亡中被部下所杀。

这样，历时四年的"侯景之乱"之人间惨剧宣告降下帷幕，江南一片残破。

该年十一月，在王僧辩、陈霸先等人的劝进下，萧绎称帝于江陵，改元承圣，是为梁元帝。

建康是东吴、东晋、南宋、南齐、南梁的五朝故都，虽被侯景蹂躏得不成样子，但其地理优势摆在那，江陵根本不能与之相比。

只能说，萧绎在江陵称帝，地点选错了。

南梁承圣三年（554年）十月初九，西魏大举围攻江陵，情势危急。

彼时，王僧辩和陈霸先被派出分守建康、京口，王僧辩援救不及，而远在京口的陈霸先更是鞭长莫及。江陵很快陷落，梁元帝萧绎被杀，在梁元帝宫中值事的陈霸先的儿子陈昌、侄子陈顼等人，被掳至长安。

西魏人杀了梁元帝萧绎，另立梁元帝之侄、昭明太子萧统之子萧詧为帝，让萧詧作为自己的代理人，着手经略江南。

由于萧詧这个小王国是西魏政府建立的一个傀儡集团，不同于梁元帝的南梁，所以，被史家称为"西梁"。

那么，西梁已经出现，南梁是否已经灭亡了呢？

没有。

西梁所辖地方不过方圆三百里，很小。

占据着江南要地的王僧辩与陈霸先经过反复商议，打算迎梁元帝第九子萧方智到建康称帝。

由东魏蜕变而成的北齐政府不甘心西魏势力南扩，也想趁梁国破败来瓜分地盘。

北齐文宣帝高洋派其弟上党王高涣护送原被东魏俘虏的贞阳侯萧渊明前来继梁帝位。

高洋在写给王僧辩的信里，口气很硬。

王僧辩一开始是拒绝的，但经不过北齐军一番劈头盖脸的砍伐，服软了，于该年五月迎萧渊明入建康。

萧渊明这个曾引发侯景举兵作乱的人，趾高气昂地登上了皇帝位，改元天成，立萧方智为太子。

王僧辩虽然服软，陈霸先还是不服。

该年九月，陈霸先发军突袭石头城，擒杀了王僧辩。

萧渊明吓得脸都绿了，只得乖乖退位。

九月，萧方智在陈霸先的拥戴下即皇帝位，改元绍泰，是为梁敬帝。

陈霸先自任尚书令、都督中外诸军事、车骑将军、扬、南徐二州刺史，掌握实权。

陈霸先经过三年多的打理，基本控制了长江下游地区，稳定了自己的地位，觉得时机已经成熟，遂于南梁太平二年（557年）废掉梁敬帝萧方智，自己在建康称帝，建立了陈朝。

陈霸先称帝，第一个举手反对的人是王僧辩生前的部将王琳，此人非常能打，是王僧辩的得力干将，军功与杜龛并称第一。

他派人入北齐迎还梁元帝之孙永嘉王萧庄，在郢州拥之为帝，年号天启，设置百官，自己总管军国大事。

不得不说，王琳挺勇猛的，他先后擒捉了前来讨伐的陈将侯安都、周文育等。

在南陈天嘉元年（560年），当他与陈将侯瑱在芜湖交战时，由西魏蜕变成而成的北周政府发兵攻打其大本营郢州，他被搞得手忙脚乱，最终不得不与萧庄逃入了北齐。

至此，南梁正式灭亡，共历十帝，享国五十八年。

西梁集团虽然延继着萧氏的国统，但其是附属于北周的小政权，国小力弱，仰人鼻息，于隋开皇七年（587年）被杨坚废除。

西梁共传宣帝萧詧、明帝萧岿、后主萧琮三世，存在了三十二年。

很多人没有想到，过了三十一年，到了隋义宁二年（618年），萧琮的侄子，同时也是梁武帝萧衍六世孙的萧铣，于岳阳称帝，国号仍为梁，年号鸣凤，设置百官，势力范围东至九江，西至三峡，南至交趾，北至汉水，拥精兵四十万，雄踞南方。

不过，萧铣这个梁国的存在时间只有三年，在唐武德四年（621年），即被初唐第一名将李靖所灭，萧梁的历史才算正式终结。

千金公主欲复国，结局很惨烈

北周整个王朝共历五帝，但真正能执政治国的只有第三位武帝宇文邕，其余的多为傀儡皇帝。

北周的基业当然是太祖宇文泰打下来的，宇文觉并没什么才能，之所以能从西魏恭帝元廓那儿受禅称帝，完全是堂兄宇文护的操控。

宇文觉既是北周的开国皇帝，也是北周的第一个傀儡皇帝。

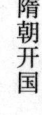

北周的第二个傀儡皇帝是宇文觉的庶兄宇文毓。

宇文觉不甘于当傀儡皇帝，与堂兄宇文护闹掰，结果被赶下帝位，并离奇死亡。

宇文毓也不甘于当傀儡皇帝，与堂兄宇文护闹掰，结果被毒杀。

宇文护连除两帝，还没有自立的意思，又立宇文泰第四子宇文邕为帝。

宇文邕不甘于当傀儡皇帝，却懂得韬光养晦，隐忍了十二年，趁堂兄宇文护不备，突然爆发，将之诛杀，从此独掌朝政，平灭了北齐，统一北方，把北周的国力推向顶峰。

就在宇文邕雄心勃勃地要出师铲除突厥大患之际，却英年早逝，年仅三十六岁。

这一点，北周武帝宇文邕的遭遇与数百年之后的后周世宗柴荣颇为相似，两人都是不世之英主，都是在出师剿除外患的时候病逝的，让人叹惜。

宇文邕死了，帝位自然传给了他的儿子宇文赟。

宇文赟是个不肖子，登上帝位后，不到一年，就禅位给了年仅七岁的儿子宇文阐，自己当太上皇在皇宫风流快活。

七岁的小皇帝宇文阐坐江山，这情形，就像一个七岁的小孩子守着一个超级大宝藏，引得无数野心家觊觎不已。

这其中，最突出的人就是丞相杨坚。

有人会觉得奇怪：就算小皇帝宇文阐年纪小，守不住江山，那么，整个宇文家族不是还有其他年纪大的人吗？他们难道不会帮忙看着点？

是的，宇文家族当然还有许许多多年纪大的人。

不说别的，单说北周太祖宇文泰的儿子，就有赵王宇文招、陈王宇文纯、越王宇文盛、代王宇文达、滕王宇文逌等。

这些人之中，赵王宇文招是北周太祖宇文泰第七子，颇有文才武略，曾跟随过武帝东征伐齐、与齐王宇文宪率军征讨稽胡，立过很多战功。

但是，北周宣帝宇文赟继位之初，猜忌诸叔，不但诛杀了齐王宇文宪，还将包括赵王宇文招在内的五王驱逐出京到封地就国了。

这使得京师再无得力的宇文氏子弟坐镇，杨坚在宇文赟死后，从容窃取了权柄。

当然，宇文赟在病重时，也曾征召赵、陈、越、代、滕五王回京辅政。可这又使得五王如龙离大海、虎离深山，没有了兵力与杨坚抗衡；这一孤身入京，无异于鸟雀投网，被杨坚轻而易举地擒杀。

于是乎，杨坚再无顾虑，于北周大定元年（581年）二月废黜了宇文阐，自立为帝，建立隋朝，是为隋文帝。

杨坚手段狠辣，不但毒死了小外孙宇文阐，还将宇文氏全族男丁全部斩杀。

赵王宇文招入京前，曾将自己最小的儿子留在封地。相州总管尉迟迥就拥戴此子起兵与杨坚叫板。

后来尉迟迥兵败，宇文招的这个小儿子自然未能幸免于难。

赵王宇文招有一女，在宇文赟即位之年被封为千金公主，许配到突厥和亲。

宇文赟没有父亲武帝宇文邕的雄才大略。武帝宇文邕在离世前的几个月，还信心百倍地率军要去平灭突厥。但宇文赟在武帝宇文邕死后没几个月，就向赵王宇文招征召了最聪颖漂亮的堂妹千金公主，送给突厥首领沙钵略可汗阿史那·摄图为妻。

千金公主出塞的时间是北周大象二年（580年）二月，一年之后，即北周大定元年（581年）二月，杨坚便大肆诛杀北周宗室诸王，建立了隋朝。

噩耗传来，千金公主悲痛欲绝，她发誓要报这国仇家恨。

她向夫君沙钵略可汗大吹枕头风，要沙钵略可汗出兵侵隋。

于是，突厥正式向隋朝宣战。

沙钵略可汗声称："我本是北周家的亲戚，如今杨坚灭了北周，我如果坐视不管，还算是个男人吗？"

他纠集了四十万大军，打出替北周复国的旗号，自木硖、石门两道大举入侵，先后攻下武威、天水、安定、金城、上郡、弘化、延安等城，长安震动。

两年前护送千金公主出塞和亲的副使长孙晟这时成了杨坚座前红人。

和亲活动结束后，长孙晟在突厥居住了一年多，熟悉突厥内情，知道突厥各部之间并非铁板一块，他向杨坚建议：以离间计挑动突厥各部落。

杨坚依计而行。

结果，隋朝的离间计取得了极大成功：沙钵略可汗的叔侄反目成仇，沙钵略陷入孤立，腹背受敌，境况日益窘迫，前景不妙。

杨坚大感高兴，下诏书宣称说：“从前周、齐抗衡，中原分裂，突厥坐收渔翁之利，操控着局势。北周和北齐相互猜忌，都怕突厥偏向对方，所以搜刮百姓而去喂养豺狼，突厥因此更加贪婪。本朝应进攻突厥，树立威严。”

这种情况下，年方二十岁的千金公主意识到了现实的残酷，决定暂时将自己的国恨家仇放在一边，先帮助丈夫走出困境。

她向杨坚写去亲笔信，表示自己虽是北周公主，却十分钦佩杨坚的圣明，请求做大隋皇帝之女。

沙钵略也写信服软并说：“皇帝是妇父，即是翁，此是女夫，即是儿例，两境虽殊，情义是一。今重叠亲旧，子子孙孙，乃至万世不断。上天为证，终不违负。”

杨坚虽然对突厥喊打喊杀，但他也是麻秆打狼两头怕，一看沙钵略服软，就借坡下驴，赐公主杨姓，收为养女，改封为大义公主，要她懂得"大义"二字，以"和"为贵。

这样，两国休兵，边境重现安宁。

隋开皇七年（587年），沙钵略病死，其子雍闾都兰可汗（即叶护可汗）继位。大义公主按照突厥的风俗，又嫁给沙钵略的儿子都兰可汗。

隋开皇九年（589年），杨坚灭掉南朝陈国，命人把后主陈叔宝的一面屏风赐给大义公主，表面上是秀恩宠，实际上是内含威慑。

公主看到屏风，知道南陈已经灭亡，隋杨愈加强大，报仇无望，复国无期，悲愤莫名，情难自抑，提笔在屏风上题诗一首。

盛衰等朝露，世道若浮萍。
荣华实难守，池台终自平。
富贵今何在？空事写丹青。
杯酒恒无乐，弦歌讵有声？
余本皇家子，漂流入虏廷。
一朝睹成败，怀抱忽纵横。
古来共如此，非我独申名。
惟有《明君曲》，偏伤远嫁情。

来人默记下这首诗，回去一字一句地背诵给杨坚听。

杨坚不语，嘿嘿冷笑。

不久，长孙晟出使突厥，下诏废除了大义公主的公主封号。

为了牵制都兰可汗，长孙晟让杨坚以宗女安义公主许配给突利可汗，扶一个，打一个。

突利可汗在隋朝的扶助下，大败都兰可汗。

都兰可汗失败之后，恼羞成怒，斩杀了公主。

该年为隋开皇十六年（596年），公主年仅三十四岁。

最后补一下，杨坚虽然一度下诏书对突厥人喊打喊杀，说什么"本朝应进攻突厥，树立威严"，但突厥人实在太强大了。在强大的对手面前，他不得不送钱、送物、送女人进行笼络。安义公主嫁给突利可汗（后被杨坚改称为启民可汗）为妻后，不到两年，公主就死了。杨坚生怕启民可汗不高兴，又赶紧补嫁了义成公主。

这义成公主的命运，与千金公主惊人相似。

她在启民可汗死后，又根据突厥风俗，先后嫁给了启民可汗的三个儿子：始毕可汗、处罗可汗、颉利可汗。

隋朝灭亡后，义成公主发誓要报家仇国恨，多次向夫君大吹枕头风，要夫君率兵入塞灭唐。

突厥人入侵势头最急、最猛、最具灭国性的是唐武德九年（626年）冬天。

该年，李世民策动了玄武门事变，登上了帝位。

颉利可汗趁大唐政权交接，亲率二十余万大军，势如破竹，一直杀到长安城外，在渭水便桥的北岸安营扎寨。

李世民一身虎胆，以帝王之尊，单人独骑扬鞭来到渭水便桥的南岸，与颉利可汗隔河相谈，双方在便桥歃血为盟，化刀兵为布帛。

大唐王朝躲过此劫后，李世民积蓄力量，等待时机，于薛延陀、回纥等部背叛突厥时，派出名将李靖，对突厥发起了迅猛而准确的一击——突袭到突厥老巢，当场处决义成公主，擒获了颉利可汗。

第三章 大隋猛将

有李广之能、霍去病之勇、班超之谋的长孙晟

老实说，唐太宗的岳父长孙晟的名气，远远比不上他的女儿长孙皇后，甚至比不上他的儿子长孙无忌。

长孙皇后在中华历史上享有千古第一贤后的美誉，玄武门之变前夕曾亲自勉慰诸将士，在夫君即位后，她又经常借古喻今，竭力匡正夫君为政的失误，尽力保护忠正大臣，被夫君誉为"嘉偶""良佐"，在世时著有《女则》三十卷，逝后谥"文德皇后"，葬于唐昭陵。

长孙无忌是唐太宗的得力助手，策划并参与了玄武门事变，在凌烟阁功臣中位列第一。后来在立储之争时支持高宗，被任为顾命大臣，授太尉、同中书门下三品。

唐太宗对长孙无忌喜爱到什么地步呢？贞观六年（633年），时为吏部尚书长孙无忌在受召时，忘记解下佩刀，匆匆入宫。

这一情节比《水浒传》里"林冲带刀误闯白虎堂"严重上百倍。

按照大理寺少聊戴胄的意思，长孙无忌佩刀入宫，罪该和监门校尉一同处死。唐太宗既想维持法律公正，又不忍心大舅子就这样被处死，非常为难，将此案交司法机关复议再复议，最后在尚书右仆射封伦的巧妙斡旋下，总算免除了长孙无忌和监门校尉的死罪。

再说回长孙皇后和长孙无忌的父亲长孙晟，他其实是一位世间罕见的名将。

宋代张预编的《十七史百将传》，以及明代黄道周所著的《广名将传》都将长孙晟列入其中。

长孙晟的曾祖父是北魏上党文宣王长孙稚、父亲是北周开府仪同三司长孙兕。

长孙晟有多牛呢？

现在我们说起汉代名将，头脑里最先会闪现飞将军李广、骠骑大将军霍去病、定远侯班超等一系列熠熠生辉的名字。

而李、霍、班的特点，长孙晟兼而有之。

李广的特点是善射，箭术一时无双。

长孙晟的箭术也是妙绝天下，海内咸服。

北周风气尚武，贵族子弟都以骑射矜夸。

每次在贵族圈内举行骑马射箭比赛，长孙晟都独占鳌头。

长孙晟也因此在北周天和四年（569年）担任了司卫上士，而在该年，他才十九岁。

西晋"八王之乱"起，中原板荡，周边的游牧民族乘势而入，局势闹得一团糟。

虽说刘裕篡晋，平灭了南燕，攻破了后秦，安定了南方；稍后拓跋焘也荡清了北方各种大大小小的势力，形成了南北对峙的局面。

周边又有新的游牧民族纷纷崛起，到了南北朝后期，已经有突厥、吐谷浑、党项和辽东的高丽等，在中原的北方形成了一股弧形的势力，对中原构成了巨大威胁。

当北魏分裂为东魏、西魏，东魏、西魏又分别蜕变成北齐、北周时，中原北方的东、西两大阵营彼此忙于攻杀交战，无暇对外，突厥发展迅猛，一跃而成北方第三大势力。

为此，北齐、北周都争相向突厥交好，北齐倾府藏以结其欢，北周亦每年向突厥献绢帛十万段。

突厥的可汗虽是粗人，但蓦然得此好处，乐得坐享其成，同时也隐约懂得"鹬蚌相争，渔翁得利"的好处，得意扬扬地放话说："但使我在南面的两个儿孝顺，何忧无物邪？"

北周方面不甘心做突厥可汗的"孝顺儿"，想翻身做长辈，祭出了"大杀招"——和亲。

这不，北周大象二年（580年），北周宣帝宇文赟就封赵王宇文招之女为千金公主，许配给突厥首领沙钵略可汗阿史那·摄图为妻。

不用说，用女人来讨好对方，多少有点丢脸。

为了挽回一丝丝颜面，北周朝廷认为突厥人向来崇拜和敬仰武力，而长孙晟是朝内最牛角色，于是就让他充当汝南公宇文庆的副使，护送千金公主到沙钵略可汗的牙旗之下，目的是让他适当使点颜色给突厥人瞧瞧，使之不敢对北周太过轻慢。

的确，北周朝廷此举收到了奇效。

此前，北周曾先后派数十位使者前往突厥，都遭到了沙钵略可汗的轻视和污辱，长孙晟这一趟出行，却得到了前所未有的礼遇。

事情说起来有点戏剧性。

那天，沙钵略可汗接见长孙晟时，空中有两只大雕飞着争食。

长孙晟请射两雕，得到同意后，他抽箭弯弓，说时迟，那时快，一箭飞出，洞贯双雕！

突厥人惊为天神。

沙钵略可汗喜形于色，隆重地引长孙晟为贵宾，并让各位子弟贵人都与长孙晟亲近，学习其射箭的本事。

和亲使团回国之日，沙钵略可汗依依不舍，盛情挽留长孙晟。

长孙晟生性豪爽，豁达大度，四海为家，痛快地答应了下来。

从此，长孙晟成了沙钵略可汗身边形影不离的哥们，日日伴随着沙钵略可汗一起吃喝、一起玩乐、一起游猎。

但长孙晟心怀故土，而且，和他交友甚得的铁哥们杨坚担任了北周丞相，执掌了大权，正需要他。

这样，长孙晟在突厥停留了一年多之后，坚请回国了。

但在这一年多时间里，长孙晟遍交突厥高层，而且与深为沙钵略可汗所忌恨的亲弟弟突利可汗暗中结成了"生死之交"。

最重要的是，长孙晟在突厥跟随沙钵略可汗游猎之时，将突厥山川形势、部众强弱等要情悉记于心，对突厥之事了如指掌。

长孙晟归国后，将自己所了解到的突厥要情一五一十地告诉了杨坚，明确指出：突厥内部并非铁板一块，而是矛盾丛生，并不可惧。

杨坚闻之大喜，大笑道："吾不复惧突厥矣！"

不久，杨坚篡周建隋，建立了隋朝，是为隋文帝。

既然不再惧怕突厥，隋文帝就一改以前北周对突厥卑躬屈膝的政策，废除了每年向突厥进贡的做法，下诏书说："从前周、齐抗衡，中原分裂，突厥坐收渔翁之利，操控着局势。北周和北齐相互猜忌，都怕突厥偏向对方，所以搜刮百姓而去喂养豺狼。突厥因此更加贪婪。本朝应进攻突厥，树立威严。"

隋文帝在说这些的时候，并未闲着，他一面下诏修筑长城，加强防御工事，一面调兵遣将，以防突厥的入侵。

沙钵略可汗怒不可遏，与前北齐营州刺史高宝宁联合攻陷了临榆关，并与各部落相约，准备大举南侵隋朝。

隋文帝急召长孙晟问计。

长孙晟侃侃而谈，他说："如今沙钵略可汗、达头可汗、阿波可汗、突利可汗等叔侄兄弟各统强兵，都号可汗，分居四面，他们虽然外示和好，其实内怀猜忌，极容易离间。只要我们采取战国时范雎给秦王提供的'远交而近攻，离强而合弱'的计谋，他们的矛盾就会激化，他们一内斗，我们就好办了。"

隋文帝依计而行，派出了两个使团：一个使团去找沙钵略可汗的叔叔达头可汗，特赐狼头纛，假装对他很钦敬，对他很礼貌，认可他的权力，要与他联盟；另一个使团由长孙晟亲自率领，去找他的"生死之交"——沙钵略可汗的弟弟突利可汗，跟他联络感情。

这么一来，沙钵略可汗所谓"集结各部"侵隋的行动，只集结到阿波可汗一部而已。

于是，接下来，长孙晟全力收买阿波可汗，他动用三寸不烂之舌说动了阿波可汗，让阿波可汗派使者跟自己到长安朝见隋文帝。

沙钵略可汗是个粗线条的人物，一听阿波可汗派遣使臣去了长安，就趁阿波可汗不备，率军袭击了阿波可汗的营地，收编了阿波可汗的部众，杀死了阿波可汗的母亲。

这么一来，阿波可汗和沙钵略可汗反目成仇，势不两立。

在长孙晟的撺掇下，达头可汗和突利可汗迅速加入战团。

从此，突厥内部互相攻伐，烽烟不息，永无宁日，最终分裂成了沙钵略可汗的东部集团和阿波可汗的西部集团两大势力，再也无力南侵大隋。

当然，这还不是最吊诡的。最吊诡的是，无论是沙钵略可汗的东部集团还是阿波可汗的西部集团，都买长孙晟的账，对长孙晟毕恭毕敬，敬若神明。

沙钵略可汗以一敌三，屡战屡败，几有灭顶之灾，派人来向长孙晟求计。

长孙晟为了达到"以夷制夷"的战略目的，也不愿他就此灭亡，而让阿波可汗一枝独大，积极建议他向隋请和称藩，以获得隋朝的支持。

隋文帝在长孙晟的授意下，表现得非常"宽宏大度"，既往不咎，原谅了沙钵略可汗以前的不礼貌行为，同意了他的请求。

之前长孙晟不是和宇文庆护送北周赵王宇文招之女千金公主给沙钵略可汗为妻吗？隋文帝做了个顺水人情，赐千金公主姓杨，认作自己的干女儿，改封为大义公主，以示自己与沙钵略可汗结成了翁婿之好。

粗线条的沙钵略可汗接到隋文帝的诏书，觉得自己赚了，乐呵呵地跪拜诏书，笑着对左右官员说："须拜妇公，须拜妇公。"

隋开皇七年（587年）四月，沙钵略可汗卒，长孙晟持节立其弟处罗侯为莫何可汗。

莫何可汗在长孙晟的指使下，最终生擒了阿波可汗。

隋开皇八年（588年）十一月，莫何可汗死，其子雍闾都兰可汗（即叶护可汗）继位，受大义公主唆使，准备反隋。

统治突厥北方的突利可汗为争取隋朝的支持，与隋文帝达成协议，设计都兰可汗诛杀了大义公主。

为了牵制都兰可汗，长孙晟让隋文帝将宗女安义公主许配给突利可汗，扶一个，打一个。

突利可汗在隋朝的扶助下，大败都兰可汗。

都兰可汗只得与达头可汗结盟与突利可汗相抗。

但是没有用。

隋文帝授长孙晟左勋卫骠骑将军，协助突利可汗与之相攻杀。

隋开皇十九年（599年）四月，隋上柱国赵仲卿率兵大破突厥，都兰可汗败逃，后被其部下所杀。杨素军在灵州以北地区与达头可汗部遭遇，大败突厥，达头可汗带着重伤逃跑，其众死伤不可胜数。

而突利可汗本人被长孙晟劫持到长安，拜见了隋文帝。

隋文帝册封突利可汗为启民可汗。从此，启民可汗彻底成了隋朝的附庸。

安义公主不幸病故，隋文帝又派长孙晟持节送宗室女义成公主嫁给启民可汗。

都兰可汗死，达头可汗自立为步迦可汗，于隋开皇二十年（600年）四月率兵进犯隋边。

长孙晟时为秦川行军总管，率突厥归附各部为前锋，跟随晋王杨广出征。

长孙晟熟悉突厥民俗风情，命人在泉水上游撒放毒药。

突厥人、畜被毒死不计其数，步迦可汗惊疑不定，哀伤无限地说："天雨恶水，其亡我乎？"连夜拔营遁逃。

长孙晟率部追击，斩杀突厥千余人，俘百余口，获六畜数千头。

杨广设宴与长孙晟庆功。

酒至半酣，有突厥达官来降，坦诚相告，说："突厥之内，大畏长孙总管，闻其弓声，谓为霹雳，见其走马，称为闪电。"

杨广对长孙晟膜拜不已，将之与汉骠骑将军霍去病相比，称赞说："将军震怒，威行域外，遂与雷霆为比，一何壮哉！"

南宋人叶适却认为，长孙晟之高明，远胜于卫青、霍去病。他在《习学记言》一书中写："长孙晟终隋世，能以计縻突厥，开阖盛衰，无不如志，卒弱其势，以成北方之功，过于卫霍用百万师矣。"

清末史学家蔡东藩则在《南北史演义》中将长孙晟与东汉牛人班超相提并论，说："以夷攻夷，为中国制夷之上策，汉班超之所以制匈奴者在此，隋长孙晟之所以制突厥者亦在此。"

隋仁寿四年（604年），隋文帝崩，杨广登位，任命长孙晟为内衙宿卫，知门禁事，即日拜左领军将军。

隋大业三年（607年），杨广北巡至榆林，欲出塞外，陈兵耀武。

长孙晟先行一步到启民可汗部喻旨。

启民可汗听说长孙晟来，召所部奚、室韦等数十个部落的酋长出迎。

长孙晟指点他说："天子行幸所在，诸侯躬亲洒扫，耘除御路，以表至敬之心。今牙中芜秽，谓是留香草耳。"

启民可汗听罢，不敢怠慢，拔下佩刀，亲自除草。

其余各部族长诚惶诚恐，争相仿效。

为示忠心，启民可汗又发命举国就役开御道，西起榆林，东达于蓟，长三千里，宽百步。

杨广倍感有面子，大赞长孙晟有办法，任其为右骁卫将军。

两年之后，即隋大业五年（609年），长孙晟病逝，享年五十九岁。

诚心归顺隋朝的启民可汗也在这一年去世。

隋大业十一年（615年）八月，杨广再次出塞北巡，在雁门被启民可汗之子始毕可汗围困，上天无路，入地无门，仰天哀号说："向使长孙晟在，不令匈奴至此！"

明末大儒黄道周在《广名将传》作有长诗专赞长孙晟，诗云：

长孙工射，一箭双雕。
处罗有识，密与之交。
山川形势，银耳昭昭。
隋有天下，摄图牢骚。
南侵合众，势盛难消。
隋主大惧，筑城阻挠。
晟因书启，胡众最豪。
兵力难制，离间易挑。
上悦其计，赐蠹以骄。
再引使上，疑贰以牢。
铁勒反告，能不惊逃。
染干婚后，警辄奏朝。
赐射鸢落，获赏独饶。
毒留破敌，声比雷高。
受降再出，早死于劳。
若使长在，许谁咆哮。

达奚长儒：隋朝最恐怖的将领

我们都知道，乱世出英雄。每一个朝代的创建，都离不开一大群超级猛人的拥护和扶持。

所以，西汉有"汉初三杰"、东汉开国有云台二十八将、唐朝开国有凌烟阁二十四功臣、明朝开国有"淮西二十四将"以及刘伯温、徐达、常遇春等良臣猛将。

隋朝开国，虽说是从孤儿寡妇手里夺来的江山，但隋文帝杨坚如果没有一帮猛人、牛人的舍命追随和拥戴，根本不可能坐稳帝位，更不可能开创出煊赫一时的"开皇盛世"。

可惜的是，现在人们谈论起开隋牛人，往往只记得被演义史过多戏说过的杨素、高颎、贺若弼、韩擒虎、长孙晟等人，却把一个极其重要的人物遗忘掉。

这个人物，其实是隋朝最恐怖的将领，曾经大杀四方，攻城野战，所当必破，曾以二千骑破突厥十万，大扬国威。

他的名字叫达奚长儒！

达奚长儒出自将门世家，祖父达奚俟是西魏定州刺史，父亲达奚庆为西魏骠骑大将军、仪同三司。

达奚长儒十五岁结发从军，胆略过人，勇猛绝伦，敢玩命，杀伐凶悍，无人敢敌，遇之辄散。

西魏丞相宇文泰因此对达奚长儒宠爱有加，先让他担任奉车都尉，后授任为大都督。

西魏废帝二年（553年），达奚长儒跟随尉迟迥入蜀平萧纪，总任先锋，一路摧城拔寨，势如破竹。

北周代西魏后，达奚长儒升任开府仪同三司，出任渭南郡守，迁骠骑大将军。

在北周平定北齐的斗争中，达奚长儒指东打西，莫不如志。

战后论功，达奚长儒升任为上开府仪同三司，晋爵为成安郡公，食邑一千二百户。

南陈名将吴明彻是陈武帝陈霸先生前最为倚重的大将之一，曾在平定华皎叛乱的"沌口之战"中，大败周、梁联军，夺取西梁三郡；又在南陈太建五年（573年）北伐中，大败北齐军队，攻克秦州、历阳、合肥、合州、仁州，收复淮南之地。

一句话，吴明彻是个不折不扣的名将、猛将。

事实上，在唐德宗追封古代名将并为他们设庙享奠的六十四人中，就有吴明彻的一席之位。在宋室所设立的七十二古代名将庙中，吴明彻也赫然位列其中。

南陈太建九年（577年）十月，时年六十六岁的吴明彻老当益壮，再次领兵北伐，拟夺取淮北地区。

吴明彻的来势奇快，一下子抵达吕梁。

北周徐州总管梁士彦率军抵抗，却是屡战屡败。

梁士彦没有办法，只好做起了缩头乌龟，坚守城池，不敢再出战。

吴明彻引清水来灌城，在城下环列船舰，加紧攻打。

北周方面派大将军乌丸轨率军救援。

南陈一看不好，加派骁将刘景率劲旅七千人前来增援。

达奚长儒时任左前军勇猛中大夫，在乌丸轨军中，受命迎战刘景。

达奚长儒不仅长于陆战，水战同样厉害。

他取车轮数百，系以大石，沉之清水，连毂相次，以待刘景。

刘景不知水下有机关，船舰肆无忌惮向前，很快被车轮所阻，不能前进。

达奚长儒出奇兵，水陆俱发，大败刘景，俘虏五千多人。

刘景一败，陈军崩溃，仅萧摩诃率领小部分船舰杀出重围，余军非死即降。

陈军主帅吴明彻背患疮痘，走投无路，束手就擒。

达奚长儒以功进位大将军，不久授行军总管，北巡沙塞，大破胡虏。

杨坚担任北周丞相时，有篡夺北周政权之心，对于达奚长儒这样的牛人，自然是用心收买。

益州总管王谦不满杨坚专权，在蜀地举兵反叛。

上柱国杨永安趁机煽动利州、兴州、武州、文州、沙州、龙州共六州起兵响应。

杨坚让达奚长儒率军平定叛军。

达奚长儒三下五除二就击败了叛军并把从京师逃出来的王谦的两个儿子擒杀。

由此，杨坚受禅登基后，升任达奚长儒为上大将军，封为蕲春郡公，食邑两千五百户。

达奚长儒最亮眼的表现是在隋开皇二年（582年）。

该年，娶了北周千金公主的突厥沙钵略可汗，打着替北周复国的旗号，率领四十万大军，大举南侵。

时为行军总管的达奚长儒所部只有两千人，在周盘与突厥大军不期而遇。

两千人对十万，众寡悬殊。

达奚长儒却毫不畏惧，神情自若，激励手下将士向突厥人进攻。

该战，无比惨烈。

达奚长儒所部"散而复聚，且战且行，转斗三日，五兵咸尽，士卒以拳殴之，手皆见骨，杀伤万计"。

最终，突厥人被达奚长儒所部的杀气所慑，无心再战，解兵离去。

他们沿路焚烧死去的同伴尸体，回望黑烟连野，焦肉味冲天，不禁悲从中来，一齐放声大哭。

杨坚这边喜不自胜，下诏嘉奖说："突厥猖狂，辄犯边塞，犬羊之众，弥亘山原。而长儒受任北鄙，式遏寇贼，所部之内，少将百倍，以昼通宵，四面抗敌，凡十有四战，所向必摧。凶徒就戮，过半不反，锋刃之余，亡魂窜迹。自非英威奋发，奉国情深，抚御有方，士卒用命，岂能以少破众，若斯之伟？"

达奚长儒因此得任上柱国。

所有阵亡的将士，都追赠官阶三级，官职由子孙承袭。

此后，达奚长儒担任夏州总管三州六镇都将事。突厥人忌惮于他的威名，不敢窥探边塞。

达奚长儒晚年转任荆州总管三十六州诸军事。隋文帝深情款款地对他说："江陵要害，国之南门，今以委公，朕无虑也。"

只过了一年，达奚长儒便病逝于任上，得谥号为"威"。

《隋书》盛赞达奚长儒："以步卒二千抗十万之虏，师歼矢尽，勇气弥厉，壮哉！"

韩擒虎：少年擒虎，长大擒王，死后成了"阎罗王"

隋朝只有短短三十七年国祚。

隋朝的牛人、猛人却层出不穷。

单以名将论，就有贺若弼、杨素、韩擒虎、史万岁等。

隋开皇八年（588年），隋文帝遣兵南征陈国，在寿春置淮南道行台省，以晋王杨广为行台尚书令，统一调度五十二万水陆军，主管灭陈之事。

杨广于该年分八路大军从长江上游至下游向陈国发起猛攻。

时为行军总管的韩擒虎、贺若弼两军进展最快，他们于隋开皇九年（589年）二月完成了对陈都建康的合围，配合钳击建康。

贺若弼军在白土冈与陈军主力展开激烈搏杀。仗打得很辛苦，虽然最终大破陈军，自己的损失也不小。

韩擒虎钻了个空子，率领五百士卒渡江夜袭采石，得手后再取姑苏、新林。

让贺若弼窝火的是，陈国大将任蛮奴明明是被自己击败的，他却在退却的过程中向韩擒虎投降了。就是这个任蛮奴的投降，迅速瓦解了陈国的军心，此后，陈将樊巡、鲁世真、田瑞等纷纷投降了韩擒虎，致使韩擒虎仅以五百名骑兵就攻入朱雀门，擒捉了陈后主陈叔宝以及绝代美人张丽华。

韩擒虎凭此获得了灭国擒王之不世大功。

贺若弼懊恼无限。

老实说，真不怪贺若弼气恼。

就连后人每谈论起平灭陈国、擒捉陈国后主的事迹，都归于韩擒虎一人头上，闭口不提贺若弼一个字。

比如唐人杜牧《台城曲》里写的："门外韩擒虎，楼头张丽华。"

再如宋人赵汝镳《三阁曲》里写的："将军忽遇韩擒虎，江神今识清河公。"

又如宋人杨备《景阳井》里写的："擒虎戈矛满六宫，春花无树不秋风。"

再如宋大词人苏东坡《虢国夫人夜游图》里写的："当时亦笑张丽华，不知门外韩擒虎。"

清人郑板桥《念奴娇·胭脂井》里写的："过江咫尺迷楼，宇文化及，便是韩擒虎。"

…………

隋军班师回朝，贺若弼愤愤不平，在金殿之上与韩擒虎争功，大声对隋文帝说："臣在蒋山死战，破其锐卒，擒其骁将，震扬威武，遂平陈国。韩擒虎略不交阵，岂臣之比！"

不用说，贺若弼与韩擒虎在平陈过程中的表现，真有点像三国末期钟会、邓艾伐蜀的情形：钟会领正兵，邓艾出奇兵，最终，邓艾出奇制胜收取了平蜀大功。

其实，韩擒虎的胆略远胜邓艾，而且勇猛无比。据说，他本名叫韩擒豹，因生擒过一头猛虎，于是改名为韩擒虎。

这会儿，听了贺若弼的述说，他自然怒不可遏，抢前说："本奉明旨，令臣与弼同时合势，以取伪都。弼乃敢先期，逢贼遂战，致令将士伤死甚多。臣以轻骑五百，兵不血刃，直取金陵，降任蛮奴，执陈叔宝，据其府库，倾其巢穴。弼至夕，方扣北掖门，臣启关而纳之。斯乃救罪不暇，安得与臣相比！"

隋文帝看着殿下站的这对龙臣虎将，满心欢喜，连连说："二将俱为上勋。"

一碗水端平，将两人都进位上柱国。

早在北周与南陈对峙的时代，韩擒虎就曾多次挫败过陈将甄庆、任蛮奴、萧摩诃等人的侵扰，威名远扬，而他本人又长得"容貌魁岸，有雄杰之表"，更在这次平灭江南的过程中成为诸多南陈大将受降的对象，隋文帝对他愈加看重。

突厥使者来长安朝拜，隋文帝为了震慑对方，树立大隋国威，故意安排韩擒虎负责接见，他对突厥使者说："汝闻江南有陈国天子乎？"然后指着韩擒虎说，"此是执得陈国天子者。"突厥使者只看了韩擒虎一眼，便被韩擒虎宛如天神一般的犀利目光所惊吓，"惶恐不敢仰视"。

韩擒虎既然是这样的威猛，民间也就有了他死后当上了阎罗王的传说。

韩擒虎病逝于隋开皇十二年（592年），魏征等编撰的《隋书》成书时间于唐贞观十年（636年），这前后仅仅差了四十多年。

作为"二十四史"中正史的《隋书》，却把韩擒虎死后当上了阎罗王的传说煞有介事地记入本传,可见这个传说的流行度之广。

《隋书·列传第十七·韩擒虎传》是这样描述这个传闻的:有一段时间,韩擒虎住宅附近的一个老妇人看见了一队庄严肃穆的仪仗队浩浩荡荡地开往韩擒虎家,仪仗的规格等同于帝王。老妇人大感诧异,悄声向其中的一个卫兵打听。那卫兵答:"我们是前来迎我们的大王的。"奇怪的是,这人答完,整个仪仗队一下子就消失了。这件事过后不久,有一个重症病人慌里慌张地跑到韩擒虎家门前,一个劲地嚷嚷说:"我要拜见大王。"门卫问他:"什么大王?"重症病人回答说:"阎罗王。"韩擒虎的子弟要鞭打他,韩擒虎出来制止,大笑道:"生为上柱国,死作阎罗王,斯亦足矣。"这之后没几日,韩擒虎卒,时年五十五。

宋人徐钧因此作诗:"俘主摧都锐莫当,区区破阵却争长。不堪世上无分别,自作阎罗地下王。"

我们知道,神仙鬼怪都是些无稽之谈,韩擒虎死后当上了阎罗王只是一个传说而已,不必当真。

但韩擒虎就凭借着灭国擒王之功,成了后人膜拜的名将,却是不争的事实。

唐建中三年(782年),礼仪使颜真卿向唐德宗建议,追封古代名将六十四人,并为他们设庙享奠,其中就包括了"隋上柱国新义公韩擒虎"。

宋宣和五年(1123年),宋室为古代七十二位名将设庙,韩擒虎位列其中。

北宋年间成书《十七史百将传》中,也有韩擒虎的个人列传。

最后补充一句,韩擒虎有一个比他还要牛的外甥——初唐名将李靖。

名将贺若弼只因嘴太碎,身遭横祸,满门被抄

唐建中三年(782年),礼仪使颜真卿向唐德宗建议,追封古代名将,并为他们设庙享奠。

这份古代名将的名单中,隋朝一共出现了四个人:贺若弼、韩擒虎、

史万岁、杨素。

后来的宋王室依照唐代惯例，为古代名将设庙，增设七十二人，隋朝四将仍列其中。

不过，这隋朝四将中的贺若弼，他是看不起其他三将的。

他曾私下里对时为晋王的杨广说："杨素是猛将，非谋将；韩擒虎是斗将，非领将；史万岁是骑将，非大将。"

杨广好奇地问："然则大将谁也？"

他淡淡一笑，回答说："唯殿下所择。"

言下之意，就只有他贺若弼一人而已。

老实说，贺若弼是有资格看不起其他三人的。

要知道，自西晋"八王之乱"、东晋"衣冠南渡"以后，中原板荡、南北分裂。这之后，南北政权之间出现了无数次北伐、南征，涌现过照耀历史夜空的名士、枭雄、名将、名王，如祖逖、桓温、谢安、刘裕、拓跋焘等，却是互有长短，彼此都吃不掉对方，致使华夏大地长期处于分裂状态，时间长达二百多年，无数志士仁人痛心不已。

贺若弼的父亲贺若敦为北周名将，一生以平定江南为己任，因忌获罪，临刑时，惇惇叮嘱儿子贺若弼说："吾必欲平江南，然此心不果，汝当成吾志。"

贺若弼年少却慷慨有大志，骁勇便弓马，解属文，博涉书记，有重名于当世。

贺若敦非常看好这个儿子。

不单贺若敦看好贺若弼，海内有识之士都看好贺若弼。

北周大象元年（579年），北周上柱国、行军元帅韦孝宽攻略淮南、寿阳等地时，就专门点名要贺若弼随军出征。

在南征过程中，贺若弼出谋划策，无不奏效。

韦孝宽因此进展顺利，连下数十城，使长江以北土地都划入北周。

贺若弼战后拜为寿州刺史，改封襄邑县公。

杨坚担任北周大丞相后，有篡夺北周之心，而相州总管尉迟迥也有不轨之意。

贺若弼成了杨坚和尉迟迥争夺的对象。

不过,杨坚行动快,提前派亲信长孙平代贺若弼镇守寿州,让贺若弼火速回朝,很好地把贺若弼保护了起来。

北周大定元年(581年),杨坚受禅登基,改国号隋,是为隋文帝。

隋文帝有吞并江南、统一中国之志。

他的儿时玩伴尚书左仆射高颎告诉他,贺若弼可以帮助他完成这一大任,并说:"朝臣之内,文武才干,无若贺若弼者。"

隋文帝深以为然,对高颎说:"公得之矣!"

回头,拜贺若弼为吴州总管,镇江北要地广陵,让他经略一方,为灭陈积极做准备。

贺若弼强烈地预感到父志将遂,白日放歌,青春作伴,翩然赴任,并赋诗一首,与寿州总管源雄共勉,诗云:

    交河骠骑幕,合浦伏波营。
    勿使麒麟上,无我二人名。

在吴州任上,贺若弼一方面整军经武,一方面刺探南陈情报,并细心考察渡江地点,反复推敲和演练渡江方案,向隋文帝进献《取陈十策》。

隋文帝阅策大喜,更加坚定了平陈决心,特赐宝刀一口,要贺若弼把平陈计划提进日程。

贺若弼提刀登舟,在江中赋诗咏志,豪情堪比当年横槊放歌的曹孟德。

两百多年后,唐人周昙慕而作诗赞叹云:

    破敌将军意气豪,请除倾国斩妖娆。
    红绡忍染娇春雪,瞪目看行切玉刀。

隋开皇八年(588年)十月,灭陈战争的号角吹响了。

隋文帝在寿春设淮南行台省，以晋王杨广为行台尚书令，主管灭陈之事。又命杨广、秦王杨俊、杨素并为行军元帅，高颎为晋王元帅长史，右仆射王韶为司马，集中水陆大军五十一万八千人，东至大海，西到巴、蜀，旌旗舟楫，自长江上游至下游全面铺开。

隋开皇九年（589年）正月初一，贺若弼打算趁陈国上下欢度新春之际，发起进攻。

他出广陵南渡，在渡江前，酹酒而祝："弼亲承庙略，远振国威，伐罪吊民，除凶翦暴，上天长江，鉴其若此。如使福善祸淫，大军利涉；如事有乖违，得葬江鱼腹中，死且不恨。"

为了这次渡江，贺若弼之前做了不少工作。

要知道，北方有马而缺船，南方有船而缺马。

为了筹措到足够多的船只，贺若弼不断派出有经商经验的官兵，扮作商人过江寻找船商，把北方没有作战能力或将要退役的老马卖给南陈；而从南陈反购回一批批船只。

对于购回的船只，贺若弼全都藏匿起来，而将一些日常使用的小船、旧船停放在长江北岸的显眼处，造成隋军缺船渡江的假象，用以麻痹陈军。

每当隋军换防之时，贺若弼都故意大张旗鼓，在广陵郊外集结，战鼓如雷，战旗蔽日，搞得陈军神经高度紧张、如临大敌。当隋军换防结束，贺若弼又让将士撤防回营，恢复常态。

此外，贺若弼经常带领部队沿江狩猎，人马喧嚣，鹰犬突击，搞得陈军神经兮兮。

时间一久，陈军习惯了隋军各种集结布阵的变化，认为隋军并无渡江能力，不过是时不时来一番虚张声势而已。

这次，贺若弼真的集结起大军渡江，陈军初始不以为意，等隋军犹如天兵神将一般杀过大军，一下崩溃，四散奔逃。

贺若弼毫不费力地攻占南陈徐州，尔后，进展顺利，一直杀到蒋山才遇上了陈军的有力抵抗和反击。

隋八路大军已全面展开了进攻，而贺若弼与韩擒虎、杜颜三路大军已对陈都建康构成合围之势，建康举城震响，陈军军心动摇，胜败之势已显端倪。

贺若弼激励将士，先后击败了陈将鲁达、周智安、任蛮奴、田瑞、樊毅、孔范、萧摩诃等人，甚至擒捉了陈军最为勇猛的大将萧摩诃，取得了彻底的胜利。

隋开皇九年（589年）正月初九日，贺若弼意气风发地从北掖门入城。

但是，哨兵回报，西路军总管韩擒虎已于初八日率五百骑兵于朱雀门先期入城，并俘获陈后主，占据了府库。

贺若弼大感沮丧。

贺若弼让人押陈后主来相见。

"生于深宫之中，长于妇人之手"的陈后主，被人押到贺若弼面前时，已面无人色，完全丧失了君王的气度，膝盖骨发软，呈膝行状。

贺若弼心有不忍，抚慰他说："小国之君，当大国卿，拜，礼也。入朝不失作归命侯，无劳恐惧。"

隋军班师回朝，在金殿之上论功，贺若弼不甘居功于韩擒虎之后，大声对隋文帝说："臣在蒋山死战，破其锐卒，擒其骁将，震扬威武，遂平陈国。韩擒虎略不交阵，岂臣之比！"

贺若弼说的是实情，若非他与陈军主力轮番血战，韩擒虎根本就不可能取巧入城。

但韩擒虎不服，要知道，他仅以五百骑兵攻下朱雀门，是以舍生忘死的进取精神取来的，听了贺若弼的述说，他怒火中烧，抢前说："本奉明旨，令臣与弼同时合势，以取伪都。弼乃敢先期，逢贼遂战，致令将士伤死甚多。臣以轻骑五百，兵不血刃，直取金陵，降任蛮奴，执陈叔宝，据其府库，倾其巢穴。弼至夕，方扣北掖门，臣启关而纳之。斯乃救罪不暇，安得与臣相比！"

隋文帝欣喜之余，将两人都进位上柱国。

《隋书·贺若弼列传》对贺、韩两人在平陈中的表现做了比较客观的评价："自晋衰微，中原幅裂，区宇分隔，将三百年。陈氏凭长江之地险,恃金陵之余气,以为天限南北,人莫能窥。高祖爰应千龄,将一函夏。贺若弼慷慨,申必取之长策,韩擒奋发,贾余勇以争先,势甚疾雷,锋逾骇电。隋氏自此一戎,威加四海。稽诸天道,或时有废兴,考之人谋,实二臣之力。其傲傥英略,贺若居多,武毅威雄,韩擒称重。"

不过,韩擒虎后来被弹劾放纵士卒,淫污陈宫,故不加爵邑。

贺若弼由此独享隋文帝的专宠,既进位上柱国,又封爵宋国公,真食襄邑三千户,又得登御坐,得赐物八千段,并得加以宝剑、宝带、金瓮、金盘各一,雉尾扇、曲盖,杂彩二千段,女乐二部,还得赐陈叔宝妹为妾,拜右领军大将军,寻转右武候大将军。

这还不算,不但贺若弼的地位显贵,他的家人也都跟着享福——他的兄长贺若隆做武都郡公,弟弟贺若东为万荣郡公,并为刺史、列将。

贺若弼得意忘形,渐渐忘记了初心。

他的父亲贺若敦当年是怎么死的呢?是因功见忌、因言获罪的。他的一张大嘴没遮没拦,得罪了北周大权臣宇文护,惨遭处死。

贺若敦临刑前,交代了贺若弼两件事:一、吾必欲平江南,然此心不果,汝当成吾志。二、吾以舌死,汝不可不思。

贺若敦清楚地知道,自己是因图一时口舌之快而招来杀身之祸的,所以告诫儿子"吾以舌死,汝不可不思",为了让儿子记住"祸从口出"这一人生格言,他还"引锥刺弼舌出血,诫以慎口",亲自操锥刺儿子的舌头,让他长记性。

贺若弼的前半生牢牢地记住了父亲的告诫,为此,他还出卖了自己的老师乌丸轨。乌丸轨是北周武帝朝的上柱国,他看到武帝宇文邕立不像话的宇文赟为太子,曾与贺若弼商议向武帝劝谏。一开始,贺若弼与老师订下了攻守同盟,但是,武帝分头找他们谈话时,他却把所有责任都推给了老师,闭口不说太子半句不是。事后,乌丸轨气急败坏地问贺若弼为什么要这么做?贺若弼还意味深长地说了一句:"君不密则失臣,臣不密则失身,所以不敢轻议也。"不久,宇文赟嗣位,乌丸轨见诛,贺若弼却因为"不敢轻议"而保全。

不得不说,贺若弼的前半生严格遵守"沉默是金"的人生格言,处世圆滑。但是，功高名满之后，他的尾巴翘起来了，将父亲的告诫抛之脑后，一张大嘴到处大放厥词。

他认为自己功高盖世，应该出将入相，常以宰相自许。

但是，隋文帝只把他看成纯武将，不把他当文臣看待，迟迟没有升他做宰相。

贺若弼非常不满。

贺若弼内心是看不起杨素的，隋义帝却把杨素升为了右仆射。

贺若弼更加不满，见人就说左仆射高颎、右仆射杨素都是酒囊饭袋，才德不配，尸位素餐。

这些话传入隋文帝的耳中，隋文帝找来贺若弼责问说："我以高颎、杨素为宰相，汝每倡言，云此二人惟堪啖饭耳，是何意也？"

贺若弼回答说："颎，臣之故人，素，臣之舅子，臣并知其为人，诚有此语。"

隋文帝一时无言以对，只好一笑拉倒。

贺若弼却不知收敛，怨气愈甚。

到了隋开皇十二年（592年），公卿认为贺若弼怨愤过重，奏请处以死刑。

隋文帝踌躇数日，考虑到贺若弼的功劳，免他一死，除名为民。

数年之后，隋文帝于心不忍，恢复了贺若弼的爵位。

隋开皇十九年（599年），隋文帝在仁寿宫赐宴群臣，贺若弼位列其中。

一开始，君臣气氛融洽，大家言笑晏晏，一片安乐祥和。

但是，酒至半酣，贺若弼的诗兴来了，九头牛都拦不住，他作了一首五言诗，并大声朗诵起来，诗中词意愤怨，引得众人面面相觑，一时不知如何是好。

隋文帝铁青着脸，怒形于色，但最后还是宽容地挥了挥手，没有对他治罪。

照这情形发展，如果当政的一直都是隋文帝，贺若弼没准能混上个自然死亡。

但是，隋仁寿四年（604年），隋文帝崩了，杨广即位为帝，贺若弼却还不知收敛。

这不，隋大业三年（607年）七月，贺若弼随杨广北巡至榆林。杨广命人制造了一个可容纳数千人的大帐篷，用来接待突厥启民可汗及其部众。贺若弼认为这么做太过奢侈了，与高颎、宇文弼等人私下议论，被人打了小报告。杨广的脾气很臭，认为这些人是在诽谤朝政，将他们一并诛杀。

贺若弼时年六十四岁，其妻子没为官奴婢，跟随他的人被发配到边境。

贺若弼的儿子贺若怀亮，慷慨有父风，以柱国世子拜仪同三司，因贺若弼的事而被罚为奴，不久也被诛杀。

宋人徐钧读史至此，无限感慨，赋诗叹曰：

乃翁永诀语堪悲，果定江南副所期。
守口未能终死舌，如何忘却刺锥时。

政治智商让人着急的杨素，居然富贵福禄寿齐全

杨素、韩擒虎、贺若弼、史万岁并称为隋朝四大名将，他们不但一同进入唐室所设古六十四名将庙中享奠，而且一同进入了宋室所设的七十二名将庙中享奠，还一同进入了宋人所编的《十七史百将传》中。

不过，韩擒虎和贺若弼只在统一南北的平陈作战中表现出彩，其他地方都黯淡无光，乏善可陈。

史万岁所历战阵堪与杨素相提并论，但只有在平定地方局部小动乱时才有唱主角的机会，在平陈作战和对突厥人的作战中，都是以配角的身份参战。

唯独杨素，不但参与了杨坚一朝的所有战争，并且每役均独当一面。甚至在北周时期，他刚出道，就独领一军。

杨素的父亲杨敷是北周骠骑大将军，在北周与北齐的战斗中战殁。

北周建德四年（575年）七月，北周武帝宇文邕率军攻北齐，杨素请求率其父旧部为先驱。武帝乃是一代明君，慨然应允，赐以竹策，说："朕方欲大相驱策，故用此物赐卿。"

杨素初出茅庐，便有上佳表现，建下战功，被封为清河县子，食邑五百户。

次年，即北周建德五年（576年）十月，杨素与齐王宇文宪一起率军出征北齐。

宇文宪是个大草包，他和杨素一同攻克了晋州，屯兵于栖原，突然收到线报：北齐后主高纬率大军自晋阳向晋州进发。他一下子就吓傻了，心胆俱裂，竟然不战自退，连夜解营逃遁。士卒在仓皇退却中自相践踏，死伤不计其数。北齐军乘势追杀，斩获无算。

危难之际，杨素率骁将十余人尽力苦战，宇文宪方得以脱逃。

北周建德六年（577年），北周灭北齐，杨素累积战功上开府，改封成安县公，邑千五百户，赐以粟帛、奴婢、杂畜。

南陈宣帝陈顼趁北周与北齐展开生死大战，遣名将吴明彻率军北伐，拟夺取淮北地区。

吴明彻军在吕梁击败北周徐州总管梁士彦，进围彭城。

彭城岌岌可危。

杨素随上大将军乌丸轨前去救援，不但使局势转危为安，而且大破陈军、擒捉了南陈主帅吴明彻。

次年，主治东楚州事的杨素又攻破陈将樊毅在泗口所筑新城，驱逐走了樊毅。

北周大象元年（579年），上柱国韦孝宽攻略南陈淮南地区。杨素独领一军，攻克了盱眙、钟离。

北周大象二年（580年），北周宣帝宇文赟病死，周静帝宇文衍年幼，左丞相杨坚主政。相州总管尉迟迥改奉赵王宇文招之少子为主，另建政府，要与杨坚唱对台戏。

杨坚调兵平乱，以韦孝宽为行军元帅，以杨素与郕公梁士彦、乐安公元谐等为行军总管。随后还拜杨素为大将军，负责领兵攻打宇文胄。

杨素用兵如神，很快便将宇文胄斩杀，从而进位柱国，封清河郡公，邑二千户。

杨坚曾与杨素联宗，两人以族兄族弟相称，而杨素的能力又是如此超群拔逸，即杨坚在受禅之后，愈加重用杨素，加封其为上柱国。

为了平定南陈，完成南北统一大业，杨坚于隋开皇五年（585年）十月任杨素为信州总管，负责经略长江上游，并赐钱百万、锦千段、马二百匹。

隋开皇七年（587年），杨素与尚书左仆射高颎、吴州总管贺若弼等人向杨坚进献平陈之策。随后，他便在永安建造"五牙""黄龙"等高达百余尺的战船，为灭陈做积极的准备。

杨素效仿西晋初年平灭东吴的名将王濬，把大量造船废料倒入江中，顺流漂下，以威慑下游的陈军。

隋开皇八年（588年）十月，杨坚在寿春设淮南行台省，以晋王杨广为行台尚书令，主管灭陈之事。杨素与杨广、秦王杨俊并为行军元帅，集水陆军五十二万人，自长江上游至下游分八路攻陈。

该年十二月上旬，杨素统领水军主力，出巴东郡，顺流东下，一路遇神杀神、遇佛灭佛。

陈将戚欣率青龙战船百余艘遏守在狼尾滩，该处地势险峭，水流湍急，易守难攻。

众将均面露忧色，杨素却满不在乎，他认为滩流迅激，正利于水师从上游向下游冲锋，而且，水上有敌，他们可以水陆并进，水陆两军彼此呼应，定能一击制敌。

战斗的结果，正如他所料：当他率黄龙战船沿江急驰，另令大将军刘仁恩率甲骑自江陵西进，一下子击败了戚欣所部。

大军得胜，舟舻浩浩荡荡顺江东下，旌旗遮天，旌甲曜日。

杨素感觉到机会来了，他高高端坐在平乘大船之上，表情严肃，瞋目四顾。

陈国百姓站在岸边观望，睹之如神，纷纷赞叹说："清河公即江神也。"

这之后，杨素分别在歧亭和荆门之延洲两次大败南陈康内史吕忠肃。从而吓走了驻守江南岸安蜀城的陈信州刺史顾觉和屯守公安的陈荆州刺史陈慧纪；迫降陈湘州刺史、岳阳王陈叔慎，完全控制住了长江上游，为下游主力的渡江作战提供了有力的保障。

平灭南陈后，杨素因战功卓著被进爵越国公，邑三千户，真食长寿县千户，得赐物万段，粟万石，加以金宝，及得陈主妹。

南陈虽平，南方的动乱仍是纷至沓来。

其中，婺州人汪文进、越州人高智慧及苏州人沈玄憎等在隋开皇十年（590年）十一月举兵反隋，自称天子，署置百官。蒋山人李忮、乐安人蔡道人、温州人沈孝彻、泉州人王国庆等，都自称大都督，攻州陷府，局面很乱。

平定这些乱局的人是杨素和史万岁。

两人分头平乱，仗打得很苦：杨素打了一百多仗；史万岁则打了七百多仗。

在平乱结束后，杨坚本想好好加封杨素，但杨素的官位已经很高了，实在不好再封，于是转封杨素的儿子，封其长子杨玄感为上开府，赐彩物三千段；封其次子杨玄奖为仪同，赐黄金四十斤，加银瓶，实以金钱，缣三千段，马二百匹，羊二千口，公田百顷，宅一区。

隋开皇十二年（592年）十二月，尚书右仆射苏威因结私营党被免除了官爵，他的尚书右仆射的位子空缺。杨坚赶紧让杨素顶上，让他与尚书左仆射高颎同掌朝政。

至此，杨素可谓出将入相、位极人臣。

但杨素也不闲着。

隋开皇十九年（599年）二月，突厥都兰可汗磨刀霍霍，准备攻击大同城。杨素和尚书左仆射高颎、上柱国燕荣，分别从灵州、朔州、幽州出兵，三路进击突厥。

都兰可汗震骇之下，与达头可汗结盟拒战。

达头可汗其实帮不了都兰可汗什么忙，他在该年四月与杨素军在灵州以北地区遭遇一番激战过后，留下了千万具尸体，号哭而去。

都兰可汗则被高颎部击败，都兰可汗本人在溃逃过程中被部下所杀。隋军大获全胜。

杨坚开心得哈哈笑出了声，下诏褒奖，赐杨素缣二万匹及万钉宝带。加其子杨玄感为大将军，杨玄奖、杨玄纵、杨积善皆为上仪同。

杨素打仗这么牛，除了他通晓兵法、熟知阵法变化之外，主要是有随机应变的谋略，善于捕捉战机。

另外，他对军队的要求极其严酷，谁若违犯了军令，立斩不赦，绝不姑息。

他还有一个非常狠毒、残忍的做法：每次作战前都会刻意寻找士兵的过失，然后在战斗打响前斩首祭旗。每次都搞得尸横一地、流血盈前，触目惊心，震慑人心。

杨素却若无其事，端坐在尸前喝酒，谈笑风生。

两军对阵，杨素先派一两百人前去迎敌，美其名曰：试刀。

这一两百人如果取胜，就一好百好；如果不胜，回来一个斩一个，回来两个斩一双，全部斩首。

接着，再派两三百人前去迎敌，如果还不胜，照样砍杀不误。

杨素在做这些的时候，面不改色，眉头皱都不皱。

如此一来，他的部下对他敬畏无比，作战时皆抱必死之心，所以战无不胜。

宋人何去非赞美说："隋自平陈之后，素已为统帅矣。其克敌斩将，攻策为多。既俘陈主，而江湖海岱群盗蜂起，大者数万，小者数千，而素专阃外之权，转战万里，穷越岭海，无向不灭。已而突厥犯塞，宗室称兵，而社稷危矣。素之授钺专征，其所摧陷者不可胜计，遂靖边氛，而清内难。然素之兵未尝小衄，隋功臣无与比肩者，其为烈亦至矣！"

清人王夫之却不以为然，对杨素的狠毒用兵之法大加挞斥，说："素者，天下古今之至不仁者也。其用兵也，求人而杀之以立威，使数百人犯大敌，不胜而俱斩之，自有兵以来，唯尉缭言之，唯素行之，盖无他智略，唯忍于自杀其人而已矣。"

按照王夫之的说法，像杨素这种蛇蝎狼心的人，别人对他都是敬而远之、不屑与之交往的。他说:"隋之诸臣,唯素之不可托也为最,非但(高)颎、(贺若)弼、(李)德林之不屑与伍,即以视刘昉、郑译犹有悬绝之分。"

实际上,杨素本人眼高过顶,除了高看高颎、牛弘、薛道衡这几个人一眼,极少把别人放在眼里。谁若与他稍有过节,他一定会不择手段进行各种刁难。像贺若弼、李纲、柳述等人,都着了杨素的道,苦不堪言。一代名将史万岁,就是死于杨素的构陷之下。

对待朝中的大人物,杨素已经是这样残酷无情,对于普通小人物,他更是视同蝼蚁,杀人不眨眼。

隋开皇十三年(593年)二月,杨坚打算在岐州之北建仁寿宫,令杨素监造。杨素奏请莱州刺史宇文恺检校将作大匠,记室封伦为土木监。

杨素为了讨好杨坚,夷山堙谷,督役严急,丁夫多死,数目高达万人以上。

王夫之为此破口痛骂杨素,说他"营仁寿宫也,丁夫死者万计,皆以杀人而速奏其成,旷古以来,唯以杀人为事者更无其匹"。

杨坚耳闻此事,怏怏不乐。

隋开皇十五年(595年)三月,仁寿宫建成,杨坚前往巡视,看见宫殿奢华雄伟,不喜反怒,对左右说:"杨素殚民力为离宫,为吾结怨天下!"

别看杨素打仗有一套,但他的政治智商并不高。

比如说,在北周时代,他在"出道"之初,刚开始站队就站错了,站在了权臣宇文护一边,以至于武帝宇文邕诛杀权臣宇文护后,将他冷落在一边。

杨素以其父杨敷死于北齐,但未受朝廷追封,便上表申诉。武帝不理,他不依不饶,再三上表,纠缠不休。最终激怒了武帝,被武帝下令捆绑起来处斩。

杨素眼看小命不保,临死前绝望无限地哀叹了一句:"臣事无道天子,死其分也。"

总算武帝是罕见的一代明君,听他话里有话,将他释放了。

不难想象,如果杨素遇上的是北周宣帝那样的昏君,有十个脑袋都不够砍的。

隋开皇四年（584年），杨素时任御史大夫，他脑袋短路，和老婆郑氏吵架时，竟然说出了"我若作天子，卿定不堪为皇后"之类大逆不道的话，差点也掉了脑袋。

现在，他拍杨坚的马屁拍到马蹄上了。听说杨坚在巡视仁寿宫后情绪不对，吓得满头大汗，不知如何是好。

幸好，因为他邀请封伦充当土木监，封伦感激他的提拔之恩，给他指点了条路：走后宫路线。

他这才如梦初醒。

杨坚惧内，是个典型的"妻管严"，即使当上了皇帝，也不敢招妃纳嫔，致使六宫虚设；另外，因为杨坚与杨素联宗，杨素有机会拜见过独孤皇后，给独孤皇后留下过很好的印象。

因此他按照封伦所说，偷偷拜见独孤皇后，说："帝王法有离宫别馆，今天下太平，造此一宫，何足损费？"

独孤皇后表示理解，晚上在杨坚枕畔大吹枕头风。

杨坚被吹得迷迷糊糊的，转怒为喜，不但不处罚杨素，反而同意赐杨素钱百万，锦绢三千段。

杨素庆幸之余，将封伦引为心腹，抚其床对封伦说："封郎必当据吾此座。"

封伦在杨素的推荐下，被杨坚擢升为内史舍人。

杨素的政治水平虽然不高，但他位高权重，成了晋王杨广极力追捧和拉拢的对象。

他凭借着杨坚对自己的信任，鼎力协助杨广上位。

杨广即位后，他还亲自领兵讨平汉王杨谅叛乱。

不用说，杨广对他也是百般信任。

隋大业元年（605年），杨广升杨素为尚书令，赐东京甲第一区，物二千段。拜他的儿子万石、仁行，侄子玄挺皆仪同三司，并赐给他们织物五万段、绮罗一千匹。

不久，又拜杨素为太子太师，其他职务不变，前后赏赐给他的东西不计其数。

隋大业二年（606年），杨广再拜杨素为司徒，改封他为楚国公，食邑两千五百户。

当时，杨素的家童有好几千人，后院披罗挂绮的乐妓小妾也数以千计。东西二京他的居宅奢侈华丽，规模体制模仿皇宫，朝毁夕复，营缮无已。

在各地的大都会遍布他家的旅店、水磨和肥沃的田地。每座大城市都有他家华丽的房子。

可以说，杨素的显贵，南北朝以来无人可与他相匹。

不过，钱财身外物，大限一到，再多也带不走。

在隋大业二年，杨素安然病逝于任上。

杨广追赠他为光禄大夫、太尉公及弘农、河东、绛郡、临汾、文城、河内、汲郡、长平、上党、西河等十郡太守，谥号"景武"，赐给他载丧的辒车、为他执斑剑的仪仗四十人以及辒车前后的仪仗队和乐队，还赐给谷子、小麦五千石，织物五千段，派鸿胪卿专门监督办理丧事并且下诏书表示哀悼。

隋书对杨素的评价，褒贬参半。

褒奖之处为："扫妖氛于牛斗，江海无波；摧骁骑于龙庭，匈奴远遁。考其夷凶静乱，功臣莫居其右；览其奇策高文，足为一时之杰。"

贬斥之处为："专以智诈自立，不由仁义之道，阿谀时主，高下其心。营构离宫，陷君于奢侈；谋废冢嫡，致国于倾危。终使宗庙丘墟，市朝霜露，究其祸败之源，实乃素之由也。"

史万岁：史上至强单挑王

史万岁、杨素、贺若弼、韩擒虎是公认的隋朝四大名将。

四人之中，史万岁的命运最为曲折离奇，其人生大起大落，跌宕起伏，结局也最为悲惨，让人唏嘘。

史万岁身出将门，其父是北周沧州刺史史静。

史万岁年少时长得英气逼人，拉得硬弓，骑得烈马，提枪上马，骁捷若飞。

更难得的是，他好读兵书，兼精占卜。

北周保定四年（564年），史万岁十五岁，北周、北齐在洛阳城北之北展开名载史册的"邙山激战"，该战是北齐兰陵王高长恭和斛律光大显神威的代表作。

开战之初，北周、北齐双方旗鼓相当，你来我往，战到酣处，难解难分。

史万岁乃是天生名将，很快判断出北周军队处于不利，落在下风，赶紧提醒父亲注意压稳阵脚，不让队形散乱。

果然，战斗很快分出胜负，北周崩盘，一路败北，从邙山到谷水的三十里间的川泽之地，丢满了兵器辎重。

史万岁和父亲史静早有准备，指挥队伍按次序后撤，为北周保存了有生力量。

史静于北周建德六年（577年）的灭齐战争中战死，史万岁以忠臣子拜开府仪同三司，袭爵为"太平县公"。

北周大象二年（580年）六月，相州总管尉迟迥不满杨坚专政，举兵作乱。

史万岁跟随梁士彦前往平乱，途中有群雁掠空，史万岁手中正好提弓，于是拈箭向梁士彦说："射行中第三者。"言毕，拈弓搭箭，释弦箭飞，疾如流星，雁群中第三只雁中箭，应弦而落。

三军欢声雷动，莫不悦服。

在与尉迟迥叛军作战中，史万岁战必先登，登必告捷。

在尉迟迥的大本营——邺城之下展开生死决战时，官军迟迟打不开局面，到后来，竟渐显败象。

史万岁大吼了一声，回顾左右说："事急矣，吾当破之。"

他一马当先，驰马奋击，一口气连杀数十人。

众将士大为感奋，声势复振，一齐发力，最终反败为胜，平灭了尉迟迥。

战后，史万岁以功拜上大将军。

所有人认为史万岁从此要走上人生巅峰，实际上，他却猛然间跌落到了人生低谷——他的好朋友尔朱勋以谋反伏诛，他受到了牵连，官职被削，他本人被发配到敦煌为戍卒。

敦煌戍主是个非常强横的主，虽然史不载其名，但其武艺、胆略均属一流。他经常单骑深入突厥腹地，掠取羊马，每出必有斩获。突厥人无论众寡，都不敢与之相抗。

敦煌戍主因此深自矜负。

他听说史万岁是个被革了职的大将军，非常鄙视。

在敦煌戍主的眼里，朝廷的许多大将军都是酒囊饭袋之辈，不过是命好，出生在将门官家，早早袭爵而已。

等他知道史万岁果然是个"官二代""将二代"时，更加坚定了先前的判断，对史万岁呼来喝去，想尽法子进行折磨和辱骂。

史万岁一来敬敦煌戍主是条好汉，二来顾忌自己是戴罪之身，而且，人在屋檐下，不得不低头，没有与敦煌戍主争执，只是平静地表示：突袭突厥人的事，自己也能做。

敦煌戍主不信。

史万岁请弓马，飞身跃上马背，一道烟冲入突厥营地，数日之后，果然大获六畜而归。

敦煌戍主信服，从此与史万岁结伴，一起去劫掠突厥人的财物。

本来嘛，劫掠财物是突厥人的拿手好戏，但是，他们遇上了史万岁、敦煌戍主等人，反倒成了被劫掠的对象，不由得又气、又恼、又羞、又恨，偏偏打又打不过，拦又拦不住，只能有多远躲多远，远远避开这两尊瘟神。

史万岁带着敦煌戍主辄入突厥数百里，来去如风，谁也奈何不了，名詟北夷。

杨坚完成了篡周代隋的政权交替，开始收拾突厥人。

隋开皇三年（583年）四月，杨坚命自己的姐夫秦州总管窦荣定率九总管、步骑兵三万，由凉州道北击突厥。

史万岁知道转变命运的时候到了，告别了敦煌戍主，径往窦荣定辕门投效。

窦荣定早闻其敢战之名，深相接纳。

史万岁到来之前，窦荣定与突厥阿波可汗所部在高越原地区多次交锋，双方多次交手，彼此伤亡惨重。

窦荣定既得史万岁来投，如虎添翼，胆气大壮，派人向阿波可汗下战书，有恃无恐地说："士卒何罪过，令杀之，但各遣一壮士决胜负耳。"

阿波可汗认为窦荣定说得有理，而且认为自己帐下多骄兵悍将，慨然许诺：双方各遣一骑挑战，一战定胜负。

窦荣定看阿波可汗中计，大喜过望，精心挑选战马、利刀，让史万岁出马应战。

不日，双方列阵相对，中间拉开一箭之地，静观骑将争斗。

突厥方出战的悍将，亦是阿波可汗从万众之中挑选出来的猛士，手持弯刀，嚣张跋扈，不可一世。

史万岁神色自若，策马迎战。

两马相交之际，史万岁手起刀落，驰斩突厥骑将首级而还。

突厥人大惊，不敢复战，信守诺言，引军退去。

窦荣定将史万岁退敌之功上奏，史万岁因此华丽转身，拜上仪同，领车骑将军。

隋开皇十年（590年）十一月，婺州汪文进、越州高智慧、苏州沈玄憎等人举兵反隋，自称天子，署置百官，攻州陷府，烽火燃遍了原陈国属地。

史万岁时为行军总管，率军二千进攻婺州。他从东阳别道进军，当部队钻入深山老林，便不见了踪影，与外界断绝音讯长达半年，以致朝廷以为他们已经全军覆没。

哪知史万岁率军逾岭越海，平定蔡道人、汪文进，前后七百余战，转斗千余里，攻陷溪洞不可胜数，大捷而还。

杨坚接到捷报，赞叹不已，赐史万岁家钱十万，官拜左领军将军。

隋开皇十六年（596年），南宁州羌族首领爨翫发动叛乱。

杨坚亲自点将，让史万岁为行军总管，进击爨翫。

史万岁于隋开皇十七年（597年）二月出兵，经蜻蛉川、弄栋、小勃弄、大勃弄，进入南宁州地区。

爨翫南宁州境内处处设防，处处均为史万岁所击破。

隋军深入南宁州境内数百里，经过诸葛亮纪功碑，不知是谁故弄玄虚，在碑背面刻铭文："万岁之后，胜我者过此。"

史万岁嘿嘿冷笑，令左右倒其碑而进。渡西洱河，入渠滥川，转战千余里，破西南羌族三十余部，俘二万余人。

诸羌大惧，爨翫被迫请降。献明珠宝物并刻石勒铭，赞颂隋朝圣德。

史万岁遣使驰奏，请求带爨翫入朝。

爨翫不肯自投罗网、受制于人，他出珍宝贿赂史万岁，极力请求免除入朝。

杨坚已经批准了史万岁的请奏，催促史万岁带爨翫回朝接受教育。

史万岁财迷心窍，胆大包天，收了财物之后，私放了爨翫。

蜀王杨秀当时在益州，知史万岁受贿，派人索取爨翫所献珍宝。

史万岁大吃一惊，赶紧将所得珍宝悉数沉于江底，销赃灭迹。

杨秀索珍宝不得，怀恨在心。

史万岁班师回朝，以功进位柱国。

但才过一年，爨翫复发起叛乱。

蜀王杨秀趁机弹劾史万岁，说他受贿纵贼，致生边患，无大臣气节。

史万岁一开始还在杨坚面前百般狡辩。

杨坚气得拍案而起，痛斥道："朕以卿为好人，何乃官高禄重，翻为国贼也？"

史万岁惧而服罪，顿首请命。

左仆射高颎、左卫大将军元旻等人爱惜史万岁是世间罕有的将才，纷纷为他求情，说："史万岁雄略过人，每行兵用师之处，未尝不身先士卒，尤善抚御，将士乐为致力，虽古名将未能过也。"

杨坚怒气稍解，下令将史万岁削官为民。

一年后，杨坚彻底原谅了史万岁，恢复了他的官爵，授河州刺史，兼领行军总管，以防备突厥人来犯。

隋开皇二十年（600年）四月，突厥达头可汗自立为步迦可汗，率兵犯境。

杨坚命尚书右仆射杨素出兵灵州，史万岁出兵朔州，合击步迦可汗。

史万岁率柱国张定和、大将军李药王、杨义臣出塞击敌，在大斤山与步迦可汗军遭遇。

步迦可汗询问手下侦察骑兵："隋将为谁？"

侦察骑兵答："史万岁也。"

步迦可汗又问："得非敦煌戍卒乎？"

侦察骑兵答："是也。"

步迦可汗顿感全身寒毛倒竖、血液凝固，不敢迎战，手忙脚乱地引军回撤。

史万岁哪里肯舍？驰追百余里。追上后，招呼也不打，挥军直接砍杀，斩了数千级，逐北入碛数百里，心满意足而还。

杨素和史万岁两路大军出征，史万岁这边大获全胜，他却寸功未立，未免眼红，先于史万岁向杨坚奏报，说："突厥本降，初不为寇，来于塞上畜牧耳。"

史万岁的战功因此被掩，全体将士得不到任何褒奖。

史万岁不服，数次上表陈述，却一直得不到回应。

史万岁并不灰心，抱定了铁杵磨成针的精神，继续抗表申辩。

杨素坐不住了，生怕史万岁会捅穿自己在杨坚跟前说的谎话，一不做、二不休，决定来一招狠的，送史万岁上西天。

当时，杨坚刚从仁寿宫返还京师，废黜了皇太子杨勇，穷究东宫党羽。杨素就诬陷史万岁为东宫党羽，说他在废太子杨勇的东宫结党谋变。

杨坚本来就忌惮史万岁勇猛，听说他结党谋反，生怕他成了气候，彼时难制，赶紧下诏接见。

史万岁并不知情，还在为战功被掩之事耿耿于怀，上殿后极言将士有功，为朝廷所抑，词气愤厉，其忤逆之态，形之于色。

杨坚不再犹豫,令武士将史万岁暴杀于朝堂。

史万岁死后,杨坚追悔莫及,但为了彰显自己杀人的正义性,下诏列出许多罪名。比如:私受爨翫金宝、违敕、玩寇、虚报军功、心怀反覆之方、弄国家之法等。

杨坚诏书最后对史万岁的评定:"如万岁,怀诈要功,便是国贼,朝宪难亏,不可再舍。"

史万岁身死之日,天下士庶闻者,识与不识,莫不冤惜。

宋人徐钧作诗叹息云:

征南轻仆孔明碑,想见生平暴可知。
一死虽因奸计陷,亦由廷辩忿招疑。

"神行太保"麦铁杖

"缩地术"是一项神仙之术,可以化远为近。该术最早见于晋人葛洪《神仙传·壶公》一书中。

该书称,有一个名叫费长房的人,法力无边,可以收缩地脉,即使远隔千里,瞬息便到目前,而舒放之后,大地又恢复如旧。正所谓:"命风驱日月,缩地走山川!"

千百年来,这传说中的"缩地术"极大地丰富了人们的想象,也羡煞许许多多分居两地的痴心人儿。明朝人周履靖在自己编著的《锦笺记·渝盟》中就替男女主角呼喊出了"愿得你缩地兼程,更教他闻呼疾至"的心声。

然而,说到底,"缩地术"只是人们头脑中幻想的一种法术,现实生活中不可能会有。

偏偏,在南北朝末期的陈朝,有一个人曾经被人们怀疑他拥有了"缩地术"。这是怎么一回事呢?且让我们来看一看。

被人们认为拥有"缩地术"的人叫作麦铁杖。

麦铁杖为广东始兴人,"铁杖"不是本名,而是一个绰号。据《麦氏族谱》记，其本名饶丰，盖因好使铁杖，故被人称为"铁杖"。

麦铁杖性格粗疏，嗜酒，好交游，重然诺，不治产业，流落在草莽江湖中干打家劫舍的营生。

在相当长一段时间内，麦铁杖和他的小伙伴们过着大块吃肉、大碗喝酒、论秤分金银的生活，日子过得好不快活。

但坏事做多了，总有落网的一天。

在一次作案中，麦铁杖失手了，被广州刺史欧阳颁擒获，押送到京城建康受死。

麦铁杖身材高大、长相威武。陈后主爱惜他是个人才，免除了他的死罪，将他编入宫廷仪仗队，负责执御伞。

应该说，替皇帝执御伞是一项轻松体面的工作。可是，对于过惯自由生活的麦铁杖来说，未免单调乏味。

日子一久，放纵不羁的麦铁杖开始重操旧业。他白天为皇帝执伞，夜间则离开宫廷，独行百余里，连夜走到南徐州府作案，天亮时又神不知鬼不觉地返回建康，及时更衣，继续为皇帝执伞，两不耽误。

南京到镇江的距离，即使在今天走沪宁高速，也有八十公里远，开车要一个小时。一千多年前的麦铁杖不休不眠，即使是骑上快马，打劫后便迅速折回上班，人受得了，马可受不了。令人惊叹的是，麦铁杖居然没有马，单凭一双大脚，就完成了这高难度的举动，着实神奇。

由于麦铁杖每次都是明火执仗地抢劫，终于被人认出了。

南徐州官府将状子告到皇帝陈后主那里，满朝文武官员为之哗然——麦铁杖每天都老老实实在朝廷干活，黑夜又怎么能到百里之外的地方当强盗？除非，他拥有神仙费长房的"缩地术"！

大家都指责南徐州地方官是胡扯，拒绝相信。

陈后主也是这个意思，将状子压下去了。

麦铁杖就更加有恃无恐，作案更加疯狂，变本加厉。

于是，南京百里之外的地方不同程度地遭到了抢劫。

一时间，"皇帝身边的执伞卫士麦铁杖是江洋大盗"的声音甚嚣尘上。

事情越闹越大，陈后主也有些罩不住了。

怎么办？

尚书蔡征想了个招，让人张贴榜文：聘求夜送诏书到徐州衙门，次晨能返回府中的壮士。称能完成这项任务者赏黄金百两。

麦铁杖应招，怀揣诏书绝尘而去，天亮前兴冲冲返回京城交差。

这下，自投罗网了。

陈后主说："的确是南徐州官员说的那样，铁杖偷盗之事是很清楚的。"

不过，陈后主念麦铁杖矫健骁勇，免其死罪，训诫一番后就把他放了。

不久，隋朝大军压境，陈朝很快就灭亡了。

因为南方的苏州、越州等地仍有不少民众聚众造反，隋行军总管杨素领兵讨伐，招募到流落在民间的麦铁杖为侦察兵，专门负责侦察叛军军情。

麦铁杖每夜头戴草束，趁黑浮水过长江，侦察好敌情后再渡江回报。

这可是一项比现代铁人三项还要艰巨上数倍的体力活！

在一次行动中，麦铁杖被守候在江中的叛军擒获。

叛军头目李棱安排了三十个卫士押送他到后方审讯。

到了一个叫肯亭的地方，卫士们坐下来吃喝休息，为了不至于饿死麦铁杖，他们稍稍给麦铁杖松了绑，给了食物。

哪料，麦铁杖要的不是食物，是刀。他夺过一柄大刀，上下翻飞，一下子就三十个卫士杀得干干净净，从容割下三十个鼻子，满载而归，呈献给杨素。

叛乱平定后，隋军班师回朝。

朝中论功行赏，却遗漏了麦铁杖。

麦铁杖严重不服，他施展出自己的"神行奇功"黏着杨素——无论杨素是骑马还是坐车，他都如影随形，不离半步。

杨素原只把他视如小无赖，不以为意，但终被他的神行功黏得不胜其烦，怕了，老老实实向皇上请奏授麦铁杖为仪同三司。

仪同三司是个文职，麦铁杖不识字，而且在官衙上班不自在，自请回乡。

隋文帝开皇十七年（597年），杨素远征突厥，成阳公李彻欣赏麦铁杖的神行术，征召他到京城，任命为车骑将军随军出征。战后依功升为上开府。

隋炀帝即位，汉王杨谅在并州谋反，麦铁杖跟随杨素征讨汉王杨谅，每战均身先士卒，积功进位柱国。

不久，麦铁杖调任莱州刺史，无政绩；升转任汝南太守后，学了一些法令制度，汝南群盗绝迹。

朝中的考功郎窦威讥讽麦铁杖目不识丁，在上朝时故意问："麦也是个姓？真奇怪。"

麦铁杖反应奇快，信口答道："麦窦（豆）没有差异，有什么值得奇怪的？"

窦威瞪目结舌，无言以对。

在场的人纷纷为麦铁杖的机敏聪慧叹服。

不久，麦铁杖调任右屯卫大将军。

隋朝共设十二卫，每卫设左、右屯卫大将军各一人，分统府兵，右屯卫将军相当于现在的地方军区副司令。

这说明，隋炀帝对麦铁杖非常倚重。

麦铁杖清楚隋炀帝对自己恩情，常怀尽忠报国之志。

隋大业八年（612年），隋炀帝举国之兵亲征高句丽。麦铁杖请缨为先锋，神采飞扬地对随军医生吴景贤说："大丈夫的性命自有所在，岂能去用艾炷烫鼻梁，用瓜蒂喷鼻孔，治黄不差，而死在妇人怀里呢？"

将要渡辽河了，麦铁杖对他的三个儿子说："你们应该准备浅黄色的衣衫（浅色黄衫是功勋人家的衣着）。我久蒙国恩，今天应是为国捐躯的时候。我如果战死，你们将会富贵。在忠孝二者上，希望你们多努力。"

等到渡河时，桥还没完工，离东岸还有几丈，敌兵大批涌至。麦铁杖一个虎跳跳上岸头，独力与贼兵拼搏，战死倒地。

日本作家田中芳树在其小说《凤翔万里》中将麦铁杖就义这一段写得特别壮烈：他站在还没完成的浮桥前端，挥动着大刀抵挡飞来的敌箭，两眼怒视敌军。大喊着从桥端跳进河中，水花四溅，他蹚着到腰间的水向河东岸奋进，把一个正抬头指挥的高句丽将领的头，一刀砍掉，敌人喷着鲜血倒下，成为开战后高句丽军队的第一个死者。随后孟金叉、钱士雄二员大将杀到东岸，因为高句丽军队的弓箭手万箭齐发，隋军的后继将士冲不上来。二员大将在敌军中处于孤立无援的险境，成了高句丽军队万箭攻击的主要目标。麦铁杖的大刀像车轮似的旋转飞舞，砍杀袭来的敌兵，他每喊一声"杀"字，就是一阵血雨窜上高空。但是，不幸的事情发生了，他的大刀在砍了二十多个敌人的盔甲后，竟然"咔嚓"一声折断了。徒手的麦铁杖被前后敌人三支戟刺中，他毫不畏怯，拔下刺在身上的一根戟，反手把刺伤他的三个敌人逐一扎死，终因体力不支而缓缓倒下。接着，敌人的五支戟刺向他，壮士鲜血喷溅而出，战死沙场，死后还怒目圆睁……

隋炀帝听说麦铁杖战死，涕泪交加，派使者用重金从敌阵赎来尸体，下诏说："铁杖志坚气勇，平素以功著称，这次陪朕讨伐贼人，身先士卒，冲锋陷阵，节高义烈，虽身死而功存。他的誓言至忠至诚，追怀他的平生，让人伤感不已。应赐给他特殊荣誉，以表彰他的功德，可追赠光禄大夫之职，追封宿国公，谥号武烈。"

麦铁杖的三个儿子孟才、仲才、季才因此获赠官爵。

隋炀帝赠钱巨万，为麦铁杖办丧事，赐辒车京丧车，前后配有吹鼓手，丧车的竿子上插着羽毛，罚在平壤打了败仗的宇文述等一百多人在车前为铁杖执绳引棺，王公以下的官员送到郊外。

后来，人们在他的家乡南雄市的百顺建立了麦铁杖的祠堂，上书"武烈府"，并有对联：名誉万年光史策，精忠千古壮山河。

雄州城东门修建了一座铁杖楼，赐额"柱国擎天"四个大字。

南雄珠玑巷建有"麦氏宗祠"，内有麦铁杖的塑像，庄严肃穆，后人景仰。

直至现在，南雄市百顺内麦铁杖的庙宇仍然香火旺盛。

李密为何成为反隋义军盟主？

在演义小说《说唐》里面，瓦岗寨首领李密是一个非常不堪的角色，可笑、可怜又可悲。

李密之所以会上瓦岗，是因为炀帝下扬州赏琼花后，驾回江都，途经瓜州，天下第一美女萧皇后在龙舟内观览岸边风景，他忍不住偷窥，触怒了炀帝，交由夏国公窦建德绑到法场斩首。

窦建德义薄云天，把他私自释放了。

李密逃到黎阳越国公杨素家里避难，替杨素家驱邪斩鬼，误杀了杨素。

杨素之子杨玄感悲愤交加，拿下李密，将其打入囚车，亲自押解朝廷，奏诉处斩。

瓦岗寨的混世魔王程咬金自称"我这皇帝做得辛苦，绝早要起来，夜深还不睡，何苦如此！如今不做皇帝了"，脱下龙袍，让瓦岗众将轮流坐庄，都来做一回"皇帝"。众人嫌苦推托。程咬金只好下山找人顶缸，杀了杨玄感，救出了李密，尊奉李密为西魏王。

李密即使当上了西魏王，他在小说中的存在感仍然很低。

仅有的几次露面，都是一副低三下四的嘴脸。

如在潼关紫金山，他忍气吞声地把心爱的传国玉玺交给了李元霸。

最可气的是，李元霸走了，他还色心不改，让程咬金拿镇国之宝珍珠烈火旗去向窦建德换来垂涎已久的萧皇后。

后来，程咬金斧劈老君堂，月下捉秦王。

牛鼻子徐茂公和魏征掐指一算，算出秦王李世民是真命天子，私下把他释放了。

李密非常生气，要杀徐、魏二人，引发了瓦岗散将，书中写："金墉关六骠八猛十二骑，见魏王如此，渐渐分散。"

洛阳王世充趁机杀来，瓦岗军大败。

李密像丧家犬一样，投唐又反唐，最终被李世民下令乱箭射死。

不用说，演义史里的李密就是个窝囊废、鼻涕虫。

但历史上的李密绝对是一个超级牛人。

首先，他的来头很大。他的曾祖父李弼是西魏"八柱国"之一；他的祖父李曜为北周的太保、邢国公；他的父亲李宽为隋朝的上柱国，被封为蒲山郡公。

李密本人在隋开皇九年（589年）袭父爵蒲山公，曾任隋炀帝的左亲卫府大都督、千牛备身。

不过，李密"多筹算，才兼文武，志气雄远，常以济物为己任"，渴望建立一番大事业。他借病辞职，回家散发家产，养客礼贤，结交天下英雄，结交到了越国公杨素的儿子杨玄感。

杨玄感"体貌雄伟，美须髯"，打仗非常凶猛，《隋书》称："玄感骁勇多力，每战亲运长矛，身先士卒，喑呜叱咤，所当者莫不震慑。"时人都把他比作霸王项羽一类的人。

隋大业九年（613年）春，杨玄感起兵反隋，李密积极为他出谋划策。

杨玄感很快败亡，李密在乱军中逃脱，亡命天涯，经过三年风霜江湖的漂泊，流落到了韦城瓦岗寨。

这瓦岗寨的队伍，是东郡人翟让拉起来的，规模并不大。

李密加盟后，迅速获得翟让器重。

后来，李密取代了翟让的领袖地位，在巩县城南郊外祭天登位，以洛口为都城，年号为"永平"，建立了西魏政权。

他的"魏"字大旗竖起，迎来了山东长白山首领孟让所带领兵马的归附；河南巩县长史柴孝和、侍御史郑颐献出县城投降；隋朝虎贲郎将裴仁基带着儿子裴行俨献出武牢归附……

一时间，李密拥众三十万，号称百万，豪气冲天，风头无两。

后来火并了翟让，李密的威望不降反升。武阳郡丞元宝藏、黎阳义军寇首领李文相、洹水义军首领张升、清河义军首领赵君德、平原义军首领郝孝德、永安土豪周法明、齐郡义军首领徐圆朗、任城县的大侠客徐师仁、淮阳郡太守赵佗等，犹如百川入海般地前来归附，李密俨然成了隋末诸路反隋义军的盟主。

李密鏖兵洛阳期间，李渊和李世民父子在太原起兵，钻空子直取长安。

李密以盟主的身份写信通知李渊向自己靠拢，顾盼自雄地在信中提到"自唯虚薄，为四海英雄共推盟主"。

李渊不敢与他争一时虚名，回信予以恭维。

李密的威望所及，连隋廷掌管土木营建的官员将作大匠宇文恺都认为他是天命所归，毅然叛离了东都，前来投奔。

东到海滨、泰山，南到长江、淮河的所有郡县向李密表示臣服。

窦建德、朱粲、杨士林、孟海公、徐圆朗、卢祖尚、周法明各路义军上书力劝李密早登皇帝位。

显然，李密能做上瓦岗首领，能成为天下义军的盟主，能成为窦建德、朱粲、杨士林、孟海公、徐圆朗、卢祖尚、周法明所拥戴的对象，绝不是演义小说《说唐》里那个荒唐的"程咬金找人顶缸"的行为所致。

实际上，历史上真实的程咬金只是瓦岗军的"八骠骑"之一，他并没做过什么"混世魔王"。

李密孤身一人，白手起家，能把事业做得这么大，自然有其过人之处。

但问题是，一个人的本领再大，要取得横空出世、让群雄信服的效果，难度不小。

李密是怎么做到的呢？

主要是因为他杀掉了一个人。

这个人的名字叫张须陀。

张须陀"性刚烈，有勇略"，套用演义小说中一句常用的句子来描绘他的勇猛，那就是"有万夫不当之勇"。

论中国古代历史上单挑能力最强的武将，大家都知道有一个史万岁。

张须陀就是史万岁培养出来的悍将、猛将。

张须陀在弱冠之年跟从史万岁征讨西爨，以功授仪同，赐物三百段。

前面我们说《隋书》称赞杨玄感"骁勇多力,每战亲运长矛,身先士卒,喑呜叱咤,所当者莫不震慑",是个霸王项羽一类的人。

但杨玄感并没有什么骄人战绩,《隋书》对他的称赞,显得很虚。

张须陀的勇战之名,却是由一大堆战绩堆积起来的。

隋末诸路农民起义军中,影响力最大的,当数山东齐郡邹平人王薄领导的长白山起义军。

补充一下,王薄这支起义军的根据地长白山并不是今天东北的长白山,而是今天山东邹平西南的会仙山。

从严格意义上说,王薄的长白山起义军是隋末第一支正式举旗与隋朝叫板的农民起义军。

王薄在起义之初,自命为"知世郎",他作了一首歌,鼓动广大人民大众拿起家伙跟隋朝干。

该歌歌词云:

长白山前知世郎,纯着红罗绵背裆。
长槊侵天半,轮刀耀日光。
上山吃獐鹿,下山吃牛羊。
忽闻官军至,提刀向前荡。
譬如辽东死,斩头何所伤。

王薄的起义,点燃了反隋暴行的熊熊烈火。

这把大火在山东、河北和河南大地上迅速蔓延,越烧越旺,齐郡漳南孙安祖在高鸡泊、刘霸道在豆子航、张金称在河曲、高士达在清河相继响应揭竿起义。

隋炀帝因此把王薄视为眼中钉、肉中刺。

但是,史称:"王薄聚结亡命数万人,寇掠郡境。官军击之,多不利。"

王薄纵横南北,所向披靡,官军难以抵挡。

这种情况下,张须陀隆重登场,主动请缨,领兵出战。

王薄接战受挫，引军转南，攻略鲁郡。

张须陀蹑踪追击，双方大战于岱山之下。

此战，王薄获胜。

王薄扬扬得意，军心出现了懈怠。

张须陀选精锐，出其不意还击，把王薄部众击溃，且乘胜斩首数千级。

王薄收集了逃亡散卒，聚拢起万余人，向北渡过黄河。

张须陀紧追不放，在临邑再破王薄，斩五千余人，获六畜万计。

史称："时天下承平日久，多不习兵，须陀独勇决善战，又长抚驭，得士卒心，号为名将。"

可以说，张须陀是大隋王朝最后一位名将。

王薄连战连败，气恨难消，联结起孙宣雅、石秪阇、郝孝德等数支义军，共十余万在章丘与张须陀展开决战。

张须陀求之不得。

他先遣舟师截断津济，断敌退路，自己亲率马步军两万迎击。

义军听说后路被断，心慌意乱，交战时魂不守舍，接战了十几个回合，溃败而走，退至津梁，果然被官军舟师所拒，前后狼狈，丢弃家累辎重不可胜计。

隋炀帝闻此大捷，优诏褒扬，让使者画出张须陀的肖像，进行大力宣扬并厚加封赏。

不久，有裴长才、石子河等义军共两万多人，掩杀至山东历城，纵兵大掠。

张须陀来不及集结兵马，亲自率五名骑将出战。

五对两万！

这绝对是冷兵器战场上的一个壮举！

赵子龙在长坂坡单枪匹马七进七出，那是演义小说的虚构。

张须陀在章丘城下，率五骑将鏖战两万人，才是历史事实。

《隋书·张须陀传》称："贼竞赴之，围百余重，身中数创，勇气弥厉。"

这场恶战，双方力量对比悬殊，张须陀等人根本不可能取胜。

不过，城中的大军完成了集结，汹涌杀出，裴长才、石子河的部众相顾失色，纷纷退走。

张须陀督军追杀，大胜而还。

秦君弘、郭方预两支义军又联合围攻北海郡，攻势如潮。

张须陀对手下将众冷笑说："贼自恃强，谓我不能救，吾今速去，破之必矣。"

他简选精兵，倍道而进。

秦君弘、郭方预等人毫无防备，突然遭到袭击，阵脚大乱。

张须陀提刀冲杀，口中大呼"杀贼"，官军受其激励，努力向前，斩首数万级，获辎重三千两。

改年，农民起义军首领左孝友将兵十万，屯于蹲犬山。

张须陀列八风营，步步进逼，并分兵扼其要害。

左孝友进退失据，大感窘迫，不得不面缚来降。

不过，左孝友的部将解象、王良、郑大彪、李宛等人，各拥众万计，拒不投降。

张须陀不慌不忙，逐一剿杀，悉讨平之。

关羽在襄樊大战中的表现举世瞩目，陈寿写《三国志·关羽传》，用了"威震华夏"四个字来形容关羽的威势。

张须陀四下平乱，屡建奇功，魏征等人写《隋书·张须陀传》，用了"威震东夏"四个字来形容他的威势。

张须陀以功迁齐郡通守，领河南道十二郡黜陟讨捕大使。

这之后，张须陀如同救火队员一样，转战于大江南北，大杀四方，平灭了卢明月、吕明星、帅仁泰、霍小汉等各支义军。

翟让的瓦岗军在崛起之初，曾与张须陀前后三十余战，每战均败。

显然，张须陀就是翟让的克星。

隋炀帝转升张须陀为荥阳通守。

荥阳的郡治就在今天的河南郑州，其战略地位非常重要，南面峰峦如聚，北面邙岭横亘，东面京襄坐断，西面虎牢扼关，同时也是通洛渠入黄河的枢纽地带，素有"东都襟带，三秦咽喉"之誉，向来是兵家必争之地。春秋时的晋楚争霸、汉末的楚汉相争都曾在这儿鏖战连年。

李密加入了瓦岗军，和翟让大谈了一番争天下的道理，建议翟让夺取荥阳，筹积粮草，以争夺天下。

翟让依计而行，先攻克金堤关，然后又攻占了荥阳的众多县城镇。

但是，翟让听说张须陀带兵来了，大惧，不敢再战，将远避之。

李密大笑，说："张须陀勇而无谋，兵又骤胜，既骄且狠，可一战而擒之。公但列阵以待，为公破之。"

翟让不得已，勒兵拒战。

李密分兵千余人于大海寺北树林内设伏。

翟让与张须陀交战，毫无意外地败退。

张须陀本着"杀敌务尽"的态度，纵兵追击，进入了大海寺北树林的瓦岗军伏击圈。

李密挥军杀出，将张须陀团团包围。

张须陀极其神勇，他手中的大刀狂舞，溃围辄出。

因手下部将不能尽出，张须陀提刀跃马入围打救，史称其"来往数四"。

张须陀最终身陷重围，力气拼尽，仰天长叹："兵败如此，何面见天子乎？"被瓦岗军乱兵斩杀，时年五十二。

张须陀所部兵众，昼夜号哭，数日不止。

张须陀是大隋王朝柱石式的人物，他的死，成就了李密能战、善战、敢战之名。

最主要的是，隋王朝只有掌握了河南，才能保持长安、洛阳、江都三地的通畅，支撑着一统天下的局面。

张须陀阵亡，意味着河南二十八郡将脱离隋室的掌控，天下面临分崩离析。

可以说，张须陀的死，是一个时代开启的符号，意味着东汉以来又一次群雄割据的时代到来。

裴仁基：一门父子三虎将

熟悉隋末唐初那一段历史的朋友，一看标题就知道本文要写的人是裴仁基了。

裴仁基在演义小说《说唐全传》中，绝对是一个龙套角色。不过，他有三个儿子、一个女儿，这三子一女还是有相当戏份的。

三个儿子分别是裴元绍、裴元福、裴元庆。

其中的裴元庆在书中被设定为隋唐第三猛将，力大无穷，手持一对银锤，五升斗大，重三百斤，坐一匹"抓地虎"，来去如风，打遍天下，只有排名第一的李元霸、排名第二的宇文成都能接他三锤以上。

其中的宇文成都因为与李元霸比武有伤，又接战了排名第四、第五、第六的雄阔海、伍云召、伍天锡的车轮战术，当裴元庆杀来时，他只挡了裴元庆一锤，就感到体力不支，落荒而走，回到隋炀帝的龙舟之上，一阵头晕目眩，天旋地转，双腿一软，跌倒在地，晕死了过去。

李元霸扬威四明山，无人敢冒犯其虎威，正自好生没趣，裴元庆来了，两人啪啪啪对砸了三锤，彼此钦佩，惺惺相惜。

李元霸眉开眼笑说："好兄弟，天下没谁能挡得我半锤，你竟连接了三锤，真是英雄了得！"

这之后，李元霸手撕了宇文成都，他本人则被雷公、电母击死，裴元庆成了天下无敌的第一高手。

但是，他在瓦岗军伐五关之役中误入庆坠山，死于火雷阵，可惜！

实际上，正史记载里的裴仁基只有两个儿子：长子裴行俨、次子裴行俭。

裴行俨非常生猛，《隋书》里面说："行俨每有攻战，所当皆披靡，号为'万人敌'。"

由此可见，裴元庆的原型人物就是裴行俨。

另外，所谓将门虎子，裴行俨如此生猛了得，是因为裴仁基本身不同凡响。

《隋书》里面说裴仁基"少骁武，便弓马"。

裴仁基出身于河东裴氏中眷房，为东汉尚书裴茂的后裔。

裴茂的后代裴斋，仕东晋为太尉咨议参军、并州别驾，子孙号为中眷裴氏。

裴斋的次子裴双虎，在北魏官至河东郡太守。裴双虎的曾孙裴伯凤，在北周任骠骑大将军、汾州刺史，封琅琊郡公。

裴仁基即裴伯凤之孙、北周上仪同裴定之子。

杨坚篡周代隋时，裴仁基充当杨坚的亲卫，极得杨坚信任。

在平定南朝陈国的战斗中，裴仁基身先士卒，冲锋陷阵，表现抢眼，授仪同，赐缣彩一千段。

裴仁基很得隋炀帝喜欢。

因为裴仁基曾仪同的身份兼任汉王杨谅王府的侍卫。

隋炀帝继位后，杨谅举兵造反，裴仁基苦劝杨谅，被杨谅丢入了大牢。

隋炀帝平定了杨谅的叛乱后，知道了裴仁基的事迹，对他的忠心大加夸奖，越级提拔他当护军。

这之后，裴仁基在平定蛮贼向思多、大败吐谷浑、痛击靺鞨、一征高句丽等军事行动中屡建战功，官职不断升迁，一直升迁到光禄大夫。

隋朝末年，天下骚动，群雄并起，其中李密的瓦岗军据洛口而视东都。

隋炀帝任命裴仁基为河南道讨捕大使，占据虎牢以抵抗李密。

荥阳通守张须陀轻举妄动，被李密所杀，他的部下包括秦叔宝、罗士信、程咬金等奔至虎牢关，成为裴仁基的部下。

裴仁基对秦叔宝、罗士信、程咬金这些人施恩示义，极力结交。

后来裴仁基与秦叔宝、罗士信、程咬金等人一同投靠了李密。其中原因，与《说唐全传》中写的大致相同：监军御史萧怀静对裴仁基心存顾虑，多方掣肘并不断向朝廷弹劾。裴仁基一怒之下，杀了萧怀静，率部以虎牢城向李密投降。

李密大喜过望，封裴仁基为上柱国、河东郡公，封裴行俨为上柱国、绛郡公。

在演义小说《说唐全传》中，裴仁基的女儿裴翠云嫁给了混世魔王程咬金。

尽管在真实的历史中，裴仁基没有这样一个女儿嫁给程咬金，但他们父子与程咬金的关系非常好。

《旧唐书》记载：瓦岗军与王世充对战期间，有一次，裴行俨先行冲阵，冲到中间被流矢射中，滚鞍落马。程咬金挺身而出，冒死杀散了四周的士兵，然后把受重伤的裴行俨抱上马，二人同骑。王世充的大军又汹涌攻到，程咬金前胸竟被一条马槊捅穿。程咬金奋起神威，将马槊拧断，杀死刺他的士兵，拼死救下了裴行俨。

在为瓦岗军效力的日子里，有勇有谋的裴仁基曾给过李密不少好的建议，可惜李密过于自负，没能听得进去。

王世充因东都粮尽，难以支撑，就孤注一掷，甩出全部底牌，率领全部人马到偃师，要与李密决战。

裴仁基给李密支着，说："世充尽锐而至，洛下必虚，可分兵守其要路，令不得东。简精兵三万，傍河西出，以逼东都。世充却还，我且按甲，世充重出，我又逼之。如此则此有余力，彼劳奔命，兵法所谓'彼出我归，彼归我出，数战以疲之，多方以误之'者也。"

不用说，如果李密能接受裴仁基这个建议，王世充会死得相当难看。

但过于自负的李密拒绝了裴仁基的建议，还给裴仁基上课，说："公知其一，不知其二。东都兵马有三不可当：器械精，一也；决计而来，二也；食尽求断，三也。我按甲蓄力，以观其敝，彼求断不得，欲走无路，不过十日，世充之首可悬于麾下。"

当然，如果李密能够严格执行他自己的策略，那效果不会太差。

但是，由于单雄信等将瞧不起王世充，纷纷踊跃请战，李密改变初衷，提前与王世充展开决战。

决战前夕，裴仁基苦争而不能阻止，只有捶胸顿足，仰天长叹。

次日决战，李密大败。

裴仁基父子双双被王世充俘虏。

王世充"以其父子并骁锐，深礼之"，并把兄长的女儿嫁给裴行俨。

王世充称帝后，任裴仁基为礼部尚书，裴行俨为左辅大将军。

不过，王世充"惮其威名，颇加猜防"。

裴仁基心不自安，暗中与王世充所任命的尚书左丞宇文儒童、尚食直长陈谦、秘书丞崔德本等数十人密谋造反。

不料，王世充手下大将张童仁在得知他们的秘密后向王世充告发。

王世充勃然大怒，骤然发难，将裴仁基等人捉起来，不但把他们全部杀死，而且灭了他们的三族。

李世民平定洛阳之后，罗士信感念裴仁基当日的知遇之恩，着力寻访裴仁基亲友，觅得了裴仁基的一个小妾。

这个小妾已怀有裴仁基的骨肉，后来生下了裴仁基的遗腹子——裴行俭。

少年裴行俭得名将苏定方教授用兵奇术，长大后计俘叛乱的西突厥十姓可汗阿史那匐延都支，论功升任礼部尚书兼检校右卫大将军，身兼文武两职，可谓出将入相。后来又大破东突厥阿史德温傅及阿史那伏念所部，尽平东突厥残部，被誉为千古名将。

唐代诗人杜牧曾把裴行俭与名将李靖、李勣等人相提并论，说："国朝有李靖、李勣、裴行俭、郭元振。如此人者，当此一时，其所出计画，皆考古校今，奇秘长远，策先定于内，功后成于外。"

明朝人黄道周在《广名将传》中给裴行俭的百字赞语开首两句是："行俭也贤，兵术尽传。"

第四章 吞并南陈

南朝陈武帝唯一嫡子，命运太悲惨

今天的故事还是从一个老话题开始。

很多人都想当然地说，岳飞之所以被害，是他口口声声说要"直捣黄龙，迎归二圣"。

如果迎归了二圣，那么宋高宗赵构的位置就没处搁了。

赵构为了坐稳帝位，必定要杀岳飞，以阻止二圣归来。

其实，即使二圣归来，也不会影响到赵构的地位。

要知道，赵佶是主动传位给赵桓的，就算回来了，也不具备多少影响力。

赵桓呢，的确属于正牌的大宋皇帝，但在靖康之耻中，他的臣属已被金国一锅端，整个政治根基已经不存在了，孤家寡人，想要生存，只能仰人鼻息，有什么资本与赵构相争？

不信？

不信的话，我们可以通过陈武帝唯一嫡子陈昌的经历来佐证一番。

陈昌的父亲陈武帝陈霸先乃是一时枭雄。他出生于贫苦农家，却靠着一股子敢打敢拼的精神，一路坐大，最后成为南陈的开国皇帝。

陈霸先在称帝前奔波劳碌，戎马倥偬，对妻儿老小兼顾不上，家庭生活弄得一团糟。

根据史书记载，他一生只娶了两位妻子：钱氏和皇后章要儿。

钱氏是结发之妻，也是贫贱之妻，她在陈霸先身份低微时下嫁，同甘共苦，相濡以沫。

钱氏为陈霸先一共生了三个儿子，但这三个儿子都早夭。

钱氏本人没看到陈霸先发迹，早早病故了。

所幸的是，陈霸先娶的继妻章要儿为他生了陈昌，他是陈霸先唯一长大成人的儿子。

陈昌的命运很坎坷。

陈昌生于南梁大同三年（537年），而当时的陈霸先只是一名管油库的小官油库吏。

不过，在随后几年，陈霸先累积战功，升迁很快，先后出任西江督护、高要太守、直阁将军等职，获封新安子。

一开始，陈昌母子还能跟随着陈霸先征战的步伐，辗转于各地。

但到了南梁大同十一年（545年），陈霸先被梁武帝萧衍任命为交州司马，领武平太守，到交州平叛，就被迫分开了。

当时，陈霸先考虑到天涯地远，没让陈昌母子跟随，而把他们娘俩安排在了老家吴兴。

交州土豪李贲起兵作乱，自称越帝，陈霸先与之攻略杀伐了将近三年，这才功成班师。

但就在南梁太清二年（548年）八月，东魏降将侯景作乱，其于次年三月攻破梁都建康宫城，困杀了梁武帝。

南梁帝国由此乱成了一锅粥。

陈霸先回兵平乱，拥戴湘东王萧绎与侯景作坚决的斗争。

在此期间，侯景劫持了陈霸先的妻子章要儿、儿子陈昌、侄子陈蒨等人。

与侯景恶战了三年，陈霸先终于取得了最后的胜利，救出了妻儿。

在这年，湘东王萧绎在各路将士的劝进下，于江陵称帝，是为梁元帝。

立下复国大功的陈霸先进位司空，他的儿子，年方十六岁的陈昌被封为长城国世子、吴兴太守。

眼看苦日子已经过去，好日子就要来临。

但是，南梁还有两个敌人——北齐和西魏。

南梁承圣三年（554年），西魏攻陷江陵，梁元帝遇害，时为员外散骑常侍的陈昌和堂兄陈顼都被俘虏到了关右。

不过，鉴于陈霸先在南梁的地位显赫，西魏朝廷对陈昌哥俩还很照顾，客客气气，没为难他们。

南梁太平二年（557年），西魏和南梁同时灭亡——西魏恭帝禅位给了宇文觉、南梁敬帝则禅位给陈霸先。

陈霸先立陈昌的母亲章要儿为皇后，改元永定，国号陈。

陈霸先既然立国，就不能没有继承人，但他唯一在世的儿子既然身困北周，他只能动用一切外交手段进行斡旋，请求北周放人。

北周口头上虽然同意放人，却虚与委蛇，拖着，迟迟没有行动。

两年之后，即南陈永定三年（559年）六月，陈霸先病危，盼儿不归，不忍帝位空悬，只好追侄子陈蒨入纂大统。

陈蒨入宫，诚惶诚恐，不敢即位。

皇后章要儿想当然地要把帝位留给儿子，没有颁布懿旨。

国不可一日无主。

朝中大臣，面面相觑，不知如何是好。

陈蒨的心腹，镇西将军侯安都为夺拥戴大功，大声说道："今四方未定，何暇及远，临川王（指陈蒨）有功天下，须共立之。今日之事，后应者斩。"

他拉起了一帮子人，按剑上殿，逼迫皇后章要儿交出玉玺。

章要儿一个妇道人家，哪见过这种阵势？只好乖乖就范。

陈蒨于是欣然登基，是为陈文帝。

北周那边一直拖着不肯放陈昌哥俩，就是想看热闹，看看有没有吞并南陈这边的可乘之机。没想到南陈这边这么快就完成了接班人的权力继承，不甘心，就使了个坏，释放陈昌回国，以给南陈制造混乱。

如果北周有当年梁武帝命陈庆之护送北魏北海王元颢北还的胆魄，说不定，他们这计策就成功了。

因为，听说陈昌要回来了，很多南陈的大臣，尤其是陈霸先当年的老臣，心思都开始活泛开了。

没办法，陈昌可是正牌的继承人呀！

但是，陈文帝只做了一件事，就让满朝文武百官瞬间死心。

陈文帝给心腹侯安都做了个指示：让他去安陆迎接太子回朝。

侯安都逼迫章要儿皇后交出玉玺奉迎陈文帝登基后，当上了司空、征北将军、南徐州刺史。这会儿接到陈文帝的指示，心领神会。

可笑的是，毫无政治经验的陈昌，手上既没有军队可以依靠，又不知死到临头，还写信给堂兄陈文帝，言辞傲慢，一再暗示陈文帝赶快让位。

这么一个毛手毛脚的毛头小子，傻乎乎地坐上了侯安都的接驾大船，结果，在江中被侯安都活活溺杀。

陈文帝因此再无后顾之忧，安心做起了自己的皇帝。

至于侯安都，又积大功一件，被晋爵为清远郡公。

可怜那陈武帝陈霸先豪雄一世，到头来，不但基业被侄儿占去，还被侄儿搞得断子绝孙，没有后代。

不难想象，如果南宋高宗真的迎归二圣，则二圣的下场，多半与陈昌相同。

陈武帝遭挫骨扬灰、断子绝孙，令人痛惜

历史学家孟森在《明史讲义》一书中提到："中国自三代以后，得

国最正者唯汉与明。"

他的依据是，汉高祖和明太祖都是"匹夫起事，无凭借威柄之嫌；为民除暴，无预窥神器之意"，最终上应天意，下顺民心，改朝开国，坐有天下。

另一历史学家吕思勉却在《两晋南北朝史》一书中提到："从来人君得国者，无如陈武帝之正者。"

也就是说，吕思勉认为，陈武帝陈霸先才是得国最正者，谁也比不上。

事实上，如果以孟森说的"匹夫起事，无凭借威柄之嫌；为民除暴，无预窥神器之意"这一标准来量度陈霸先，完全符合。

只不过，陈霸先所建陈朝的局势，远远不能与刘汉、朱明相比罢了。

不但陈霸先所建陈朝的局势远不能与刘汉、朱明相比，陈霸先身后的结局，也远远不能与汉高祖刘邦、明太祖朱元璋相比。

可以说，陈霸先身后的结局，是中国古代所有开国皇帝中最惨之一，他不仅断子绝孙，还惨遭挫骨扬灰，让人慨叹。

陈霸先一共有四个儿子，前面三个都早夭了。第四个儿子陈昌，在西魏攻陷江陵时，和堂兄陈顼一同被俘虏到了长安。

南陈永定三年（559年）六月，陈霸先病危，盼儿不归，只好追侄子陈蒨入纂大统。

已经从西魏蜕变为北周的北周政府为了搅乱陈朝局势，趁陈文帝陈蒨初登大位、政权不稳之机，释放了陈昌哥俩，目的是想给陈朝制造混乱。

陈蒨不地道，为了永占帝位，他让人在前去迎接陈昌时，把陈昌杀害了。

不过，话说回来，陈蒨杀弟虽然不地道，但他也算得上一代英主，史家对他的评价同样极高。

《南史》称赞说："文帝起自布衣，知百姓疾苦，国家资用，务从俭约。妙识真伪，下不容奸。"

说起来，陈蒨在少年时就非常深沉敏锐有胆识。

南梁大宝元年（550年），侯景因为陈霸先举兵与自己对抗，暗中派人收捕了陈蒨和陈昌。

陈蒨一点儿也不惧怕，他藏利刃于袖，想在入见侯景之时，伺机一刀结果了侯景。可惜，他所见到的都是侯景的手下，此举没有成功。后来陈霸先大军围攻石头城，陈蒨趁侯景兵败，逃了出来。

南梁承圣三年（554年），陈霸先与王僧辩相争时，陈蒨守长城县，手下仅有几百兵，遭到了王僧辩女婿杜龛指挥的五千精兵攻打，他激励将士，亲自上阵，斗智斗勇，硬是与敌周旋了数十天，将敌击退。

南梁绍泰二年（556年）六月，北齐大军进兵南梁帝都建康。陈霸先想拼力一战，但士兵饥饿不堪，无力出战。关键时刻，陈蒨送来了三千斛米、一千只鸭。陈霸先命人煮熟，用荷叶裹饭，饭中夹几块鸭肉。士兵们吃过荷叶饭，精神大振，一战而捷。

陈蒨治国也很有一套，他在位时期，大力整顿吏治，兴修水利，注重农桑，使得江南经济重现勃勃生机，史家颂称其在位期间有"承平之风"。

陈蒨短命，在位七年，在南陈天嘉七年（566年）四月挂了，时年四十五岁。

陈蒨在咽气前，遗诏自己的儿子、时年只有十五岁的皇太子陈伯宗继位。

本来，陈蒨考虑到自己的儿子年纪太小，难以守住皇位，就半试探半真诚地对执掌了朝中大权的弟弟安成王陈顼说："我想效仿当年吴太伯传位给他的弟弟。"

这陈顼的权谋、才能和其兄陈蒨有得一比。

他在当时的表现，堪称满分。他伏在地上一个劲地哭泣，怎么劝都不肯接受。

于是陈顼的狗腿子孔奂对陈蒨说："安成王是您的兄弟，必定会效仿周公辅政。他若有废立之心，臣等虽然愚钝，也不敢听命啊！"

陈蒨信了，安心传位给自己的儿子陈伯宗。另拜任陈顼为司徒，进号骠骑大将军，总领尚书职，都督中外诸军事。

然而，两年之后，即南陈光大二年（568年）十一月，陈顼就以陈伯宗难堪大任为由，发动了政变，废黜陈伯宗，自立为帝，立世子陈叔宝为皇太子。

陈顼即位后，继续实行陈蒨时轻徭薄赋之策，并且鼓励农民开垦荒地，注重民生，使江南经济得到了更好的发展。《南史》称赞他"器度弘厚，有人君之量"，《陈书》也说他"开拓土宇，静谧封疆"，对他的评价极高。

陈顼在位十四年，于南陈太建十四年（582年）去世，终年五十三岁，遗诏传帝位给皇太子陈叔宝。

这陈叔宝登位后，终日吃喝玩乐，醉生梦生。就在这样的浑浑噩噩之中，把江南锦绣江山给玩没了。

不过，陈叔宝的下场不错。

他做了七年皇帝，国灭后被掳至长安，被隋文帝杨坚封为长城县公，赐予宅邸，礼遇甚厚。

若干年后，隋炀帝在隋朝的丧钟即将敲响的前夕，还有些向往陈叔宝的晚年生活，用学得不伦不类的江南语对妻子萧后说："外间大有人图侬，然侬不失为长城公，卿不失为沈后，且共乐饮耳！"

相对而言，陈朝开国皇帝陈霸先真是惨不堪言。

话说，王僧辩有三个儿子，南梁灭亡后，其长子颛投奔北齐；次子王颁及三子王頍都随魏军进入了关中，后来成了隋朝的臣子。

在隋灭南陈之战中，王颁自请从军。

隋军攻陷建康后，王颁夜掘陈武帝陵，焚骨取灰，投水而饮之，极尽污辱之能事。

王颁干下这等人神共愤之事后，自知难逃世人指责，他自缚而归，向隋文帝杨坚请罪。

令人感到难以置信的是，隋文帝杨坚竟然笑嘻嘻地嘉奖和安慰王颁，说："朕以义平陈，汝所作所为，亦孝义之道也，朕何忍加罪！舍而不问。有司录其战功，将加柱国，赐物五千段！"

陈朝共历五帝，享国三十二年，五帝之中，除去并未真正执政的废帝陈伯宗之外，陈武帝、陈文帝、陈宣帝，都是难得的明君，其中陈武帝得到的评价最高——"英略大度，应变无方，盖汉高、魏武之亚矣"。

现在，有很多陈氏家族都自称陈霸先后裔。但可惜的是，按照史书记载，随着陈霸先唯一的儿子陈昌被侄子陈蒨弄死，陈霸先已经绝后了。

陈后主恩将仇报，弟弟被迫卖酒度日

陈宣帝陈顼文武兼备，是南北朝中难得的一位明君。

另外，他儿女众多，共有四十二个儿子、二十六个女儿。

陈顼生得高大威猛，身长八尺三，体型健硕，二十三岁时娶妻柳敬言，在当时，算得上是晚婚。

陈顼娶柳敬言这年，是南梁承圣元年（552年），他的叔父陈霸先与王僧辩合兵绞杀了侯景、共拥立梁元帝登位。

梁元帝以江陵为都城，命陈霸先镇守京口、王僧辩镇守建康；另命陈霸先、王僧辩送子侄入侍。

在这种情况下，陈顼入赴江陵，被任为直阁将军、中书侍郎。

这期间，陈顼纳娶了钱、彭、曹三位美女为妾，可谓荣华富贵，财色兼收。

不难看出，陈顼能出人头地，全赖叔父陈霸先所赐。

之前的陈顼，不过一草野中之无赖耳。

无赖时代的陈顼，常混迹于吴中的酒家、赌场等地。

话说，吴中某酒家有一婢女，姓何，容貌姣好，当垆卖酒，引得当地群宵日日垂涎聚饮。

陈顼也不例外，他多番出入该酒家喝酒，竟与何姓女子勾搭上了。

入江陵为官后，陈顼不能忘怀何姓女子之款款深情，派人前去迎娶，纳为偏室。

南梁承圣三年（554年），江陵被西魏攻陷，梁元帝被杀，陈顼与陈霸先之子陈昌一同被掳往长安，成了敌国的阶下囚。

这个时候，陈顼的五个女人，已分别为他生下了陈叔宝、陈叔陵、陈叔英、陈叔坚、陈叔卿共五个儿子。

陈顼的第六个儿子出生时，是在八年之后。南陈天嘉三年（562年），他从北周归国，彼时，其兄陈文帝陈蒨已经继承了叔父陈武帝陈霸先之帝位，封之为安成王。

七年之后，陈顼又在兄长陈文帝陈蒨死后，篡夺了侄子陈伯宗的帝位，做了整整十四年皇帝。

即从562年到582年的短短二十年时间里，陈顼广纳妃嫔，生儿育女，不亦乐乎，一共生育了六十三个儿女！

在陈顼驾崩前的一年，还有多个孩子呱呱落地。

以至于陈顼死时，还没来得及给陈叔叡、陈叔忠、陈叔弘、陈叔毅、陈叔训、陈叔武、陈叔处、陈叔封这八个儿子封王。

陈顼的女儿中，比较出名的是第十四女宁远公主，陈亡后被隋文帝纳为嫔妃，号宣华夫人；

第二十四女临川长公主，同样在陈亡后被隋文帝纳为嫔妃，号弘政夫人。

陈顼的儿子中，比较出名的长子陈后主陈叔宝、次子始兴王陈叔陵和四子长沙王陈叔坚。

南陈太建十四年（582年）的农历正月初五日，陈顼病重。太子陈叔宝与始兴王陈叔陵、长沙王陈叔坚入宫侍疾。

始兴王陈叔陵早就看颟顸昏暗的陈叔宝不顺眼了，他准备在陈顼咽气之后、遗诏未宣之前干掉陈叔宝，自立为帝。

但朝廷明令不许带刀入宫，怎么才能刺杀陈叔宝呢？

陈叔陵看中了典药吏手中的锉药刀——专门用来切割草药的刀。

他暗中叮嘱典药吏曰："切药刀甚钝，可砺之。"

不过，随着陈顼病情加重，宫中卫士懈怠，看管没那么严密，陈叔陵改命心腹到宫外取剑。

可惜，该心腹长了个榆木脑袋，不知陈叔陵索剑何为，取了其平日朝服所佩之木剑以进。

正月初十日陈顼病崩于宣福殿。

仓促之际，陈叔陵出殿寻剑，发现所进为木剑，不禁咆哮如雷，怒责不已。

长沙王陈叔坚听到吼声，疑有变，留心防范。

次日，陈叔陵袖藏锉药刀冲进来，冲着跪伏在陈顼遗体旁的陈叔宝后颈猛砍一刀。陈叔宝痛呼一声，闷绝于地。

陈叔宝的母亲柳敬言和其乳母乐安君吴氏赶紧跳起来扑倒在陈叔宝身上，以防其受到第二次攻击。

早有防备的陈叔坚在后面冲上，右手一个裸绞，锁住了陈叔陵的喉咙，左手夺其刀，大声向陈叔宝询问："即尽之，为待也？"

陈叔宝已迷昏于地，不能回答。

说时迟，那是快，陈叔陵仗着力大，奋力一挣，挣脱了陈叔坚的裸绞，从云龙门一道烟溜了。

陈叔陵回到自己居住的东府城，尽释东城囚犯以充战士，浩浩荡荡杀回宫城。

陈叔宝既已不省人事，陈叔坚就自作主张，命人急召南陈第一猛将萧摩诃平乱。

萧摩诃出手，很快擒杀了陈叔陵。

陈叔坚因此以功进号骠骑将军、开府仪同三司、扬州刺史。

陈叔宝在疗伤期间不能视事，故政无小大，悉委陈叔坚决之。

这么一来，陈叔坚势倾朝廷，呈尾大难掉之势。

陈叔宝伤愈上台，疏而忌之，一度将其囚于西省，准备诛之。

但回念其舍命救驾之功，宽赦了他。

陈叔坚于南陈祯明二年（588年）与妻子沈氏一起迁居瓜州，埋名掩姓，过起了普通人的生活。

陈叔坚出身富贵，不识稼穑，只好与妻子沈氏重操母业，当垆酤酒，以佣保为事。

吴明彻被擒，陈朝被灭已成定局

宋徽宗建武庙祭祀古代七十二名将，南北朝仅有六人从祀。

这六人分别是：宇文宪、韦孝宽、斛律光、王僧辩、于谨、吴明彻。

不难看出，吴明彻是南陈唯一荣登七十二名将行列的人选。

有人因为吴明彻晚年死得太过窝囊，认为他是徒有其表、虚有其名，其实不配。

但要我说，南朝从宋文帝算起，历经宋、齐、梁、陈四代，多次兴师北伐，却多以失败告终。南陈国力最弱，因为起用了吴明彻挂帅，打北齐打得有声有色，并且擒杀了一代枭雄王琳。单此一役，吴明彻就可以名垂千古。

吴明彻是将门之后，他的祖父吴景安曾为北齐南谯太守，父亲吴树为南梁右军将军。

不过，吴明彻很小就失去了父母，他那些用兵打仗的才能是跟随汝南人周弘正学到的。

他的几个哥哥都以耕种为生，家境贫困，难以维系生计。

吴明彻年纪稍长，就离家投军，后来出任了南梁朝的东宫直后。

侯景祸乱江南的时候，哀鸿遍野，民不聊生。

吴明彻有粟麦三千余斛，他慨然散粮济困，与乡亲们共渡难关。

陈霸先镇守京口，听说了吴明彻这一豪举，壮之，深相结纳。

陈霸先后来受禅称帝，任命吴明彻为安南将军，跟随侯安都、周文育讨伐王琳。

这里着重介绍一下王琳。

王琳其人，果劲绝人，是个宋江式的人物，仗义疏财，爱结交朋友，能倾身下士，招揽了很多江湖死士，史称"麾下万人，多是江淮群盗"。

在平灭侯景的过程中，王琳与杜龛的军功在王僧辩军中并列第一。

王琳的手下恃宠纵暴，王僧辩屡禁不止，惧将为乱，秘密向萧绎启请诛之。

王琳很讲义气，把事情全揽了下来，去江陵向萧绎请罪。

动身之日，三军痛哭流泪。

王琳很有些感慨，对长史陆纳等人说："吾若不返，子将安之？"

陆纳等人坚定地说："请死相报。"

萧绎那边不知王琳的威势，等王琳来了，把他关进了大牢。

这下捅了马蜂窝。

陆纳等据湘州起兵造反，声援王琳。

萧绎派王僧辩前往平叛，数月不能下。

由于侯景事方了，江南的局势尚未完全安定，萧绎对湘州之乱深感忧虑，只好释放王琳。

王琳一出，陆纳等人投戈俱拜，无条件投降。

王琳的威望，一至于此。

陈霸先杀王僧辩、拥立萧方智为帝，曾授王琳侍中司空。

王琳拒不从命，大营楼舰，与陈霸先分庭抗礼。

因此，陈霸先受禅后，第一个对付的就是王琳，派遣自己最得力的大将侯安都、周文育率军往诛王琳。

侯安都在出发前就黯然长叹说："我其败乎，师无名矣。"

果然，两军在沌口开战，那王琳乘平肩舆，执钺于麾下指挥作战，一举擒获了侯安都、周文育。

随军出战的吴明彻见机跑得快，拔营回都，全身而退。

王琳得胜之后，气焰嚣张，派人向北齐请求送还作为质子的永嘉王萧庄，拥立为梁朝皇帝，挥军东下，直取扬州。

在芜湖，王琳遭到了陈朝大将侯瑱的抵挡。

王琳让士兵往侯瑱的船上扔火炬，可惜天不遂其愿，西南风忽至，火炬为逆风而扔，大火被反刮回来，无数兵船被烧毁。

侯瑱趁机纵兵出击，大破王琳军。

王琳乘坐舴艋小船突围而出，接引萧庄，狼狈不堪地逃入北齐。

北齐孝昭帝高演任王琳为骠骑大将军、开府仪同三司、扬州刺史、封会稽郡公，镇守寿阳。增发给王琳军饷，赐一班铙吹乐器。

王琳灭陈之心不死，时时谋划侵陈。

陈朝方面因此兴起了北伐之论。

补充一下，陈朝在继王琳之乱后，又有湘州刺史华皎之乱。

平定这场变乱的人就是吴明彻。

第四章 吞并南陈

121

吴明彻不但平定了华皎叛乱，还大败北周和西梁联军，夺取西梁三郡。

南陈太建五年（573年）三月，陈宣帝计划讨伐北齐，交公卿廷议。

众大臣意见不一，吴明彻坚决支持北伐，并请缨挂帅。

尚书左仆射徐陵赞成由吴明彻挂帅，他说："吴明彻家在淮左，悉彼风俗；将略人才，当今亦无过者。"

于是陈宣帝命吴明彻都督征讨诸军事，领兵十万北击北齐。

该年四月，吴明彻分兵交都督黄法氍往攻历阳，自己率军往攻秦郡。

北齐方面大惊，派尉破胡、长孙洪略率众十万援救秦州，另遣军援救历阳。

尉破胡、长孙洪略的十万之众的前部，有"苍头""犀角""大力"等称号，部中将士，皆身长八尺，膂力绝伦，其锋甚锐。

部中又有西域将领，妙于弓矢，弦无虚发，令人生畏。

吴明彻知道自己军中的猛将萧摩诃最能打，激励他说："如果你能殪此胡将，则彼军夺气矣！"

又担心萧摩诃胆气不足，亲自倒酒递给他，给他壮胆，说："君有关、张之名，定斩颜良！"

萧摩诃举杯喝酒，说："殪此胡将易事耳！所忧虑的是不知他长什么模样，无从辨认。"

吴明彻招来北齐降兵，要他给萧摩诃详细描述其将领特征。

降兵给萧摩诃指点说："西域胡将著绛衣，桦皮装弓，两端骨弭。"

大战开始了，吴明彻再给萧摩诃倒酒壮行。

萧摩诃饮讫，驰马直冲齐军。

西域将领勃然大怒，挺身出阵，但其彀弓未发，却被萧摩诃掷来的铁戟击中额头，仰天倒地。

齐军"大力"部奔出十余骑应战，萧摩诃一一将之斩落。

齐军胆落，陈军趁机发起猛攻。

北齐军犹如山倒雪崩，纷纷退走，主帅长孙洪略被阵斩，另一主帅尉破胡仓皇奔走，仅以身免。

吴明彻大获全胜，顺利拿下了秦州。

由于秦郡是吴明彻的老家，陈宣帝诏具太牢，令拜祠上冢。

吴明彻上坟当日，文武羽仪甚盛，乡里以为荣。

那边的黄法氍先于大岘击破北齐军，复败北齐遣来的援军，攻克历阳，进军合肥，迫降合肥北齐守军。

六月，黄法氍克合州。

七月，吴明彻攻克仁州，再战再捷，又攻克平峡、石岸二城，进逼寿阳。

北齐镇守寿阳的就是王琳，他和刺史王贵显驻守在寿阳外城。

吴明彻乘夜率兵狂攻，一鼓得手，破入外城。

王琳、王贵显只好退保内城。

吴明彻加紧修治进攻器械，逼肥水灌城。

城中苦湿，多腹疾，手足皆肿，死者十六七。

眼看假以时日，寿阳可得。

北齐右仆射皮景和却在这时候率众数十万来援，到了距离寿春三十里远的地方，驻扎了下来，声势逼人。

陈军大哗。

众将不安，纷纷向吴明彻询问："坚城未拔，大援在近，不审明公计将安出？"

吴明彻笑答道："兵贵在速，而彼结营不进，自挫其锋，吾知其不敢战明矣。"

次日，他亲擐甲胄，上马誓众，挥军从四面发起疾攻。

城中震恐，陈军一鼓而克，生擒了王琳、王贵显、扶风王可朱浑孝裕、尚书庐潜、左丞李骝骎。

前来救援寿阳的皮景和在震怖之下，不战而遁，丢弃了驼马、辎重无数。

王琳有很多旧部曲都在吴明彻帐下为将，这些人看见王琳被擒，皆歔欷不能仰视。

吴明彻担心节外生枝，命人斩杀了王琳，将其首级及王贵显、可朱浑孝裕、尚书庐庐潜、左丞李骥骎等人一起解传回建康。

陈宣帝收到捷报，大喜过望，下诏称赞说："寿春者古之都会，襟带淮、汝，控引河、洛，得之者安，是称要害。侍中、使持节、都督征讨诸军事、征北大将军、开府仪同三司南平郡开国公明彻，雄图克举，宏略盖世。"

加封吴明彻为车骑大将军，都督、豫、合、建、光、朔、北徐六州诸军事、豫州刺史，增封并前三千五百户。

吴明彻在寿阳城南登坛拜受，成礼而退，将卒莫不踊跃焉。

南陈太建七年（575年）闰九月，吴明彻又率军溯泗水西进攻彭城，军至吕梁，击败北齐援兵数万人。

不过，陈宣帝已满足于既占之淮河两岸地区，无意再进，这场战绩辉煌的北伐行动已经进入了尾声。

南陈太建九年（577年）十月，北齐后主、幼主等几十名宗室被杀，北齐正式被北周灭亡，陈宣帝准备乘机争夺淮北地区，诏令吴明彻举行第二次北伐。

这次北伐的第一站，就是吕梁。

吴明彻遭遇到了北周徐州总管梁士彦的顽抗。

梁士彦并非吴明彻的对手，屡战屡败。

吃了亏的梁士彦最后学乖了，退守城池，不肯再出城迎战。

吴明彻故技重施，把攻打寿阳那一套又使了出来，引清水灌城，自己率舟师环列于城下，日夜攻打。

北周派大将军王轨率军前来救援。

这个王轨，与救援寿阳的皮景和不同，他一上来，就给陈军施予了重大压力：他指挥士兵在水中横流竖木，以铁锁贯车轮，阻断了陈军船只来往的通道。

这么一来，王轨和梁士彦一外一里，形成了对陈军的夹攻。

陈军腹背受敌，人心惶惶。

诸将中有人主张掘开拦河坝，用船载马，移动军营，以脱离险境。

主管军中马匹的裴子烈反对说："若决堰下船，船必倾倒，岂可得乎？不如前遣马出，于事为允。"

可能上天要亡吴明彻，这时候的吴明彻背疾甚笃，自顾不暇，糊里糊涂就答应了。

结果，河坝刚掘，船舰是一拥而出了，但到了清口，水势渐微，所有的船舰都搁浅了。

北周骑兵掩杀而来，没有了战马的陈军将士们心慌意乱，一哄而散。

重病在身的吴明彻走投无路，束手就擒。

北周武帝宇文邕倾慕吴明彻是一代名将，没有杀他，也没有羞辱他，封他为怀德郡公，官拜大将军。

吴明彻忧愤遘疾，于该年死于长安，时年六十七岁。

数年之后，陈后主即位，他对吴明彻的被俘遭遇深表同情，下诏追封吴明彻为邵陵县开国侯，食邑一千户，其子吴惠觉嗣爵，下诏称："李陵矢竭，不免请降；于禁水涨，犹且生获，固知用兵上术，世罕其人。故侍中、司空南平郡公明彻，爰初蹑足，迄届元戎，百战百胜之奇，决机决死之勇，斯亦侔于古焉。"

可以说，南陈第一名将吴明彻的被俘，基本注定了南陈的军事走向衰微，则陈被隋灭，已难以逆转。

威武一生的萧摩诃，晚年被陈后主夺妻

纵观历代亡国之主，无不有其可恨之处，尤其如商纣、如隋炀、如刘子业、如萧宝卷，嗜血暴虐，鱼肉百姓。

但另有一些亡国君主，可恨之中，更多的是可怜、可厌，如蜀汉后主刘禅、如陈后主叔宝、如南唐后主李煜、如宋徽宗赵佶、如王衍、如孟昶，这些人多才多艺，但在治国处政上，多半颟顸昏庸，不知所为。

这其中的陈后主叔宝，败亡之后，还恬不知耻地向隋文帝杨坚乞官。

隋文帝杨坚笑骂他说："你的败亡岂不就因为酗酒纵色？你只有作诗的功夫，什么时候思虑过国家安危？当日贺若弼兵度京口，有人密启告急，你竟日夜饮酒，醉不省事。我大军抄到皇宫，看见告急文书躺在床

下，还未开封。这也的确可笑，大概是天要亡陈吧！先前苻坚征伐占领的国家，为求虚名，对战败国君主都使他们保留荣华富贵，却不知道这违背了天意。我若赐官与你，乃违天命也。"

唐人姚思廉作《陈书》，慨叹说："后主生深宫之中，长妇人之手，既属邦国殄瘁，又不知稼穑艰难，初惧贴危，屡有哀矜之诏，后稍安集，复扇淫侈之风。"

明人丁耀亢则忍不住大骂："吾观叔宝，始末一浮荡痴子弟耳，嬖宠艳妃，穷奢金碧，以诗酒谑浪亡天下！"

陈宣帝刚刚驾崩那会儿，陈叔宝虽然身为太子，但怯懦无能，差点被觊觎帝位的弟弟陈叔陵用锉药刀刺死。

幸好得另一个弟弟陈叔坚，还有他的母亲、宣帝的皇后柳氏以及他的乳母吴氏舍身救助，才躲过一劫。

陈叔陵刺杀不成，仓皇逃回东府城，欲据城自守。

彼时，陈军皆沿江防守隋军，建康城内空虚，而陈叔宝如此怯懦，群臣惶惑，内心摇摆，不知道该支持谁。

陈叔宝感觉犹如天塌，不知如何是好。

幸好太子舍人司马申当机立断，派人去向前线的猛将萧摩诃求救。

萧摩诃忠心耿耿，率数百精骑杀向东府城。

萧摩诃虽然只来了数百人，陈叔陵却魂飞魄散，不敢相抗，在许以高官厚禄收买失效后，弃城而走，最终被萧摩诃轻松收拾。

陈叔陵为什么这么怕萧摩诃呢？

因为萧摩诃实是天神下凡一般的猛人，他从十三岁投军作战，百战沙场，强横半世，威名早已扬遍天下。

萧摩诃的父亲萧谅原是南梁的始兴郡丞，但在萧摩诃很小的时候就病死了。

萧摩诃由姑丈蔡路养收养。

南梁太清二年（548年），南梁爆发了举世震惊的侯景之乱，南梁大将陈霸先起兵勤王。

蔡路养受广州刺史萧勃的指使，领兵在南野拦截陈霸先。

老实说，与超级牛人陈霸先相比，蔡路养不过是一个乱世中的"小虾米"，他领兵拦截陈霸先，不过是螳臂当车。

不过，萧摩诃在这场拦截战中表现极其抢眼，无人能敌。

正因如此，在蔡路养败亡后，萧摩诃得到了陈霸先部将侯安都的厚待，从此死心塌地，成了侯安都麾下的一员得力猛将。

在相当长一段时间内，侯安都所立大功，全赖萧摩诃之力。

甚至，在后来对北齐的战斗中，萧摩诃还救了侯安都一命。

该战，侯安都率部自白下袭击北齐之后路，侯安都在激战中马失前蹄，坠马倒地，被敌围攻，情形万分危急。

史称："摩诃独骑大呼，直冲齐军，齐军披靡，因稍解去，安都乃免。"

萧摩诃几乎是靠一己之力拯救了侯安都，并且反败为胜，一举奠定了胜局。

当然了，说起萧摩诃的勇猛代表作，还得算南陈太建五年（573年）那一场对北齐的恶战。

彼时，南陈代梁，萧摩诃已成为南陈大将。

这年三月，陈宣帝命吴明彻为都督征讨诸军事，领兵十万北击北齐。

吴明彻集中火力猛攻齐军驻守的秦郡。

北齐遣大将尉破胡、长孙洪略率众十万来援。

这十万之众的前部，有"苍头""犀角""大力"等称号，部中将士，皆身长八尺，膂力绝伦，其锋甚锐。

部中有西域将领，妙于弓矢，弦无虚发，为陈军所深忌。

为此，吴明彻专门找萧摩诃来喝酒，再三激励他，最后果然靠着萧摩诃的神勇发挥，南陈大获全胜。

可以说，萧摩诃实乃南陈第一猛将！

可惜的是，对于这样的不世猛将，陈后主自己作死，不但不知爱护，还被色欲冲昏了头，在萧摩诃上阵拒敌之时，他在后方污玷了萧摩诃的妻子。

陈后主继位后，一直认为隋军过不了长江天堑，怠于防务，天天在宫中玩乐。

等到贺若弼军进据钟山,他才派萧摩诃列阵于白土冈拒敌。

此时萧摩诃已年近花甲,丧妻后新娶了一个小娘子。

陈后主已拥有了张丽华、孔贵嫔等花容绝代的美人,还垂涎于萧摩诃小娘子的美色,于是召入宫中取乐。

萧摩诃在前方作战,魂不守舍,被贺若弼击败,其本人被擒。

隋文帝杨坚敬惜萧摩诃是个英雄人物,释之不杀,并授其开府仪同三司。不久,随汉王杨谅至并州。

隋仁寿四年(604年),萧摩诃助汉王杨谅起兵反对其兄杨广称帝,兵败后被杀,时年七十三岁。

史书对萧摩诃的评论是:"萧摩诃气冠三军,当时良将,虽无智略,亦一代匹夫之勇矣;然口讷心劲,恂恂李广之徒欤!"

蔡东藩怜萧摩诃而恶陈后主,骂道:"叔宝尚委政宵小,恣情声色,可战不战,不可战而战,甚至敌临城下,犹奸通萧摩诃妻,如此淫肆,欲不亡得乎?"

不服贺若弼,怒怼韩擒虎的周罗睺

隋文帝杨坚受禅建隋后,就有志于吞并南陈、统一天下。

南陈所涌现出的名将,不过侯安都、吴明彻、萧摩诃、任忠这几人而已。

不过,侯安都遭陈文帝猜忌,于南陈天嘉四年(563年)被赐死于宫中;吴明彻于南陈太建九年(577年)为北周名将王轨所俘,不久忧愤死去。

那么,这其中到隋朝建立后还存活的就只有萧摩诃和任忠二人。

但是,南陈祯明三年(589年),隋军大将贺若弼渡江袭击京口,大军兵至钟山,与萧摩诃、任忠列阵相对。

陈军除了有萧摩诃、任忠之外,还有樊毅、孔范、鲁广达等诸军。

贺若弼与麾下杨牙、员明等七位总管四次进击,四次获胜。

陈军孔范部最先崩溃，余者跟着自乱。

最终，萧摩诃被员明所俘，任忠仓皇逃脱，只有五十九岁的鲁广达率众死战。

可笑的是，任忠虽然从贺若弼手中逃脱，待到了石子岗，遇上了从新林进迫的隋韩擒虎军，竟心胆俱裂，跪地投降，充当韩擒虎军前导，共入南掖门。

南朝诸将，不过如此。

贺若弼和韩擒虎因此对南朝人物大为轻视。

与萧摩诃、任忠等人一同由陈入隋，做了隋臣的南陈降将还有周罗睺。

隋晋王杨广统领八路大军伐陈时，周罗睺都督巴峡沿江诸军，专拒隋秦王杨俊军。

陈后主已经被擒，周罗睺驻守的阵地仍坚守得稳如铁桶，杨俊军屡战不能动以分毫。

杨俊向兄长杨广告急。

杨广让陈后主出手书命周罗睺弃械投降。

周罗睺睹陈后主信，与诸将聚哭告哀三日，放兵士散，然后单身降隋。

隋文帝下诏慰谕，许以富贵。

周罗睺垂泪泣对："臣荷陈氏厚遇，本朝沦亡，无节可纪。陛下所赐，获全为幸，富贵荣禄，非臣所望。"

贺若弼夸夸其谈，对周罗睺说："闻公邺汉捉兵，即知扬州可得。王师利涉，果如所量。"

周罗睺神眉倒竖，独眼圆睁，恶狠狠地答："若得与公周旋，胜负未可知也！"

周罗睺为九江寻阳人，其父周法暠，为梁朝冠军将军、始兴太守、通直散骑常侍、南康内史，临蒸县侯。

周罗睺十多岁的时候，就善骑射，好鹰狗；到了十五岁上下，任侠放荡，收聚亡命，阴习兵书。

陈宣帝时，他以军功授开远将军、句容令，跟随吴明彻北伐，与北齐大军鏖战于江阳，左眼被流矢射瞎，只剩下一只眼睛，面容显得狰狞可怖。

南陈与北齐在江阳的恶战中，南陈主帅吴明彻受困于战阵之中，诸军相顾，莫有斗心。

周罗睺跃马突进，所向披靡。

萧摩诃大为壮之，协同冲杀，斩获不可胜计。

吴明彻最后一次北伐，进师徐州，与北周大将梁士彦激战于彭城。

萧摩诃临阵坠马，眼看性命不保，周罗睺单骑进救，拔萧摩诃于重围之内，勇冠三军。

吴明彻军后来被北周援军王轨击溃，吴明彻本人被擒，全军崩败。

只有周罗睺全众而归，拜光远将军、钟离太守。

所以，贺若弼虽是当世名将，看见周罗睺突然动怒，独眼中射出凶光，竟被其杀气所慑，不敢再说话。

韩擒虎和贺若弼齐名，两人为平陈两大功臣，但韩擒虎胆略更大，长相也更威猛。突厥使者来长安朝拜，隋文帝为了震慑他们，故意安排韩擒虎负责接见。韩擒虎在突厥使者面前一站，便将之吓得"惶恐不敢仰视"。

南陈裨将羊翔降隋时，因为充当隋军带路党，有"前导"大功，位至上开府，班列于周罗睺之上。

因此韩擒虎在朝堂之上取笑周罗睺，说他迟迟才降，而且在降前解散士兵是"不知机变"之举，说："公不知机变，立在羊翔之下，能无愧乎？"

周罗睺的独眼眼皮一抬，用眼白示韩擒虎，怒怼说："昔在江南，久承令问，谓公天下节士。今日所言，殊匪诚臣之论。"

韩擒虎被怼得哑口无言。

韩擒虎并不知道，周罗睺不但是一员勇猛绝伦的猛将，还是一位才思敏捷的诗人，口才出众。

喜美妇、嗜诗酒的陈后主曾奇怪地问周围臣佐："周左率武将，诗每前成，文士何为后也？"

都官尚书孔范告诉他："周罗睺执笔制诗，还如上马入阵，不在人后。"

因此陈后主对周罗睺更多了几分敬重，让其出督湘州诸军事，还拜散骑常侍。

陈后主如此厚待周罗睺，周罗睺对陈后主也始终待之如一。

陈后主入隋后，受封长城县公，每日沉湎酒色，醉生梦死，善终于隋仁寿四年（604年），被追赠大将军，谥号炀，葬于洛阳邙山。

周罗睺当时协助杨素平定汉王杨谅之乱刚刚回来，进授上大将军，听说陈后主逝去，特向隋炀帝请求前往送葬，世论称其有礼。

周罗睺年岁虽老，威风仍不减壮年。

隋开皇十九年（599年），突厥达头可汗犯塞，周罗睺跟从杨素前去拒战。

两军列阵，虏众甚盛。

周罗睺却对杨素说："贼阵未整，请击之。"然后自领轻勇二十骑直冲虏阵，从申至酉，短兵屡接，最终大破达头可汗。

俗话说：瓦罐不离井上破，将军难免阵前亡。

作为一员年近花甲，仍冲锋陷阵与敌搏杀的将军，阵亡的可能性太大了。

汉王杨谅的余党仍据晋、绛等三州未下，隋炀帝诏周罗睺行绛、晋、吕三州诸军事，进兵围剿。

周罗睺为流矢所中，卒于师。

奇怪的是，周罗睺作为一员勇冠三军的猛将，竟然名声不显，后世知者名者甚少。

斩杀绝代美女张丽华是谁的主张？

"北方有佳人，绝世而独立。一顾倾人城，再顾倾人国……"这是汉朝人李延年所作《佳人歌》的歌词。就这么几句简单的歌词，让雄才大略的武帝闻之怦然心动。

南北朝末期南陈后主的贵妃张丽华，绝对称得上一代绝世佳人。

她出身贫寒，十岁进宫。那时，陈后主只是东宫太子。小张丽华为东宫良娣龚氏的小丫头，负责服侍龚氏的生活起居，干一些诸如铺床叠被、洒扫浇花之类的活。

不知从什么时候起，到龚氏房中就寝的太子陈叔宝喜欢上了她。

十四岁那年，张丽华生下了陈叔宝的第四个儿子陈深。

母凭子贵，她的地位猛增，跃居于龚氏之上并在陈叔宝即位后，骤升为贵妃。

陈叔宝刚即位那会儿，因为弟弟陈叔陵作乱，被刺了一刀，很长一段时间起不了床，躺卧在承香阁养伤。养伤期间，陈叔宝专门钦点张丽华在自己身边做侍候工作。当时的后宫诸妃嫔，仅张丽华一人获此荣幸。

由此可见后主陈叔宝对张丽华的溺宠。

实际上，如果不是陈后主的母亲太后柳敬言坐镇后宫，陈后主可能会把皇后沈婺华换了。

陈后主伤愈，在光照殿的前面建起临春、结绮、望仙三阁，自己住在临春阁，张丽华住在结绮阁，龚、孔二位贵嫔住在望仙阁，三阁之间都架有通道相互往来。

另外，能来到后主身边作陪取乐的，还有张氏、薛氏二位淑媛，王氏、李氏二位美人，以及袁昭仪、何婕妤、江修容等一干人。

皇后沈婺华孤零零独居求贤殿，形同守寡。

陈后主每日醉生梦死，挑选成百上千姿色漂亮的宫女，命令她们练习唱曲，曲有《玉树后庭花》《临春乐》等，大多是赞美张丽华的姿容美色的。

曲词充斥着诸如"璧月夜夜满，琼树朝朝新"之类的颓艳风格。

张丽华身长六尺六寸，头发却长达七尺，披肩垂地，发色乌黑油亮，光泽可鉴，又兼明眸皓齿，肤光莹雪，神态自若，姿容艳丽，远睹恍若天仙下凡。

陈后主爱不释手，连处理政事，都要抱张丽华于膝上，到了后来，两手忙碌，无暇他顾，干脆把事情全委于张丽华。

陈后主的荒淫昏庸，一至于此。

张丽华便老实不客气地执掌起国家权柄来，于南陈祯明二年（588年）废黜了原皇太子陈胤，改立自己生育的陈深为皇太子。

陈深没能等来登位的一天，因为，国家已经被他的父母搞垮了。

南陈祯明三年（589年），隋文帝遣兵大举南征。

晋王杨广由六合出发，秦王杨俊由襄阳顺流而下，清合公杨素由永安誓师，荆州刺史刘思仁由江陵东进，蕲州刺史王世绩由蕲春发兵，庐州总管韩擒虎由庐江急进，其他还有吴州总管贺若弼及青州总管燕荣也分别由庐江与东海赶来会师。

隋大军急攻建康。

其中韩擒虎亲率五百名精锐士卒自横江夜渡采石矶，进攻姑苏，没半天工夫就攻了下来，紧接着又夺取了新林，与行军总管杜颜会合，杀入了朱雀门。

陈后主六神无主，向身边侍臣问计。

众臣七嘴八舌，劝他效仿当年梁武帝会见侯景的路数，摆足架势会见韩擒虎，这样，就算死，也死得有尊严一点。

死？陈后主怎么舍得死？

他猛喝了一声："锋刃之下，未可交当，吾自有计！"拂袖走入了后宫。

"吾自有计"，他能有什么计呢？

他的想法很简单：带着自己抛弃不下的张丽华和孔贵妃，一起到后花园的枯井里躲藏，藏得一时是一时。

可陈后主和张丽华都是这场战争中的焦点人物，生要见人，死要见尸，他们怎么躲得了？

韩擒虎指挥士兵，要求挖地三尺也要把这两人找到。

士兵搜索到后花园，向井里窥视，大声喊叫，井中寂然无声。

有人扬言要落井下石。

陈后主吓得屎尿齐滚，连呼："有人。"

士兵大喜过望，抛下绳索往上拉人，一下子就拉出了陈后主与张丽华、孔贵妃三人。

对于陈后主、张丽华被擒一事，宋人杨备曾百感交怀地赋诗咏叹：

擒虎戈矛满六宫，春花无树不秋风。
苍惶益见多情处，同穴甘心赴井中。

陈后主与张丽华、孔贵妃三人藏身之井，因在景阳殿侧，原名叫景阳井。在建临春、结绮、望仙三阁时，改名胭脂井。隋唐以后，台城屡遭破坏，景阳殿已毁，胭脂井也随之湮没。后人为了记取陈后主亡国教训，遂在鸡笼山的法宝寺侧立井，并刻辱井铭。

曾任元翰林国史编修官的陈孚游金陵，目睹了这口"伪胭脂井"，映着满天落霞，挥毫写下了一首《胭脂井》，诗云：

泪痕滴透绿苔香，回首宫中已夕阳。
万里山河天不管，只留一井属君王。

清雍正十年（1732年）农历八月初八，郑板桥在南京江南贡院参加了乡试，乡试后饱览南京名胜古迹，也到了鸡笼山的法宝寺，作了《念奴娇·胭脂井》：

辘辘转转，把繁华旧梦，转归何处？只有青山围故国，黄叶西风菜圃。拾橡瑶阶，打鱼宫沼，薄暮人归去。铜瓶百丈，哀音历历如诉。

过江咫尺迷楼，宇文化及，便是韩擒虎。井底胭脂联臂出，问尔萧娘何处？清夜游词，后庭花曲，唱彻江关女。词场本色，帝王家数然否？

陈后主颠预亡国事，惨遭后世文人骚客揶揄咏唱，非常热闹。

话说当年的陈后主被俘后,被人押到隋将贺若弼面前时,面无人色,完全丧失了君王的气度,膝盖骨发软,扑通跪倒在地。

贺若弼心有不忍,抚慰他说:"小国之君当大国之卿,拜乃礼也。入朝不失作归命侯,无劳恐惧。"

后来的事情也正如贺若弼所说,陈后主被掳至长安,被隋文帝封长城县公、赐宅邸,礼遇甚厚,得以善终。

绝代佳人张丽华的下场却很惨,被高颎斩于青溪。

不过,到底是高颎擅作主张将之斩杀,还是受杨广之命斩杀,诸史书各执一词。

《陈书》记载:"及隋军陷台城,妃与后主俱入于井,隋军出之,晋王广命斩贵妃,榜于青溪中桥。"这里说的,张丽华和陈后主被隋军俘获后,晋王杨广下令杀了张丽华并且书明了她祸乱南朝的罪过,张贴在清溪桥上。

《南史》的记载与《陈书》一致,说的是:"晋王广命斩之于清溪中桥。"

《隋书》的记载却是:"及陈平,晋王欲纳陈主宠姬张丽华。颎曰:'武王灭殷,戮妲己。今平陈国,不宜取丽华。'乃命斩之,王甚不悦。"说的是,隋军攻克陈国,晋王杨广贪恋张丽华的美色,想占归己有。高颎却以武王杀妲己的例子拒绝了杨广,高调地在青溪斩杀了张丽华。惹得杨广非常不高兴。

《资治通鉴》沿袭了《隋书》的记载,并对此事的经过描述得更为详尽:"高颎先入建康,颎子德弘为晋王广记室,广使德弘驰诣颎所,令留张丽华,颎曰:'昔太公蒙面以斩妲己,今岂可留丽华!'乃斩之于青溪。德弘还报,广变色曰:'昔人云,"无德不报",我必有以报高公矣!'由是恨颎。"

由于高颎后来果真被杨广处死,所以,后世都认为,杀张丽华是高颎擅作主张。

但细析起来,高颎擅杀的可能性接近于零。

要知道,虽然当时高颎兵权独揽,但杨广为行军元帅,决策之权掌握在杨广的手里。

这种情况下,高颎作为一个识大体的人,断不会违背杨广的命令私自对陈后主及张丽华等人进行处决。

实际上,高颎在隋开皇九年(589年)正月甲申入建康,只隔了一天,即丙戌日,杨广便也入了建康。

杨广入城之后,做了很多事情,其中之一,便是处斩了陈国的五大佞臣,将施文庆、沈客卿、阳慧朗、徐析、史暨慧斩于石阙下,以谢三吴子弟。

看看,连施文庆、沈客卿这些人,高颎都不敢处理,留下给杨广定夺,又怎么会抢先对重大人物张丽华下手?

而且,别人不斩,单单斩杀张丽华一人,这针对性也太强了,不合乎逻辑。

因为,就算是杨广真的有意纳张丽华为妾,高颎作为隋家臣子,他能做的,也应该是尽力劝谏而不是先斩后奏。毕竟,高颎的身份,除了是个名将,还是个大政治家。

话说回来,杨广当年才二十一岁,而张丽华已经三十一岁了,二者年纪相差太大,杨广也不大可能收张丽华为妾。

最主要的是,杨广的母亲独孤皇后"性忌妾媵",一生最看不惯男人拥有三妻四妾。因为这个,隋文帝不敢置嫔妾,后宫的六宫虚设。晚年的隋文帝在仁寿宫遇到了尉迟迥的孙女,偷了一次腥,惹得独孤皇后醋意大发,杖毙尉迟氏。隋文帝气恨之下,曾发出过"吾贵为天子,不得自由"之类的长叹。

杨广善于"矫情饰行,以钓虚名",史书甚至称,杨广"阴有夺宗之计",他为了"取媚于后",极能下狠心,"后庭有子,皆不育之,示无私宠",他怎么会为一个早为人母的张丽华去招惹母亲不高兴呢?

在建康,杨广的政治秀表演得非常成功,他"使高颎与元帅府记室裴矩收图籍,封府库,资财一无所取",使得天下皆"称广以为贤"。

相较之下,太子杨勇虽然也是独孤皇后所生,但他"内多嬖幸",不善待太子妃,没有嫡子,让独孤皇后极其不满。杨勇后来被废,与此不无关系。

所以，杀张丽华绝对是杨广为了"矫情饰行，以钓虚名"的一项政治举止。

以上诸史所载之所以有出入，主要是被《隋书》带偏了。

《陈书》成书最早，主编人是唐代十八学士之一的姚思廉，他本是南朝人，父亲姚察原本就担任过陈国的史官。隋灭陈后，父子二人都移居到北方。《陈书》的完成，姚察在其中起到了不可估量的作用。

再者，《陈书》成书于唐太宗贞观十年（636年）。一来，姚氏父子没有刻意美化或者刻意抹黑杨广的必要；二来，唐太宗关心的是前代隋史而不是隔代陈史，则《陈书》被干涉较少。所以，其可信度较高。

《南史》成书虽在《隋书》之后，但作者李延寿所用材料，源于其父李大师的旧日草稿。而且李延寿本身也与姚思廉与魏征等人同在贞观史馆参修史书，所接触前朝史料的机会相同，《南史》的记载既异于《隋书》而同于《陈书》，只能说是《隋书》自己跑偏了。

另外，唐太宗特别推崇高颎，曾说过"隋之安危，系其存没"之类的话。魏征安排高颎私斩张丽华情节，正好一举两得。

《资治通鉴》编著的目的，是想通过以史为鉴来劝导宋代帝王，那么，在张丽华被杀过程的记载上，自然是舍《陈书》《南史》而取《隋书》了。

第五章 大隋名臣

开隋定策功臣刘昉

隋文帝杨坚是一个很了不起的开国君主。

他登上帝位后并西梁、灭南陈、平江南，结束了二百多年的南北对峙状态。随后，又北击突厥，打击了游牧帝国的嚣张，被尊为"圣人可汗"，稳定了东亚局势，为后世安稳发展奠定了牢固基础。

在政治上，他结束了西魏宇文泰的鲜卑化政策，力行汉化；开科举制度之先河，废除九品中正制，改为五省六曹制，并简化地方官制，废郡，改为州、县二级制；又改府兵制兵农分离的弊端，诏府兵入州县户籍，实现兵农合一。

在经济上，推行均田制，整顿户籍；在各地修建粮仓；改革货币。

因为隋文帝杨坚的励精图治，大隋开皇年间的中国成了盛世之国，史称"开皇之治"。

后世开国皇帝朱元璋对杨坚推崇备至，称赞说："惟隋高祖皇帝勤政不怠，赏功弗吝，节用安民，时称奔驰。有君天下之德而安万世之功者也。"

在美国学者迈克尔·哈特所著的《影响人类历史进程的100名人排行榜》中，杨坚列入其中，排在第八十二位。

但是，未登上帝位之前的杨坚，有过一段惶惶不可终日的生活。

杨坚是承袭父亲杨忠之爵位出道的。出道之初，不懂得韬光养晦，不知道收敛，大张旗鼓地结纳各路牛人、能人，锋芒很盛。

齐王宇文宪一下子就盯上了他，他密奏武帝宇文邕，说杨坚这人有野心，必须提前把他除掉。

武帝宇文邕为一代明君，他找来通晓相术的畿伯下大夫来和，私下里探讨杨坚为人。

他并不知道，来和就是杨坚所结交的牛人之一。

保护杨坚，来和义不容辞。

武帝宇文邕问："诸公皆汝所识，隋公相禄何如？"

来和毫不犹豫地答："隋公止是守节人，可镇一方。若为将领，陈无不破。"

宇文邕顿时释然。

过了几日，想想还是觉得不放心，又请相士赵昭偷偷给杨坚看相。

哪知赵昭也是杨坚所结交的能人之一。

保护杨坚，赵昭亦是义不容辞。

赵昭当着宇文邕之面佯装观察杨坚脸庞，然后毫不在意地说："不过作柱国耳。"

这下，宇文邕信了。

以至于内史王轨劝谏说"隋公非人臣"时，他竟不耐烦地说："必天命有在，将若之何！"

宇文邕极其崇尚封建迷信，对赵昭说的那一套"天命论"深信不疑，不但认定了杨坚就只有做柱国的命，还妄想着可以依靠这个柱国来保护自己的江山、扶助自己的儿孙。

为此,他主动和杨坚结成了亲家:让太子宇文赟娶了杨坚的长女杨丽华为妻。

宇文赟的智商和能力,与他的父亲宇文邕相比,远远不及。

但他在看人的问题上,似乎比父亲宇文邕要强一点半点。至少,他没那么相信"天命"之类的鬼话。

他在即位后,对杨坚的疑心很重。

杨坚早在赵昭和来和的提醒下,很知趣地夹住尾巴做人了。

宇文赟左看右看、横看竖看,觉得自己这个老丈人不像好人,想找机会把他杀了。

有一次,他喝酒喝高了,忍不住对皇后杨丽华说:"必族灭尔家!"

这可是酒后吐真言呀!

杨丽华吓得花容失色,赶紧让人把这个讯息带给自己的父亲。

杨坚惶恐不安,每天心惊肉跳。

宇文赟杀杨坚之心不可遏止。

他在皇宫埋伏刀斧手,命内侍前往传召杨坚,再三叮嘱刀斧手,说:"若色动,即杀之。"

杨坚接到诏书那一刻,感觉天要塌下来了。

这是进宫呢?还是不进宫呢?

进宫,还有一丝活的希望;不进宫,必定因忤逆而被斩。

没办法,杨坚哭丧着脸,战战兢兢地进宫了。

也许就是杨坚那副绝望的可怜样软化了宇文赟的心,又也许是宇文赟需要一个杀杨坚的正当借口,反正,在那天,杀人的命令一直没有下达。

杨坚得以躲过了一劫。

不管如何,这种日子,对杨坚而言,简直是暗无天日!

怎么样才能脱离苦海呢?

杨坚左思右想,想来想去,觉得只有出京去辅佐藩王才能稍微安全点。

因为,这么一来,可以离宇文赟远一些,不那么容易触动他的杀人神经了。

怎么样才能达到这一目的呢？

这又得感谢之前他结纳到的各路牛人、能人了。

内史上大夫郑译是宇文赟座前最得宠的臣子之一，偏偏，他也是杨坚之前曾经倾心结交的能人。

杨坚悄悄找到他，对他说："久愿出藩，公所悉也。敢布心腹，少留意焉。"

他的意思，郑译懂。

恰好，郑译前些日子接到了宇文赟要派他南征的任务。

于是，他向宇文赟求索一个总督军事的人才，积极推荐说："若定江东，自非懿戚重臣无以镇抚。可令隋公行，且为寿阳总管以督军事。"

宇文赟没有多想，答应了郑译的请求，下诏以杨坚为扬州总管。

诏书下达那一刻，杨坚如获大赦，恍若死后重生。

不过，极其戏剧性的是，他尚未到扬州赴任，终日沉溺于酒色的宇文赟死了，该年，才二十二岁。

宇文赟咽气之前，宣召刘昉入内宫，准备托付后事。

这个刘昉，是杨坚之前曾经倾心结交的能人。

行文到这里，不得不感慨一声：杨坚太会结交人了，他的关系网太庞大了！

刘昉和郑译同是宇文赟的宠臣，而且，他们又同是杨坚的死党，这种奇特的身份，使得他俩的感情特别深。

刘昉认为宇文赟的儿子周静帝宇文阐只是个七八岁的小孩子，不堪充当自己遮阴的大树，他与郑译密谋，准备推举杨坚上位。

两人沆瀣一气、一拍即合。

他们手拉手地前往杨坚家，把来意告诉了杨坚，请杨坚入宫。

杨坚还在女婿宇文赟残暴的阴影笼罩下走不出来，一个劲地推让。

刘昉急了，正色说："公若为，当速为之；如不为，昉自为也。"

杨坚猛一激灵，惊醒了过来，停止了推让，连连点头表示愿意入宫。

在入宫前，杨坚心里还在打鼓，他让人去找来通晓相术的来和，惴惴不安地问:"我无灾障不?"

来和给他壮胆,说:"公骨法气色相应,天命已有付属。"

杨坚于是以"侍疾"为名,跟随刘昉、郑译入宫。

入宫后,刘昉、郑译矫诏,任命杨坚总知中外兵马事。

杨坚由此上位,不久,当上了大丞相、假黄钺、都督中外诸军事。

杨坚没忘记刘昉、郑译二人大恩,称赞他们定策之功,还亲昵地称他们是自己的"心膂",赏赐巨万,封刘昉为黄国公,郑译为沛国公。

刘昉、郑译出入可以派甲士自卫,朝野倾瞩,称为黄、沛。

刘昉之前对杨坚说的"公若为,当速为之;如不为,昉自为也"之类的话,纯属恐吓杨坚,意在逼迫杨坚上位。

他其实是没有什么能力"自为"的。

举个例子:杨坚夺取朝政大权后,相州总管尉迟迥不服,起兵反抗杨坚。一开始,杨坚派韦孝宽前去对付尉迟迥,但诸将不协,无法展开统一行动。杨坚想从刘昉和郑译两人当中派一个去做韦孝宽的监军,推心置腹地对他们说:"须得心膂以统大军,公等两人,谁当行者?"

这两个家伙既毫无责任感,又没有半点担当精神,一个推辞说自己不懂军事,另一个找借口说自己母亲病了,走不开。

杨坚很大度,没有责怪他们,把工作安排给高颎。

尉迟迥闹腾得很大,益州总管王谦、周静帝的岳父司马消难等人纷纷起兵响应。

杨坚的神经绷得很紧,废寝忘食,日理万机。

担任司马的刘昉一点也不替杨坚分忧,事不关己,高高挂起,每日游玩酗酒,贻误了许多重要工作。

杨坚看清楚了刘昉的无能本质,就罢免了他的司马一职,让别人顶上。

不过,杨坚对刘昉还是很好的,他称帝后,升迁刘昉为上柱国,改封为舒国公并且不给他安排任何工作,让他清闲无事,可以尽情玩乐。

杨坚这样的安排,对他和对刘昉,都是各取所需,按理说,应该是皆大欢喜。

奇怪的是，刘昉不满意了。

他认为自己是辅佐杨坚称帝的头号功臣，现在惨遭闲置，不甘心接受。

他选择在杨坚下令禁酒期间开酒坊，让自己的小妾当垆沽酒，以此来表达抗议。

杨坚没有理会。

刘昉看杨坚不理，不免恼羞成怒。

上柱国梁士彦的妻子是个大美女，也不知刘昉用了什么手段，竟然和她好上了。

因为梁士彦的妻子在其中穿针引线，刘昉和梁士彦的关系也变好了。

梁士彦和宇文忻都是很能打的名将，但他们在平定尉迟迥的叛乱过程中首鼠两端，事后遭到了杨坚的冷落和疏远。

梁士彦和宇文忻对杨坚怨恨不已，两人经常在一起喝酒发牢骚，埋怨世道不公，痛骂杨坚用有色眼镜看人、偏心眼。

刘昉和梁士彦好上后，三人结成了"失意联盟阵线"，密谋造反，议定事成之后，由梁士彦当皇帝。

梁士彦和宇文忻两人打仗是很有两把刷子的，之前不敢密谋造反，是知道自己搞政治不行，属门外汉。他们看到刘昉这个开隋定策功臣来了，以为刘昉是个高人，大事一定能成。

哪知刘昉之所以成为开隋定策功臣，完全因为他是宇文赟宠臣的缘故，事实上，他是个军事不在行、政治也不行的平庸之辈。

既然这样，那么他们的失败在一开始就注定了。

甚至，当他们的造反只停留在口头上，就走漏了风声，被杨坚轻轻松松地来了个"一锅端"。

有意思的是，在临刑前，身为武将的宇文忻竟然向高颎连连叩头，哀声求饶。刘昉却表现得极有骨气，大声唾骂宇文忻说："事形如此，何叩头之有！"昂然伏诛。

曾和刘昉并列为"黄、沛"的沛国公郑译，虽然也有过卖官鬻狱之丑事，却活得很好，于隋开皇十一年（591 年）病逝于官任上，得谥号为"达",其子郑元璹承爵。

三位佐命功臣为何要造反?

在中国古代历史上,那些被公认的正统王朝的开国国君中,论谁的帝位得来最容易,隋文帝杨坚无疑排在前列。

很多人以为,宋太祖赵匡胤发动"陈桥兵变",黄袍加身,帝位来得容易。

但是,赵匡胤早年投身行伍,历事后汉、后周两朝,靠的是在战场上一刀一枪拼杀,无数次从死人堆里杀出,最终才混到后周头牌大将的地位,可谓九死一生,何其艰难!

杨坚出身好,他的父亲杨忠是跟随北周太祖宇文泰起义关西的从龙功臣,官至柱国、大司空,封随国公,死后追赠太保,谥号"桓"。

杨忠死后,杨坚承袭父爵,身居高位。

而杨坚的女儿杨丽华莫名被北周武帝宇文邕看中,指定成了太子宇文赟的太子妃。

周武帝死,太子宇文赟即位,太子妃杨丽华就华丽地成了皇后,杨坚因此晋升为了柱国大将军、大司马。

宇文赟在位时间不到一年,在二十二岁的年纪就崩了,皇后杨丽华成了皇太后。

最关键的是,小御正刘昉和内史上大夫郑译当时在宫内侍奉宇文赟,他们在宇文赟咽气后,看好杨坚的国丈身份,帮助他控制了北周的朝政。

从丞相变身为皇帝,对杨坚而言,其间仅一步之遥。

对这一步之遥构成阻碍的,是相州总管尉迟迥。

尉迟迥是北周文帝宇文泰的外甥,拜柱国大将军、大司马,封蜀国公,迁大前疑、相州总管。

他的权力原本比杨坚大得多。

而且,他的孙女尉迟炽繁是宇文赟五大皇后之一。

当然,最让他不服气的是,杨坚除了袭承父爵和嫁女入宫这两件事之外，别无建树，寸功未立。

而他，跟随过北周太祖宇文泰收复弘农、攻克沙苑，屡立军功；并独领一军，攻打蜀郡，平定萧纪之乱。

所以，他不能接受杨坚专揽朝政的事实，高竖反旗，跳出来与杨坚叫板。

真甭说，尉迟迥的反应一下子就把杨坚吓蒙了。

不过，杨坚这个时候还在挟天子而令诸侯，在改朝换代之前，他所发布和施行的号令全是以北周静帝宇文阐的名义颁发的。

因此，他调动了名将韦孝宽，让韦孝宽前去摆平尉迟迥。

但是，尉迟迥把势头弄得很大，一开始，仗并不好打。

官军进驻河阳，诸将你推我让，谁都不肯先前进一步。

面对这种情况，老将韦孝宽空有一身征战杀伐的本事，却也无法使得出，只有仰天长叹，无可奈何。

在后方的杨坚急得直跳脚，火速派心腹高颎赶往前线监军。

高颎是来监军了，如果众将拒绝听他调停，他也没辙。

不过，还是有人率先表态了。

这人名叫宇文忻，是当时军界中的重量级人物。

宇文忻的父亲宇文贵，是北周的大司马、许国公。

宇文忻早慧，儿童时代，与其他小朋友玩耍，喜欢玩行军打仗的游戏。他手执自制的小令旗，指挥部队前进、停止、排队，有模有样。

大人见了无不啧啧称奇。

长到十一二岁时，宇文忻能左右驰射，骁捷若飞。

宇文忻还出奇语，抒壮怀，对亲近自己的人说："自古名将，唯以韩、白、卫、霍为美谈，吾察其行事，未足多尚。若使与仆并时，不令竖子独擅高名也。"

大家对他更加钦佩。

在震烁史册的玉壁大战中，韦孝宽因为宇文忻骁勇善战，请与同行。

到了北周武帝年间，宇文忻任开府、骠骑将军，跟随周武帝讨伐北齐，攻拔晋州。

北齐后主亲驭六军，兵势甚盛，周武帝底气不足，想撤军。

宇文忻给他打气说："以陛下之圣武，乘敌人之荒纵，何往不克！若使齐人更得令主，君臣协力，虽汤、武之势，未易平也。今主暗臣愚，兵无斗志，虽有百万之众，实为陛下奉耳。"

周武帝听了他这一番话，觉得此时不战，更待何时？于是挥军与敌交战，果然大获全胜。

周武帝乘胜攻打并州，却遭遇齐军的反扑。

该战异常激烈，周武帝身边的侍卫战死殆尽，周武帝本人溃围而出。

这种情况下，周武帝无心再战，打算撤军。

宇文忻继续给周武帝打气说："自陛下克晋州，破高纬，乘胜逐北，以至于此。致令伪主奔波，关东响振，自古行兵用师，未有若斯之盛也。昨日破城，将士轻敌，微有不利，何足为怀。丈夫当死中求生，败中取胜。今者破竹，其势已成，奈何弃之而去？"

宇文忻的一番话，让周武帝重新振作起来。

次日复战，北周大军一举攻拔了晋阳。

宇文忻因此升任大将军，得赏赐布帛上千缎。

不久，宇文忻跟随乌丸轨在吕梁击破陈国名将吴明彻的军队，升任柱国，得赏赐奴婢二百口，授豫州总管。

在这次平定尉迟迥作乱的军事行动中，宇文忻为行军总管。经过一番审时度势，他主动站出来，与高颎一同谋划进军策略。他还自请先锋，率兵前往武陟攻打镇守在那里的尉迟迥的儿子尉迟惇。

受宇文忻的影响，另一个军界重量级人物梁士彦也做出了表示：命令家仆梁默等数人作为先锋，自己在后催军开拔向前。

梁士彦的履历与宇文忻差不多，他年少时任气好侠，不愿在州郡做官，好读兵书，颇涉经史。

周武帝听说他勇敢果决之名，提拔他为九曲镇将，进位上开府，封建威县公。

周武帝讨伐北齐，梁士彦随军出征。

大军攻下晋州后，梁士彦进位柱国，拜官使持节，晋、绛二州诸军事，晋州刺史。

周武帝还京，北齐后主高纬亲统六军进围晋州。

梁士彦拒守多日，外无声援，军心震恐。他却慷慨自若，不断激励将士死战。

齐后主调集所有精锐部队轮流攻城，城楼墙堞皆尽，城雉所存，寻仞而已。

双方将士短兵相接或交马出入，城破在即。

梁士彦视死如归，对众将士说："死在今日，吾为尔先！"

众将勇烈齐奋，呼声动地，无不以一当百。

齐军数战不下，大为气沮。

周武帝率领的援军适时赶到，从外围发起猛击。

齐军腹背受敌，被迫解围，撤退到城东十余里的地方安营扎寨。

梁士彦见到了周武帝，持武帝须痛泣道："臣几不见陛下！"

周武帝泪流不止。

周武帝认为将士们已十分疲惫，意欲弃城班师。

梁士彦大吃一惊，大声劝谏说："今齐师遁，众心皆动，因其惧也而攻之，其势必举。"

最终，周武帝采纳了他的建议，派大军进发，往攻并州。

周武帝留梁士彦继续镇守晋州，紧紧地握住他的手说："余之有晋州，为平齐之基。若不固守，则事不谐矣。朕无前虑，惟恐后变，善为我守之。"

这样，在宇文忻和梁士彦的轮流打气下，周武帝平定了齐国。

梁士彦得封为郕国公，进位上柱国、雍州主簿。

乌丸轨在吕梁擒捉陈国大将吴明彻时，梁士彦时为徐州总管，是最先与吴明彻交锋并相拒的人，最终和诸军合力大破陈军。

在这次平定尉迟迥叛乱的行动中，梁士彦和宇文忻一样，都是行军总管。

宇文忻行动迅速，在武陟很快就打跑了尉迟惇，一直追击到草桥。

尉迟迥在草桥布下大军拒守。

梁士彦的部队在这时候赶到，与宇文忻合兵进击，大败尉迟迥。

尉迟迥退缩回老巢邺城，靠城布阵。

双方在城下大战了十几个回合，北周军渐渐落于下风。

宇文忻注意到，邺城士女观战者数万人，于是指挥士兵攻击那些观战者，制造混乱。

混乱很快发生，观战者大嚣而走，转相腾藉，声如雷霆。

宇文忻抓紧时机，大呼："贼败矣！"

众军复振，齐力急击，叛军大败。

梁士彦率军从北门攻入，驰启西门，纳宇文忻之兵。

这样，邺城被攻下了，尉迟迥叛乱被平定。

战后论功，韦孝宽功勋最著，官拜大司空、上柱国，封郧国公。

不过，韦孝宽这一年已经七十二岁，回京不久病逝了。

杨坚以静帝的名义，追赠使持节、太傅、上柱国、怀衡黎相赵洺贝沧瀛魏冀十一州诸军事、雍州牧，谥号为"襄"。

宇文忻被封为上柱国，赏奴婢二百口，牛马羊数以万计。

杨坚抚摸着宇文忻的背脊，无比深情地说："尉迥倾山东之众，运百万之师，公举无遗策，战无全阵，诚天下之英杰也。"

不久，封他为英国公，增加食邑三千户。

从此以后，宇文忻出入于杨坚卧室之中，积极出谋划策，对周隋禅代有大功劳。

宇文忻妙解兵法，驭戎齐整，六军中只要有一个好点子，即使不是他提出来的，众人也会默认："此必英公法也。"

宇文忻就这样被人们推崇和钦佩着。

杨坚登位，一度想让宇文忻率兵攻打突厥，高颎却说："忻有异志，不可委以大兵。"

于是杨坚对宇文忻产生了猜忌恐惧之心，随便找了个由头，罢免了他的官职。

梁士彦的遭遇和宇文忻相类。

平定了尉迟迥叛乱后，杨坚先是封他为相州刺史。觉得他手掌兵权镇守一方终究是个祸患，就把他调回京师，居家赋闲。

隋朝版的"鸿门宴"，惊心动魄

鸿门宴是司马迁《史记》里面的精彩桥段，千百年来脍炙人口。

在隋文帝杨坚身上也发生了一起"鸿门宴事件"，虽没有舞剑情节，但一样杀机四伏，险象环生，同样惊心动魄。

话说，未登上帝位之前的杨坚，曾经历过一段惶惶不可终日的生活。

他是承袭父亲杨忠之爵位出道的。

出道之初，不知道收敛，锋芒很盛。

齐王宇文宪敏锐地觉察到了杨坚是个潜在的威胁，密奏武帝宇文邕，让他除掉杨坚，以绝后患。

武帝宇文邕为一代明君，鉴于杨坚野心不展、形迹未显，犹豫不决，没有对杨坚下手。

因为误听了相士赵昭的话，认定杨坚只有做柱国的命，就妄想依靠杨坚这个柱国来保护自己的江山、扶助自己的儿孙，主动和杨坚结成了亲家。

宇文赟做了不到一年的皇帝，就禅位给自己的儿子宇文阐，没过多久就过世了。

周静帝宇文阐只是个七八岁的小孩子，懂得了什么？

国丈杨坚在刘昉、郑译的推举下上位，任总知中外兵马事，随后当上了大丞相、假黄钺、都督中外诸军事。

小皇帝宇文阐年纪小，被杨坚所控制，但宇文家族还有许多成年人。

尤其是赵王宇文招、陈王宇文纯、越王宇文盛、代王宇文达、滕王宇文逌五王还在。

这五个人都是北周太祖宇文泰的儿子、武帝宇文邕的兄弟。

其中的赵王宇文招颇有文才武略，曾跟随武帝东征伐齐、与齐王宇文宪率军征讨稽胡，立过很多战功。

可惜的是，宇文赟继位之初，猜忌诸叔，不但诛杀了齐王宇文宪，还将包括宇文招在内的五王驱逐出京到封地就国了。

因此京师没有得力的宇文氏子弟坐镇，致使杨坚在宇文赟咽气后，从容窃取了权柄。

最惨的是，宇文赟在病重时，征召赵、陈、越、代、滕五王回京辅政。这又使得五王如龙离大海、虎离深山，没法调遣军队应对杨坚的举动，孤身羁留在京，成了杨坚案板上的鱼肉。

不过，杨坚因为篡位的时机尚未成熟，还在隐忍待发。

赵王宇文招决定抢在杨坚发难前将杨坚干掉。

于是，他摆下了"鸿门宴"，邀请杨坚到自己的府中宴饮。

杨坚一来觉得这时候不应该露出篡位的迹象，二来料定宇文招不敢在京师重地对自己怎么样，从容赴宴。

跟随杨坚赴宴的，有雄赳赳、气昂昂的两队卫士。

但是，这两队卫士全被宇文招阻拦在宴厅之外，仅有杨弘和元胄、元威兄弟相随。

元胄是河南洛阳人，魏昭成帝拓跋什翼犍的第九代子孙。

元胄小时候就表现得英勇果敢；年纪稍长，练就了多种武艺；成年后，长得美髯虎须，看上去凛然不可侵犯。

北周齐王宇文宪当年第一眼见到他，"壮之"，将他招为自己的左右亲随，每次出征都带他随行。

元胄驰骋沙场，屡建战功，官至大将军。

杨坚当政，重用元胄，把他当成心腹之人，安排住在自己的卧室内厅。

杨坚当了丞相后，元胄主管宫廷中的禁卫军，引弟弟元威入宫当侍卫。

宇文招好几次想对杨坚动手，都被元胄的目光震慑住。

没奈何，宇文招悄悄吩咐两个儿子宇文员和宇文贯说："汝当进瓜，我因刺杀之。"

酒至三巡，宇文招请杨坚入内室享用异域进贡的奇珍异果，拔出所佩带的刀切瓜，不断招呼杨坚过来吃瓜。

盛情难却，杨坚侧身过来取切好的瓜。

宇文招手掌一翻，刀锋向外，就要刺向杨坚的胸膛，元胄机警，恰好在此时闯入，向杨坚大呼说："相府有事，不可久留。"

宇文招吓了一跳，刀锋下落，仍切向案板上的瓜，抬头呵斥元胄说："我与丞相言，汝何为者！"

宇文招以为，自己这么一喝，这个粗陋汉子会掉头出屋。

哪知，这个粗陋汉子一点也不粗陋，心细得很。

他不但不走，反倒握紧悬挂在腰间的刀的刀柄，抢步向室内走，虎须倒竖，豹眼圆睁，怒容满面。

宇文招愣了愣神，口气大弱，问其姓名："汝何为者？"

元胄照实回答。

宇文招恍然说："汝非昔事齐王者乎？诚壮士也！"

拿起一片瓜，让元胄吃，改用温和的语气说："吾岂有不善之意邪？卿何猜警如是！"

元胄笑而不答。

主客都在吃瓜。

宇文招突然作呕吐状，欲入后门。

元胄知他这一走，会有刀斧手杀入，赶紧大步跟上，扶住他，强押他坐入席中的上位。

一计不成，宇文招又生一计，声称自己口渴，让元胄到厨房中去取茶。

元胄恍若不闻。

不久，滕王宇文逌来到。

杨坚走下台阶迎接。

元胄趁机对他耳语："事势大异，可速去。"

杨坚不以为然，说："彼无兵马，复何能为？"

元胄说："兵马悉他家物，一先下手，大事便去。胄不辞死，死何益耶？"

杨坚这才开始着急，直冒冷汗。

果然，屋后隐约有披铁甲的声音。

元胄感觉刻不容缓，催促杨坚说："相府事殷，公何得如此？"用手推杨坚出屋。

宇文招想要挽留，却被元胄用魁梧的身体挡住屋门，根本出不来。

就这样，杨坚前脚回到相府，元胄后脚也回来了。

宇文招恨不时发，弹指出血。

杨坚杀了宇文招等羁留在京的五王，给予元胄的赏赐不可胜计。

等到杨坚受禅登上帝位，升元胄为上柱国，封为武陵郡公，食邑三千户，授左卫将军，不久又升右卫大将军。

可惜的是，元胄后来与蜀王杨秀过从太密，在杨秀获罪时遭受牵连，被除去了官名；在隋炀帝即位后，因偶有怨言被处死。

高颎不慎种祸根

俗话说，一个篱笆三个桩，一个好汉三个帮。

隋文帝杨坚虽然能力出众，若没有一大帮良臣虎将的相助，他是没办法坐稳帝位，开创出"开皇盛世"来的。

如果要问，杨坚得到哪位良臣相助最多，首推当为高颎无疑。

高颎本身能力超群，做事认真，为大隋的开创和发展呕心沥血，《隋书》称赞他"有文武大略，明达世务""当朝执政将二十年，朝野推服，物无异议"。即隋朝的治致升平之功，他出力最多。

实际上，杨坚手下的许多良臣虎将，如苏威、杨素、贺若弼、韩擒虎、史万岁等，也都是高颎举荐给杨坚的。

难得的是，高颎豁达谦逊，只讲付出，不求回报；只争做事，不争功劳。

杨坚称帝前夕，邺城尉迟迥不服，举兵造反。

杨坚派韦孝宽领兵平叛，大军到河阳，诸将互相推诿，谁都不肯领先出战。

杨坚大急，想派一名心腹大员前去担任监军，以统一调度诸将。

他最先想到的是两大"定策功臣":郑译、刘昉。

但郑译、刘昉这两个家伙,一个找借口要在家照顾老母,一个说自己不懂军事,坚决拒绝。

杨坚当时急得嗓子眼直冒火。

在这紧要关头,高颎挺身而出,主动请行,揽下了这项任务。

难得的是,高颎到了前线,并非单纯做监督工作,而是担任起了指挥作战的大任。

他组织人员在沁水上架桥,制作"土狗"御敌,挥军渡过沁水后,破釜沉舟,烧桥与叛军背水一战,取得了关键性的胜利。

到了邺城城下与尉迟迥展开决战,大军初战受挫,形势一度危急。

高颎临危不乱,另出奇谋,出奇制胜,他指挥军士杀向四周的观战者,制造混乱,然后乘势冲击,最终反败为胜。

可以说,如果史家没有早早给高颎定位成"名臣""真宰相",高颎其实也是名副其实的一员名将。

他后来在南平陈国、反击突厥等重大战役中,担纲了统帅角色,表现不俗。

在南平陈国的战斗中,高颎担任晋王杨广元帅长史,杨广少不更事,三军的参谋事项,实由他来决断。

在反击突厥的战役中,高颎与尚书右仆射杨素、上柱国燕荣,分三路由朔州、灵州、幽州出击。高颎军大破突厥都兰可汗部,并追过白道,越过秦山七百余里,奏凯还师。

高颎文才武略,战功赫赫。与贺若弼、韩擒虎、杨素、史万岁等名将在立功后的争功表现相比,他的谦逊退让,更让人肃然起敬。

贺若弼和韩擒虎在南平陈国的过程中,立了大功,但互不服气,力争要盖过对方一头,曾一度刀兵相向。

史万岁和杨素曾分兵出击突厥,史万岁大获全胜。杨素不甘功居史万岁之后,玩阴谋、耍诡计,诬蔑史万岁造反,致使史万岁被杨坚击杀于朝堂之上。

反观高颎的表现,平定南陈归来之时,杨坚曾让他和贺若弼各表其功。他淡然一笑，说："贺若弼先献十策，后于蒋山苦战破贼。臣文吏耳，焉敢与大将军论功！"

杨坚听了，加授他为上柱国，晋爵位为齐国公，赏布匹九千段，定食邑为千乘县的一千五百户。

高颎诚惶诚恐，请求让位。

隋文帝下诏书说："公识鉴通远，器略优深，出参戎律，廓清淮海，入司禁旅，实委心腹。自朕受命，常典机衡，竭诚陈力，心迹俱尽。此则天降良辅，翊赞朕躬，幸无词费也。"

高颎每次出兵回来，都会得到杨坚厚待。

平尉迟迥之乱归来时，杨坚在内室举办宴会为他接风，宴散之后，竟撤下御帐赏给他。

后来，高颎官至尚书左仆射，兼纳言，进封渤海郡公，位极人臣。

高颎非常孝顺，对母亲言听计从、千依百顺。

他的母亲看见他当上了仆射，非常担心，告诫他说："汝富贵已极，但有一斫头耳，尔宜慎之！"

高颎由此深避权势，上表逊位，让位给苏威。

杨坚想成就他让贤的美名，同意他解除仆射的官职。

但是，没过几天，就觉得离不开他了，下诏说："苏威高蹈前朝，颎能推举。吾闻进贤受上赏，宁可令去官！"诏令高颎复位，还加拜左卫大将军，本官如故。

高颎时常坐在朝堂北边的一棵槐树下办公处理政务，但这棵槐树长歪了，不依行列，有司准备将它砍掉。

杨坚赶紧指示："这树不能砍，它是属于高颎的。"

杨坚对高颎的重视，一至于此。

高颎的母亲去世，高颎解职回家守孝。

还没几天，杨坚就一道诏书接一道诏书催着他回来。

高颎流涕辞让。

杨坚优诏不许。

在这以后将近二十年的时间里，高颎辅佐隋文帝杨坚，为隋朝在政治、经济、军事各方面做出了重要的贡献。

右卫将军庞晃及将军卢贲等人，曾经在杨坚面讲高颎的坏话。杨坚不爱听，板起脸，训斥了这些人一通，将他们通通贬黜。

杨坚非常坚定地对高颎说："你我君臣道合，非青蝇所间也。"

尚书都事姜晔、楚州行参军李君才两人不知杨坚和高颎的关系铁到这种地步，还向杨坚大讲高颎的是非。

杨坚勃然大怒，将此二人黜去。

杨坚对高颎说："公犹镜也，每被磨莹，皎然益明。"

高颎的夫人贺拔氏卧病，杨坚亲自前往探问，赏钱币百万，布帛万匹。

杨坚就是这样优待、恩宠高颎。

高颎也因此对杨坚更加忠心，他不仅把杨坚看作自己尊敬的领导，还把杨坚看成自己亲爱的兄长。

说起来，高颎和杨坚之间是存在几分亲情的。

高颎的祖上和北齐高祖高欢出自河北大族渤海高氏，不过，史家普遍认为高欢一支有"攀附先世"和"伪冒士族"之嫌；对于高颎一支，存疑较小。

高颎的父亲高宾原在北齐为官，因遭奸人陷害，迫不得已，背齐归周，被北周大司马独孤信引为僚佐，赐姓独孤氏。

独孤信有七女，长女为北周明帝宇文毓的皇后，二女儿嫁给了唐国公李昞，小女儿独孤伽罗许配给了杨坚。

独孤信后来被晋公宇文护以谋反罪追杀，高宾一家被发配到了蜀地。

独孤伽罗结婚那年，才十四岁，非常懂事，仅仅因为高宾是自己父亲之故吏，就和高家结成了亲戚来往。

所以，高颎、杨坚、独孤伽罗这三人，很早就成为要好的朋友。

周宣帝崩，杨坚居禁中，总百揆，独孤伽罗鼓励他说："大事已然，骑兽之势，必不得下，勉之！"

杨坚会意，加强了篡位的步伐，但急需帮手，于是派人去招引高颎入相府。高颎义不容辞，表示一定舍命相助，他对前来传达杨坚意思的杨惠说:"愿受驱驰。纵令公事不成,颎亦不辞灭族。"

杨坚受禅后,立独孤伽罗为皇后,拜高颎为尚书左仆射,兼纳言,进封渤海郡公。

高颎的风头无两,朝臣莫与为比。

即使在公开场合,杨坚也总是亲昵地称高颎为"独孤"而不称其名。

在长达二十多年的时间里,高颎、杨坚、独孤伽罗三人都相得甚欢。

但是,最先变心的人是杨坚。

杨坚初与独孤伽罗结婚那会儿,一往情深。

杨坚也没想到自己后来会成为皇帝,当时头脑发热,与独孤伽罗订立海誓山盟,发誓彼此都是一生只爱对方一个人。

杨坚初当上皇帝那会儿,也没忘记当年的誓言,不纳后宫妃嫔,六宫虚设,与独孤伽罗形影不离。

《隋书》称:"上每临朝,后辄与上方辇而进,至阁乃止。使宦官伺上,政有所失,随则匡谏,多所弘益。候上退朝而同反燕寝,相顾欣然。"

杨坚和独孤伽罗如此恩爱,遂被世人称为"二圣"。

但是,皇帝当久了,杨坚觉得历代帝王坐拥后宫佳丽三千,自己却苦巴巴地过着"单恋一枝花"的生活,不免兴味索然。

随着独孤伽罗的芳华已逝,身躯老弱,杨坚的心越发不安定。

高颎和韦孝宽平定尉迟迥之叛后,按照法律,将其家男子或诛或杀或流配,女子则遣入宫中做奴婢。

尉迟迥是个出了名的大帅哥,他的遗传基因非常强大,有两个非常漂亮的孙女,其中之一名叫尉迟炽繁,另一个叫尉迟贞。

尉迟炽繁最初为西阳公宇文温的妃子,后被北周宣帝宇文赟看中,夺入宫中,册立为天左大皇后。

周宣帝宇文赟死后,尉迟炽繁出家为尼,法号华首,逝世于隋开皇十五年(595年),年仅三十岁。

尉迟贞则在尉迟迥败亡后入宫为奴。

杨坚垂涎于尉迟贞的美色,背着独孤伽罗,偷偷把尉迟贞带到仁寿宫宠幸。

杨坚自以为做事周密,神不知、鬼不觉。

哪料宫中人多眼杂,有人看见,报告给独孤伽罗。

独孤伽罗大怒,命人捆来尉迟贞,吩咐乱棍打死。

杨坚敢怒不敢言,憋了半天窝囊气,感觉自己快要窒息了,骑了一匹马,单骑出宫。

群臣得知此事,全惊呆了。

高颎、杨素等人分头出城寻找,谁也不知杨坚去了哪儿。

高颎找来找去,后来在一山谷里找到了,扣马苦谏。

杨坚愤愤不平,仰天长叹说:"吾贵为天子,而不得自由!"

高颎看到他这副可怜相,心生恻隐,一时同情心泛滥,全然不顾后果,说了一句让他自己遗祸无穷的话:"陛下岂以一妇人而轻天下!"

听了这句话,杨坚宽慰了不少。

杨坚当夜回宫,向独孤伽罗认错,夫妻重归于好。

俗话说,疏不间亲。

显然,高颎犯忌了。

杨坚和独孤伽罗重归于好后,自然而然地把高颎劝慰自己的话告诉了独孤伽罗。

独孤伽罗由此恨上了高颎。

话说,此前不久,高颎的妻子去世,独孤伽罗出于关心,曾热心替高颎张罗婚事,想给他续弦,对杨坚说:"高仆射老矣,而丧夫人,陛下何能不为之娶!"

杨坚找高颎商量。

高颎当时流涕推辞说:"臣今已老,退朝之后,唯斋居读佛经而已。虽陛下垂哀之深,至于纳室,非臣所愿。"

独孤伽罗性妒,喜欢吃醋,不能容忍自己的丈夫有别的女人,也见不得别的男人有三妻四妾,即使她的儿子纳妾,她也同样痛恨。只要她听说自己的儿子或朝臣有小妾,尤其是已经有孕的小妾,必定痛斥一番。

太子杨勇多内宠，偏偏太子妃元氏又暴毙。

独孤伽罗认为是杨勇的爱妾云氏害死了元氏，对杨勇十二分不满意。

晋王杨广在这一方面做得相当"好"，不但严加克制自己纳妾的数量，一旦小妾怀孕，即采取非常手段，让之人间蒸发。

后来废杨勇、立杨广，全是独孤伽罗的主意。

话说回来，独孤伽罗恨上了高颎，处心积虑地进行报复。

在高颎死了妻子，又义正词严地拒绝续弦那会儿，她还敬重高颎是个情圣，内心一个劲儿地夸赞高颎。

但就在她开始恨高颎这会儿，她收到一个小道消息：高颎的小妾生了个儿子！

于是她在杨坚面前大讲高颎的坏话，说："陛下当复信高颎邪？始陛下欲为颎娶，颎心存爱妾，面欺陛下。今其诈已见，陛下安得信之！"

枕头风的杀伤力很强，因此杨坚疏远了高颎。

独孤伽罗主张废掉太子杨勇，另立晋王杨广。

杨坚找高颎商议，说："晋王妃有神凭之，言王必有天下，若之何？"

杨勇是高颎的女婿，无论是于公还是于私，高颎都必须替杨勇说话。他长跪不起，对杨坚说："长幼有序，其可废乎！"

独孤伽罗知道后，萌生了剪除高颎之心。

隋开皇十八年（598年），朝中商议讨伐辽东，高颎固谏不可。杨坚不从，强行任高颎为元帅长史，随汉王杨谅征讨辽东。

大军遇上久雨，将士多患疾病，无功而返。

独孤伽罗咬着杨坚的耳根子说："颎初不欲行，陛下强遣之，妾固知其无功矣。"

这次讨伐辽东，汉王杨谅年幼，只是个挂名元帅，杨坚把军权全部交给高颎。

年幼的杨谅不知好歹，认为高颎不把自己放在眼里，一肚皮怨气，回朝后，向杨坚哭诉说："儿幸免高颎所杀。"

杨坚本来就戴上有色眼镜看高颎，听了儿子的话，护犊心切，更加怨恨高颎。

不久，上柱国王世积以罪诛，刑部在审问王世积的时候，王世积无意中提到了一些宫闱之事并说是从高颎那里获得的。

杨坚再也坐不住了，气势汹汹地要定高颎的罪。

上柱国贺若弼、吴州总管宇文㢸、刑部尚书薛胄、民部尚书斛律孝卿、兵部尚书柳述等人都力证高颎无罪。

杨坚恼羞成怒，把这些人全都发落给刑部处理。

从此以后，朝臣莫敢言者。

杨坚因此随心所欲，将高颎免官、免职。

其实，高颎身居高位以来，一直牢记母亲嘱咐，"汝富贵已极，但有一斫头耳，尔宜慎之"！心怀惴惴，常恐祸变。

这次被免官、免职，真是无官一身轻，高颎"欢然无恨色，以为得免于祸"。

然而，墙倒众人推。

高颎封国的国令诬告高颎父子，说高颎被免后，他的儿子高表仁曾对他说："司马仲达初托疾不朝，遂有天下。公今遇此，焉知非福！"

杨坚的神经被刺激了，让人把高颎囚禁到内史省严加拷问。

司法部门趁机又上奏说和尚真觉曾跟高颎说"明年国有大丧"，尼姑令晖也说"（开皇）十七、十八年，皇帝有大厄。十九年不可过"，请求处死高颎。

听着这些乱七八糟、全是捕风捉影的事，杨坚一开始很恼怒，但渐渐也想通了，自言自语说："去年杀虞庆则，今兹斩王世积，如更诛颎，天下其谓我何？"没有诛杀高颎，只是下诏除掉他的官籍，将他贬斥为平民而已。

如果说，高颎就这样当了平民，一直到老死，未尝不是一件好事。

隋仁寿四年（604年），杨坚崩，杨广继位。

也不知杨广怎么想的，他让人把近花甲的高颎拉了出来，授为太常。

杨广治国的路数与高颎格格不入，他喜欢享乐，奢侈靡费，讲究声色，下诏收集整理北周、北齐的乐工和天下的散乐。

高颎本能地出面制止，说："此乐久废。今或征之，恐无识之徒弃本逐末，递相教习。"杨广大为扫兴。

杨广大兴土木，发起修筑长城的劳役。高颎忧心忡忡，对太常丞李懿说："周天元以好乐而亡，殷鉴不远，安可复尔！"杨广听到此话，满心不悦。

杨广对启民可汗恩宠和礼遇过厚，高颎对太府卿何稠说："此虏颇知中国虚实、山川险易，恐为后患。"另外，他对观王杨雄说："近来朝廷殊无纲纪。"

本来，杨广在夺储时就怨恨过充当杨勇保护神的高颎，现在高颎这样一而再，再而三地唱衰他，他岂能相容？

隋大业三年（607年）七月，杨广下诏以"谤讪朝政"之罪将高颎处死。

高颎死年六十七岁，诸子徙边。

唐太宗李世民后来慨叹："高颎有经国大才，为隋文帝赞成霸业，知国政者一十余载，天下赖以康宁。文帝唯妇言是听，特令摈斥，及为炀帝所杀，刑政由是衰坏。"

"得其时、遇其主"的李德林为何以悲剧收场？

《三国演义》第三十五回"玄德南漳逢隐沦，单福新野遇英主"里，水镜先生司马徽曾对刘备说过一句让人感叹不尽、惆怅不已的话。

刘备投奔刘表，驻守于新野，遭到荆州本土势力代表蔡瑁的猜忌防范。蔡瑁为除刘备，设"鸿门宴"，邀刘备赴会襄阳。刘备得荆州谋士伊籍的提醒，及时离席，从西门出逃，马跃檀溪，遇到水镜先生司马徽。因此，刘备与水镜先生两人之间有了一大段关于天下走势的畅论。刘备认为自己手下人才济济，"文有孙乾、糜竺、简雍之辈，武有关、张、赵云之流"，之所以事业不济，乃是由于时机不济。水镜先生笑而摇首，指出刘备所缺的是经纶济世之才，他语出惊人地说："卧龙、凤雏，两人得一，可安天下。"他甚至给卧龙诸葛亮开出了高出天际的评价："可比兴周八百年之姜子牙、旺汉四百年之张子房也。"而当刘备表示不惜一切代价要请诸葛亮出山时，他又冒出了一句莫名其妙的话："卧龙虽得其主，不得其时，惜哉！"

后人读书至此，不免黯然神伤，都说诸葛孔明出山之时，曹操已统一河北，天下大势将定，即使诸葛亮神机百变，也已无力回天，只能落下个"星落秋风五丈原"的黯淡下场。

一句话，历朝历代那些"学成文武艺，货与帝王家"的豪杰奇才，但能大放异彩、流芳百世，并且又能保全自己完美谢幕的，必须是"得其时、遇其主"。

隋朝开国首席谋士李德林，可谓"得其时、遇其主"，他自己通晓军事、谙熟权谋，算无遗策，机发必着，结局却极其不妙，颇让人诧异。

隋文帝杨坚得以走上时代的风口浪尖，主是得刘昉和郑译二人力推，时有"刘昉牵前，郑译推后"之赞叹。

但刘昉和郑译二人眼高手低，德陋才浅，并非能襄助杨坚开创雄图王业之辈。

他们只不过是周宣帝的宠臣，眼看周宣帝驾崩，朝政将乱，而他们又无力支撑大局，才想到请杨坚进入权力中枢，用意是让杨坚充当他们的主心骨，然后权力分摊，"三巨头"共享朝政，仅此而已。

可叹，杨坚一代人杰，夹在此二宵小之间，一时竟徬徨无计。

李德林一语惊醒梦中人，说："即宜作大丞相，假黄钺，都督内外诸军事。不尔，无以压众心。"

杨坚福至心灵，依计而行，以郑译为相府长史，以刘昉为丞相府司马，迅速确立了自己一枝独大的权臣地位，为后来建立隋朝打下了坚实的基础。

相州总管尉迟迥不服杨坚专权，在邺城起兵作乱。

在平乱过程中，杨坚以李德林为丞相府属，加仪同大将军。

李德林参与指授兵略，那一段时间，军书羽檄，朝夕填委，一日之中，动逾百数。但李德林机速竞发，口授数人，文意百端，不加治点，俨然一流谋士。

东道元帅韦孝宽率军平叛,师次永桥,沁水泛滥,兵马不能渡。

长史李询写来密信说:"大将梁士彦、宇文忻、崔弘度并受尉迟迥饷金,军中恇恇,人情大异。"

杨坚看了,深以为忧,与刘昉、郑译等人讨论,准备阵前换将,另派三人上场。

李德林连呼不可,说:"公与诸将,并是国家贵臣,未相伏驭,今以挟令之威,使得之耳。安知后所遣者,能尽腹心,前所遣人,独致乖异?又取金之事,虚实难明,即令换易,彼将惧罪,恐其逃逸,便须禁锢。然则郧公以下,必有惊疑之意。且临敌代将,自古所难,乐毅所以辞燕,赵括以之败赵。如愚所见,但遣公一腹心,明于智略,为诸将旧来所信服者,速至军所,使观其情伪。纵有异志,必不敢动。"

杨坚恍然大悟,说:"若公不发此言,几败大事。"

后来高颎奉命驰驿往军所,节度诸将,竟成大功。

杨坚登位后,创立了五省六曹制。

李德林任内史令,掌管内史省,进入了隋朝政治中心。

在平定南陈问题上,李德林有赞画大功。

李德林对于平定南陈,有全面的见解、全盘的策略,从大到小,面面俱到。

杨坚极度赞同,隋开皇八年(588年),他离京考察攻阵事宜,李德林因病不能随驾。

杨坚大感可惜,让高颎带敕书到李德林家征召,诏书后御笔注:"攻打陈的事宜,最好你能亲自来。"

杨坚还惇惇叮嘱高颎:"德林若患未堪行,宜自至宅,取其方略。"

后来,杨坚把李德林平陈方略交付晋王杨广。

杨广因此取得平南陈的灭国之功。

在施政措施上,李德林不乏真知灼见。

隋开皇九年(589年),在灭陈之后,时任太子少保、兼纳言、度支尚书的苏威建议,以五百家为乡,设立乡正,专门负责处理民间词讼。

李德林提出反对,他认为本来就应该废黜乡官判事,因为乡官在乡里有内外亲属，剖析评断就会不公平，一旦设乡正专门管理五百家民事纠纷，就会形成专治，滋生腐败，且有些地方位置偏远，人烟稀少，不够五百家，又不能让两县共同管理一乡，所产生的混乱显而易见。

李德林还说："今时吏部总选人物，天下不过数百县，于六七百万户内，诠简数百县令，犹不能称其才，乃欲于一乡之内，选一人能治五百家者，必恐难得。"

但杨坚这次没有听李德林的，全力支持苏威。

不过，杨坚支持苏威没有用，真理站在李德林这边。

事情的发展，正如李德林预料的那样，各种问题不断出现。

杨坚最终只好下令废止该法。

可以说，李德林实在是一个天纵奇才。

事实上，李德林自小就有"神童"之誉。

李德林是博陵安平人，其祖父李寿，曾任北魏的湖州户曹从事；其父亲李敬族，历任东魏太学博士、镇远将军。

李德林天资聪慧，五六岁时，读左思的《蜀都赋》，才十多天工夫，就烂熟于心。

东魏四贵之一，太保、左仆射、吏部尚书高隆之，听说这件事，无比惊奇，对朝中人士说："若假其年，必为天下伟器。"

邺京名士因此蜂拥前往李家围观，那段时间，李家每天来访的车马不断。

李德林十五岁时，诵五经及古今文集，日数千言，对古代典籍、天文地理、阴阳纬候，无不通晓。尤其在作文方面，不但倚马可待，而且辞核理畅。

与温子升、邢邵并称"北地三才子"的魏收，时任拜散骑常侍、中书侍郎，负责修撰国史《魏书》。他当着高隆之的面，对李德林的父亲李敬族说："贤子文笔终当继温子升。"

高隆之听后，大笑着说："魏常侍是不是已经在忌妒贤才了？为什么不拿近的人与他相比，而拿远的温子升来比！"

李德林十六岁时，父亲李敬族去世，他亲自驱驾灵舆，返葬故里。

博陵豪族中有个叫崔谌的，前往李德林家吊丧，其车服甚盛，到了离李德林家不远，赶紧缩减跟随的人员，从者数十骑；等到了李德林家门，又缩减至五骑。他对这五人说，只有这样做，才不会使李郎责怪我太炫耀。

北齐神武帝高欢的第十子任城王高湝为定州刺史时，看重李德林的才能，将他召入州府，朝夕同游，殆均师友。

北齐天保八年（557年），高湝对李德林说："窃闻蔽贤蒙显戮，久令君沉滞，吾独得润身，朝廷纵不见尤，亦惧明灵所谴。"然后举荐李德林为秀才，送入邺京。

高湝郑重其事地给尚书令杨愔写了一封推荐信，信中说道："燕赵固多奇士，此言诚不为谬。今岁所贡秀才李德林者，文章学识，固不待言，观其风神器宇，终为栋梁之用。"

杨愔半信半疑，让李德林尝试起草一篇《让尚书令表》。

李德林面无难色，援笔立成，不加治点。

杨愔大相赏异，将该文示于吏部郎中陆卬。

陆卬揽文细读，赞叹道："已大见其文笔，浩浩如长河东注。比来所见，后生制作，乃涓浍之流耳。"他让自己的儿子陆乂与李德林相随，以师事之。

北齐武成帝高湛让中书侍郎杜台卿写了一篇《世祖武成皇帝颂》，读后认为没能尽善尽美，转示李德林，降旨说："台卿此文，未当朕意。以卿有大才，须叙盛德，即宜速作，急进本也。"

李德林奉诏作文，进献上颂书十六章并加上序。

武成帝看了，点头称善，赐给李德林名马一匹。

随后，升李德林任中书侍郎，奉旨修订国史。

北周建德六年（577年）正月，北周武帝宇文邕率军攻陷邺城，平灭了北齐。

周武帝进入邺城的当天，特别诏令小司马唐道和来到李德林家，宣读圣旨晓谕抚慰，说道："平齐之利，唯在于尔。朕本畏尔逐齐王东走，今闻犹在，大以慰怀，宜即入相见。"

宇文邕随后派内史宇文昂向李德林询问了齐朝的风俗教化、人物品性，封他为内史上士，随驾入长安。

回到长安，所有的诏诰文书以及任用山东的人，宇文邕一律委托给李德林。

宇文邕曾在云阳宫对群臣得意非凡地说："我常日唯闻李德林名，及见其与齐朝作诏书移檄，我正谓其是天上人。岂言今日得其驱使，复为我作文书，极为大异。"

杨坚禅代之际，其相国总百揆、九锡殊礼诏策笺表玺书，都出于李德林之手。

特别值得一说的是，隋开皇五年（585年），杨坚诏令李德林写一篇文章来记述他做丞相时的国家大事。

李德林文思泉涌，下笔如有神，将写一篇文章的任务扩写成了一部书，编为五卷，命名为《霸朝杂集》。

杨坚夜观《霸朝杂集》，心潮澎湃，几不成寐。

第二天，他眉飞色舞地对李德林说："自古帝王之兴，必有异人辅佐。我昨读《霸朝集》，方知感应之理。昨宵恨夜长，不能早见公面。必令公贵与国始终。"

为了答谢李德林称颂之意，他追封李德林的父亲为恒州刺史。

过了两日，杨坚犹感不足，又追赠李德林的父亲为定州刺史、安平县公，谥号为孝，让李德林承袭。

"设立乡正"一事发生在隋开皇九年（589年），从这一事来看，杨坚是有意支持苏威而故意漠视和疏远李德林的。

前面说，李德林在平定南陈上，贡献巨大。

杨坚带李德林走在回京路上，曾用马鞭指着南边说："待平陈讫，会以七宝装严公，使自山东无及之者。"

等到攻占了陈，杨坚却没有兑现诺言。

史书对杨坚食言的解释是：杨坚本来是想封李德林为柱国、郡公，分封食邑八百户，赏布帛三千段，但有人提醒他，说："（平陈之功）乃是天子画策、晋王及诸将戮力之所致也。今乃归功于李德林，诸将必当愤惋。"于是杨坚取消了对李德林的封赏。

杨坚对李德林的淡漠和疏远，其实在受禅即位之前就有了。

当时，担任石州总管的虞庆则劝杨坚尽灭宇文氏，高颎、杨惠等人都表示赞同。李德林却书呆子气大发，固争，以为不可。

杨坚当场就变脸了，训斥李德林说："君读书人，不足平章此事。"

在杨坚发飙怒骂李德林是"读书人"之前，他曾把起兵响应尉迟迥作乱的益州总管王谦的豪宅赏赐给李德林，但很快后悔，又转赐给自己的亲家崔谦，而向李德林解释说："夫人欲得，将与其舅。于公无形迹，不须争之，可自选一好宅。若不称意，当为营造，并觅庄店作替。"

李德林当时不假思索地要了北齐前宰相高阿那肱在卫国县八十个市店。

哪料，也是在隋开皇九年（589年）这年，杨坚巡幸晋阳，卫国县市店里的人告御状，说"地是民物，高氏强夺，于内造舍"。

杨坚听了大为不满，派有关部门按价给老百姓赔钱。

因"设立乡正"之争而与李德林结下了梁子的苏威，趁机上奏，说："高阿那肱是乱世宰相，以谄媚得幸，枉取民地，造店赁之。德林诬罔，妄奏自入。"

于是杨坚对李德林做出了相应处罚，并更加厌恶李德林。

偏偏，李德林不知好歹。

前面说了，隋开皇九年（589年）所设置的乡正的发展正如李德林所猜想的那样。隋开皇十年（590年），虞庆则等人从关东诸道巡察回来，报告说："五百家乡正，专理辞讼，不便于民。党与爱憎，公行货贿。"

杨坚只好下令废除这项政措。

李德林提出反对，他上奏："此事臣本以为不可。然置来始尔，复即停废，政令不一，朝成暮毁，深非帝王设法之义。臣望陛下若于律令辄欲改张，即以军法从事。不然者，纷纭未已。"

杨坚再也忍不住，当场咆哮，骂李德林："尔欲将我作王莽邪？"

隋开皇五年（585年），李德林作《霸朝杂集》得杨坚嘉奖，杨坚要给他父亲追封赠官，问他父亲生前所任最高官职。李德林大脑一时"短路"，就说他的父亲是太尉谘议。此事被李元操与陈茂等人背后揭发，说："德林之父终于校书，妄称谘议。"

所以，这会儿杨坚再也忍不住，将近十年来对李德林的积怨全部抖搂出来，劈头盖脸，一条条算，说："公为内史，典朕机密，比不可豫计议者，以公不弘耳。宁自知乎？朕方以孝治天下，恐斯道废阙，故立五教以弘之。公言孝由天性，何须设教。然则孔子不当说《孝经》也。又罔冒取店，妄加父官，朕实忿之而未能发，今当以一州相遣耳。"

李德林看到龙颜变色、天庭震怒，吓得不敢说话。

良久，才叩拜谢罪，胆怯地提出自己的诉求："臣不敢复望内史令，请预散参，待陛下登封告成，一观盛礼，然后收拙丘园，死且不恨。"

杨坚翻了翻白眼，没有搭理。

李德林只好乖乖收拾好行李，出京城任怀州刺史去了。

杨坚说得不错，李德林身为内史令，掌握机密太多，实在不应过多干预政事，而且，李德林不过一位"读书人"，根本不是搞政治的料。

实际上，李德林当初襄助杨坚确立大丞相地位、提议高颎上前线督军、上平定南陈大策等表现出彩，都是他读史书得来的知识，而他本人书呆子气十足，并不适合搞政治。

李德林在北齐为官时，北齐武成帝高湛交给李德林的工作就是修订国史，很好地利用了他读书广博、文章写得好的优点。

李德林专心编写《齐书》，幸福而快乐。

可惜入隋后，李德林投身于搞政治，著史工作荒废了。

到了怀州刺史任上，李德林倒是想重提史笔，修缮完《齐书》，但是，事过境迁，老迈体衰，力不从心，没过多久，就溘然病逝，年六十一岁。

所幸的是，李德林之子李百药子承父业，接手编写《齐书》，终于在唐贞观十年（636年）修撰完工，共五十卷，纪八卷，列传四十二卷，记载上起北魏分裂前十年左右，接续北魏分裂、东魏立国、北齐取代东魏，下迄北齐亡国，前后八十余年史实。

为区别于南朝梁萧子显所撰的《齐书》，该书被改称为《北齐书》。不过，到了南宋，《北齐书》仅剩一卷帝纪、十六卷列传。

清高的苏威晚年求官成笑柄

唐高祖武德四年（621年）五月初八，秦王李世民挟虎牢关大胜之威，囚窦建德、王琬、长孙安世、郭士衡等人至洛阳城下，对负隅顽抗的王世充进行震慑。

王世充站在城楼，与窦建德一问一答，细说胜败缘由，彼此垂泪，相对而泣。

从城楼下来后，王世充万念俱灰。

次日，王世充素服，帅其太子、群臣、二千余人诣军门降。

李世民取笑他说："卿常以童子见处，今见童子，何恭之甚邪？"

王世充俯伏流汗，顿首谢罪。

随后，李世民率军开入洛阳，分守市肆，禁止侵掠，无敢犯者。

李世民本人端坐闾阖门，命记室房玄龄先入中书、门下省，收隋图籍制诏；命萧瑀、窦轨等封府库，收其金帛，颁赐将士。

大家满怀胜利喜悦的心情，幸福而快乐地忙碌着。

这时候，有人前来求见。

此人乃是前隋两朝重臣、海内咸知其名的大人物苏威。

苏威已经八十岁了，到了耄耋之年，在他眼里，二十来岁的李世民就是个"童子"，因此倚老卖老，称老病不能拜。

李世民一听苏威的名字，顿生厌恶之情，遣人数落他说："公隋室宰相，危不能扶，使君弑国亡。见李密、王世充皆拜伏舞蹈。今既老病，无劳相见。"

李世民对苏威的挖苦和讽刺，确实是鞭辟入里、鞭鞭见血。

但苏威恬不知耻，认为李世民年轻不懂事，西往长安，转向唐高祖李渊求官。

李渊对苏威的看法，和李世民是一致的。

苏威碰了一鼻子灰，求官不得，既老且贫，不久病倒，卒于家，年八十二。

苏威除了"见李密、王世充皆拜伏舞蹈"，其实，他还迎合过弑杀了隋炀帝杨广的宇文化及。

很多人不知道，苏威早年可是一位许由式的人物，志向高洁，隋文帝杨坚甚至将他与汉初著名的大隐士"商山四皓"相提并论。

苏威的来头很大，他是曹魏侍中苏则十世孙、西魏度支尚书苏绰之子、大冢宰宇文护之婿。

苏威早慧，在很小的年纪，就表现出与年龄不相符的成熟。他五岁丧父，哀戚如同成年人。

年纪稍长，袭封美阳县公，任郡功曹。

大冢宰宇文护觉得他器宇不凡，非常喜欢，把自己的女儿新兴公主许配给他。

一开始，苏威非常受用于岳丈的优待和妻子新兴公主的美貌，但是，他慢慢觉察到老丈人的霸道与专权后，大为不满，学习古代的隐士许由逃到深山中，以山泉洗耳，屏居山寺，以讽读为娱。

不过，迫于叔父的催促，苏威还是勉为其难地出来做官，官做得很大，被授为使持节、车骑大将军、仪同三司，改封爵位为怀道县公。

北周武帝宇文邕杀掉了苏威的老丈人宇文护，亲总万机后，拜苏威为稍伯下大夫。

但苏威以生病为由不接受，并且拒绝了此前被授予的所有官爵名号，无官一身轻。

杨坚做北周丞相时，高颎举荐苏威入相府。

杨坚和苏威一见如故，两人抵足畅谈天下大事，情投意合，互引对方为知己。

相处了一个多月，苏威隐约听说了一些北周禅让的风声，不愿再与杨坚交往，不辞而别，逃归故乡隐居。

高颎准备效仿萧何，上演一出"月下追韩信"，杨坚阻止说："此不欲预吾事，且置之。"

隋开皇元年（581年），杨坚接受北周禅位之后，征拜苏威为太常卿、太子少保。

苏威上表辞让。

杨坚不由分说，再授其纳言、民部尚书。

苏威再上表辞让。

杨坚下诏称："舟大者任重，马骏者远驰。以公有兼人之才，无辞多务也。"

苏威感于杨坚的诚意，停止推辞，走马出山。

治书侍御史梁毗认为苏威身兼五职，太贪恋权位了，上表弹劾。

杨坚向梁毗解释说："苏威朝夕孜孜，志存远大，举贤有阙，何遽迫之。"同时又对朝臣们说，"苏威不值我，无以措其言；我不得苏威，何以行其道？……苏威若逢乱世，南山四皓，岂易屈哉！"

杨坚既是这样恩宠苏威，众人闭嘴，再也不敢说苏威贪权恋位的事了。

苏威因此得以在政坛上大展拳脚，称心畅意地施政。

实事求是地说，苏威的能力是非常出众的。

比如说，对后世影响深远的《开皇律》，就是苏威主持修订的。隋朝的许多典章制度、法令的标准、样式，多是苏威制定的。

还有，苏威注重民生，大力推行减轻赋税和劳役，与民谋福祉，使得大隋国力蒸蒸日上。

史称："时高颎与威同心协赞，政刑大小，无不筹之，故革运数年，天下称治。"

苏威清廉，也看不惯公卿占据大量良田，曾向杨坚建议：户口滋育繁多，天下田地不够，必须减少公卿的封地以供应民众。

不用说，此议遭到了既得利益的公卿阶层的激烈反对，最后不了了之。

苏威得杨坚恩宠，却在是非跟前，丝毫不给杨坚面子。

比如，他见到皇宫中用白银做帷幔的钩子，直言不讳要杨坚奉行节俭的美德。

杨坚因此命人去掉了所有雕琢文饰的器物。

杨坚曾在暴怒的状态下要杀某人，苏威敢于上前劝谏，甚至用身体阻拦着杨坚，不让杨坚动手。

事后，杨坚向苏威表示嘉许，说："公能若是，吾无忧矣。"

苏威既得杨坚如此厚爱，那么，他在仕途有没有遇上什么波折呢？

也有。

苏威的儿子苏夔，少有盛名于天下，引致宾客，四海士大夫多归之。隋开皇十二年（592年），因与国子博士何妥议宫中乐事，得罪了何妥。

何妥一怒之下，奏告苏威与礼部尚书卢恺、吏部侍郎薛道衡、尚书右丞王弘、考功侍郎李同和等人一起结成朋党，在官衙中互相称兄道弟。又说苏威用不正当手段让他的堂兄弟苏彻、苏肃等人作假当官。还有国子学请荡阴人王孝逸为书学博士，间接引荐王孝逸做府中参军，等等。

杨坚派人调查，果然，何妥所指控诸事全部属实。

官员结党，搞不好就会架空朝廷，这是历代统治者最担心、最不能容忍的事情之一，杨坚也不例外。

杨坚马上免去苏威所有的官职，并惩治了何妥所指出的一百多个官员。

不过，杨坚还是非常爱惜苏威的才能，经常自言自语："苏威德行者，但为人所误耳。"

不久，让他恢复官职。

隋开皇十四年（594年）七月，苏威跟随杨坚祭祀泰山，因为不敬，又一次被免官。

但很快又官复原职。

杨坚对群臣说："世人言苏威诈清，家累金玉，此妄言也。然其性狠戾，不切世要，求名太甚，从己则悦，违之必怒，此其大病耳。"

隋炀帝杨广继位后，加封苏威为上大将军。

大业三年（607年）七月，杨广兴修长城，高颎、贺若弼、苏威等人都劝告杨广适可而止，不要太过劳困民力。

杨广大为窝火，杀高颎、贺若弼，罢免苏威。

过了一年多，重新起用苏威。

宦海翻滚了二十多年，苏威看破了许多，对人生不那么执着。

杨广被宇文化及弑杀后，苏威自以隋室旧臣，遭逢丧乱，所经之处，皆随机而处，以求收容。

宇文化及自立，苏威依附之，任光禄大夫、开府仪同三司。

宇文化及在洛阳城北的邙山展开大战，几乎全军覆没。

苏威与滑州总管王轨、通事舍人许敬宗等人一同归降了李密。

苏威见到李密时，以拜见天子的舞蹈大礼相见，再三舞蹈，口中连称"不图今日复睹圣明"。

李密与王世充争锋失利，苏威入东都，被越王杨侗封为上柱国、邳国公。

王世充僭越称帝，苏威为太师。

王世充败亡，苏威又向李世民父子求官，最终自取其辱，为后人所笑。

虞庆则纳美妾，结果招来杀身大祸

苏威与高颎、杨雄、虞庆则是隋文帝朝的四大得力大臣。

隋文帝杨坚对他们恩宠有加，大方赏赐，大方升官。

因此这四人尊荣无比，被时人称为"四贵"。

"四贵"之中，杨坚特别倚重高颎和虞庆则。

隋开皇九年（589年），隋灭南陈，杨坚大宴群臣，酒酣耳热之际，喷着满嘴酒气说："高颎平江南，虞庆则降突厥，可谓茂功矣。"

高颎在杨坚担任北周左丞相时代，早早投靠杨坚，甘心接受杨坚驱使，并在平定尉迟迥叛乱时临危受命，出任监军，力扭乾坤，奠定胜局。

在平定南陈的过程中，隋开皇七年（587年），他献上了"农时骚国"之大计，即每到江南水稻收割时节，就持续不断地跨江扰敌，搞得陈国财力俱尽，苦不堪言。

隋开皇八年（588年），杨坚在寿春设淮南行台省，任晋王杨广为行台尚书令，主管灭陈之事，让高颎担任晋王杨广元帅长史，全权决断三军参谋事项。

所以说，平灭南陈，高颎居功至伟。

虞庆则本姓鱼，出身于北方豪强家族，其父虞祥曾为北周灵武太守，后迁居京兆栎县。

虞庆则幼雄毅，性倜傥，身长八尺，有胆气，善鲜卑语，身披重铠，带两鞭，左右驰射，当地的豪杰对他敬畏有加。

虞庆则在北周宣政元年（578年），被北周武帝授予仪同大将军，出任并州总管长史。

北周大咸元年（579年），虞庆则与时任内史下大夫的高颎跟随越王宇文盛平定稽胡。

大军得胜班师时，高颎建议留下虞庆则镇守当地。

于是虞庆则被任命为石州总管。

虞庆则任上恩威兼施，境内清肃，稽胡中有八千户人因为仰慕他的义气前来归附。

北周宣帝崩，虞庆则紧跟着高颎的脚步投靠了杨坚，在杨坚鞍前马后效力。

杨坚在称帝前夕，有心要屠灭北周皇族宇文氏，又担心遭受天下非议，犹豫不决。

虞庆则是个狠人，力挺杨坚，不断劝谏和鼓励杨坚高举屠刀，斩草除根。

高颎与虞庆则持相同意见。

于是杨坚再无顾虑，干脆利落地诛杀了北周皇族。

突厥可汗沙钵略妻为北周千金公主，其以恢复北周为旗号，大举入侵。

右仆射虞庆则和左仆射高颎分别领军出原州道和宁州，痛击来犯之敌。

隋开皇四年（584年），突厥内部出现分裂，杨坚趁机派虞庆则出使，与西突厥结盟，共抗东突厥。

虞庆则马到功成。

因此杨坚龙心大悦。

于是，就有了杨坚在平陈庆功宴上大赞高颎和虞庆则之语。

平灭南陈，杨素、贺若弼和韩擒虎等人都是立有大功的，贺若弼和韩擒虎之前有过在殿前争功的不愉快之事。

杨素有心争功，却又害怕会触怒杨坚，这会儿看到杨坚大赞高颎和虞庆则，心存不满，抢过话头，高声赞美说："皆由至尊威德所被。"

不用说，杨素这一句话，既打压了高颎和虞庆则，又捧了杨坚，让杨坚乐得心花怒放。

虞庆则是个粗线条的人物，一看到自己的功劳被杨素轻描淡写一句话抹杀，竟然不顾及杨坚的感受，指着杨素的鼻子说："杨素前出兵武牢、硖石，若非至尊威德，亦无克理。"

杨素看虞庆则学自己说话，大怒，大揭其短。

虞庆则忍无可忍，针锋相对，反唇相讥。

好好的一场庆功宴，被虞庆则闹成了揭发大会。

最后，杨坚出面做和事佬，制止说："今日计功为乐，宜不须劾。"

不用说，虞庆则在这次宴会上的表现，给杨坚留下了很不好的印象。

事实上，杨坚在虞庆则出使突厥时，就对虞庆则有看法了。

虞庆则出使之前，杨坚为了与西突厥结成对子，曾千叮咛、万嘱咐虞庆则："我欲存立突厥，彼送公马，但取五三匹。"

但是，虞庆则犹如风吹过耳、水淋鸭背，对杨坚的话丝毫不放在心上，不但全盘接收了突厥人送的上千匹好马，还高高兴兴地娶了突厥可汗沙钵略之女为妻。

虽然虞庆则完美地完成了与西突厥结盟的任务，但他这种自作主张的做派，杨坚不喜欢。

隋开皇十七年（597年），岭南人李贤据州反叛。

杨坚让大臣讨论派谁去平叛。

诸将争相请战。

杨坚却不同意，扭头对虞庆则说："位居宰相，爵乃上公，国家有贼，遂无行意，何也？"

在朝堂养尊处优惯了的虞庆则惊醒过来：嗯，不能光享受不付出，该为国家出力了。

他诚惶诚恐地请求带兵出征。

杨坚马上签字同意，任他为桂州道行军总管。

接着，又任命他的小舅子赵什柱为随府长史，跟随他一起去。

杨坚为什么不让其他人前往，偏偏指定由虞庆则负责呢？

其实是赵什柱在背后搞的鬼。

话说，虞庆则既娶了赵什柱的姐姐为妻，后来又娶了突厥可汗沙钵略之女为妻，仍欠不足，广纳艳妾。

他有一个艳冠一时的小妾，与赵什柱勾搭成奸。

赵什柱为了光明正大地占有这名艳妾，决心把虞庆则往死里整。

但是，虞庆则位高权重，高居朝堂，没病没灾，怎么整得死呢？

岭南人李贤发起叛乱，赵什柱觉得是一个契机，想把虞庆则支出朝廷，趁机下手。

所以，在杨坚还没召开选将大会之前，他就大造舆论，四处宣布谣言，说虞庆则对朝廷不忠，一千个一万个不愿意领兵出征。

这句话传入了杨坚的耳中，于是杨坚重点观察虞庆则在选将会上的表现。

偏偏，虞庆则在会上一言不发，对出征毫无兴趣。

杨坚大为恚怒，暗暗记下了这笔账。

虞庆则很能打，到了岭南，三下五除二就搞定了叛乱。

眼看这次远征可以平安归来。

但是，虞庆则不知道自己身边有小人，班师经过潭州的临桂镇，看到这儿地形险恶，一时职业病发作，发表了几句感慨，说："此诚险固，加以足粮，若守得其人，攻不可拔。"

等的就是这句话！

赵什柱生活的时代没有录音机，他能做的就是把虞庆则这句话一字一句牢记在心，然后骑着快马到京城向杨坚禀告："虞庆则认为潭州险固，想据潭州造反。"

杨坚早就看虞庆则不顺眼了，不给虞庆则任何辩解的机会，命人将他诛杀。回头拜赵什柱为柱国。

表面上看，虞庆则是因为后院艳妾太美，死于女人祸水。但《隋书》史官一眼看破其中深层原因，深深地感叹说："高祖沉猜之心，固已甚矣。"

最后补一句，隋开皇十八年（598年），杨坚也对高颎起了猜忌之心，有杀高颎之意。但是，事到临头，幽幽说了一句："去年杀虞庆则，今兹斩王世积，如更诛颎，天下其谓我何？"下令将高颎除名为民，仅此而已。

身为薛道衡的"粉丝"，隋炀帝为何最终还是杀了薛道衡？

薛道衡是公认的隋朝文坛领袖。

他原本著有文集七十卷，但流传于世者，仅《薛司隶集》一卷。《先秦汉魏晋南北朝诗》从中录诗二十余首，《全上古三代秦汉三国六朝文》从中录文八篇。仅从这些残余诗文中，足以奠定他在隋朝文坛中无人可匹的地位。

隋朝诗人中，比较有名望者，如"卢思道、李德林"，在他跟前，不过是个小跟班的角色而已。

薛道衡的父亲薛孝通，原是常山太守，在他六岁时便死了。此后不久，薛道衡的母亲病故。薛道衡成了孤儿，由他的叔叔养育成人。

薛道衡十三岁那年，听老师讲解《春秋左氏传》，有感于子产相郑之功，提笔写了《国侨赞》一文，有文采、有思想。有识之士读罢此文，无不称薛道衡为海内奇才。

北齐的齐州牧、彭城王高浟不由分说，将之引为兵曹从事。

尚书左仆射弘农杨愔更是慧眼识珠，见而嗟赏，推荐他入朝为官。

吏部尚书辛术与薛道衡攀谈过后，赞叹说："有此人在，郑玄的学业不会中断失传了!"

河东人裴瓛远远指着他对周围的人说:"自从周鼎迁离河北,我以为关西再没有孔子那样的人了,哪料今日又出了个薛道衡!"

北齐武平二年(571年),薛道衡曾以主客郎的身份接待南朝陈使者傅縡。

南北朝对峙时期,尤其是南梁武帝时期,南朝的文学诗歌发展飞快,南人普遍看不起北人。

傅縡本身是大诗人,和薛道衡几次接触下来,惺惺相惜,诗兴大发,赠诗五十韵。

薛道衡从容和诗应答。

薛道衡应和作答之诗,"南北称美"。

不过,与温子升、邢邵并称为"北地三才子"的魏收却笑傅縡不自量力,取笑说:"傅縡可谓是抛砖引玉啊。"

北齐灭亡后,薛道衡入北周为官。

杨坚担任周相期间,薛道衡曾跟随梁睿击王谦,摄陵州刺史;而在杨坚受禅称帝后,回朝任内史舍人兼散骑常侍,并担任使者出使南朝陈国。

"江东雅好篇什,陈主犹爱雕虫",在诗歌爱好者陈后主的引领下,时陈国的文学风气极其浓厚。

陈国士大夫听说薛道衡是北地最有名望的大文豪,都争相来睹文豪风采。

正月初七,薛道衡准备回国了。

临行,有人盛情邀请薛道衡露一手。

正月初七俗称"人日",又叫人节、人庆节等,传说是女娲造人的日子。

薛道衡稍加思索,即成《人日思归》。

前面两句为:"入春才七日,离家已二年。"

陈人看了这两句,莞尔想笑,都以为薛道衡是"盛名之下,其实难副"之辈。

薛道衡没有理会，信手写下后两句："人归落雁后，思发在花前。"

众人相顾失色，惊为神来之作。

此后，虽然薛道衡已经北返，但他"每有所作，南人无不吟诵焉"。

薛道衡回朝后，认为陈主每日醉生梦死，昏庸颠顶，向杨坚奏请说："陛下圣德广布，天资卓异，国家连续三代繁荣兴盛，一统九州怎能落下区区陈国？"力主伐陈。

因此杨坚坚定了平定南陈的决心。

隋文帝开皇八年（588年），薛道衡被任命为淮南道行台吏部郎，跟随晋王杨广、宰相高颎出兵伐陈，专掌文翰。

高颎有些心虚，私下里问薛道衡："此番举兵，能否克定江东，请君言之。"

薛道衡侃侃而谈，回答说："南北分裂，从那以来，战争接连不止。从运数而言，这是他必被平定的第一个原因。皇上亲行恭谨节俭，忧心政务，陈叔宝追求高楼大厦，画栋雕梁，酒色荒淫。上下离心离德，人神共愤，这是他必定被平灭的第二个原因。治国的大要，在于任贤使能，他的公卿大臣，只是充数而已，这是他必定被平灭的第三个原因。我方有德而又势大，对方无道而又国小，估算他的士兵，也不过十万。西起巫峡，东到沧海，分兵则远隔而势力减弱，聚集就守此失彼。这是他必定被平灭的第四个原因。"

高颎听了，豁然开朗，赞叹说："君言成败，事理分明，吾今豁然矣。"

看得出，薛道衡并非单单文章写得好的"书呆子"，而是一个高深的谋略家。

然而，就是这个高深的谋略家，却有很多低智商的表现。

比如说，薛道衡极力交结高颎，而高颎也是一代名相，这个做法没有错。

但晋王杨广才是值得他深交的人。

因为，当时的杨广才是真正的大军统帅。

而且，杨广是隋文帝的儿子，虽说当时的太子是杨勇，但杨广贵为皇子，薛道衡与他交好，并没什么害处。

最关键的是，杨广是从心底里崇拜和佩服薛道衡，是薛道衡的铁杆"粉丝"。

即薛道衡要与杨广交好，实在是一件很容易的事。

其实，杨广的文学造诣也很高，至少，可以比陈后主好。

比如，杨广作有《饮马长城窟行》，开首的"肃肃秋风起，悠悠行万里。万里何所行，横漠筑长城"，就很有气势；后面的"秋昏塞外云，雾暗关山月。缘岩驿马上，乘空烽火发"既工整，又有意境。

还有，杨广效仿曹植作有《白马篇》，其中的"轮台受降虏，高阙剪名王""英名欺霍卫，智策蔑平良"，颇显雄心壮志，有一时人杰之风。

当然，杨广写得最好的是《野望》。诗云：

寒鸦飞数点，流水绕孤村。
斜阳欲落处，一望黯消魂。

这首诗好在哪儿呢？

宋朝大词人秦观最有发言权，因为，他在自己的代表作《满庭芳·山抹微云》里，直接化杨诗为己词，写成了"斜阳外，寒鸦数点，流水绕孤村"。

就是这么一位文学功底深厚，并对诗歌有无限痴迷梦想的年轻人，薛道衡却非常厌恶，不屑与之交往。

为此，杨广非常伤感，也非常苦闷，不知该怎么向自己的偶像薛道衡表白自己这份浓烈而深沉的爱。

平定陈国后，杨广坐镇扬州，有了一次可以大胆泼辣地向薛道衡示爱的机会——薛道衡回朝后被人弹劾在朝中结党，处以流放岭南之刑。

杨广暗中派人到长安通知薛道衡，要他取道扬州，授意说，只要到了扬州，自己就有办法把他留在扬州幕府中，不用去蛮荒的岭南之地。

不知薛道衡是傻了还是真的对杨广厌恶痛绝到了极点，他回避扬州路，选择走江陵道，冒着瘴气侵袭的危险，到岭南去了。

杨广一张热脸贴在了冷屁股上。

即位后，他大赦天下，薛道衡因此回到了京师。

这时杨广的脸还热着。

但薛道衡的屁股依旧冷。

当时，隋炀帝是满心欢喜地期待着薛道衡回来，他对内史侍郎虞世基说："道衡要回朝了，我想让他任秘书监。"

但薛道衡竟然毫无来由地写了一篇《高祖文皇帝颂》奏上。

这"高祖文皇帝"就是杨坚；"颂"，就是赞歌。

你薛道衡这是要干啥？

把你贬斥到岭南的人是杨坚，可把你从边远地区接回来的人是杨广。你不歌颂杨广就算了，怎么反倒歌颂起杨坚来了？

想不明白，真想不明白。

杨广知道薛道衡是故意让自己不自在的。

杨广恚恼无尽地对大臣苏威说："道衡极力颂扬先帝之朝，这是像《鱼藻》一样在讽刺君王。"

《鱼藻》是《诗经》中的一篇，是通过歌颂周武王而达到讥刺周幽王的讥讽之作。

可以说，杨广的杀心已起。

薛道衡的朋友司隶刺史房彦谦被杨广的杀意所慑，偷偷劝薛道衡"杜绝宾客，卑辞下气"，提醒他夹紧尾巴，低调、再低调。

薛道衡却浑然不以为意。

杨广当上了皇帝，对诗歌创作的热情并没有消减，不过诗风突变，而且变得艳丽多姿，开始向陈后主的《玉树后庭花》一类风格靠拢。他登位后比较有名的诗作，有写宫中美女的《喜春游歌》、写游扬州的《江都宫乐歌》等。

要命的是，杨广还很自恋，他认为自己的诗文成就已经臻于完善，自负天下第一。

他对侍臣说："天下人都认为我继承先帝的遗业才拥有天下，实际上即使让联和士大夫比试选拔，我也应当做天子。"

很多人喜欢拿杨广和李世民比较，说他们的性情、气质、脾气非常相似，这真是笑话。

我们来看看李世民对待诗文的态度，他和杨广二人间的昏明之分则一目了然、高下立判。

李世民的诗文也写得很好，著作佐郎邓世隆曾上表请求为李世民编御制文集，李世民断然拒绝，说："我的辞令有益于民者，史册已经记录，足为不朽。若无益之文，何必编集。梁武帝父子、陈后主、隋炀帝均有文集行世，岂能拯其败亡。人主唯恐无德政，不在乎有无文集。"

杨广根本没有李世民这种认识，当皇帝不好好当皇帝，还妄想着要当文坛领袖。

某次朝廷聚会上，杨广要与群臣赛诗，以"泥"字起韵，他率先完成。

群臣颂声四起，谀辞一片。

如果事情以此收场，那是再正常不过了。

薛道衡却作死，不甘示弱，提笔写了一首，其中有"暗牖悬蛛网，空梁落燕泥"之句，浑然天成，让人服绝。

杨广气得差点咬碎牙齿。

这之后不久，朝臣们在一起讨论新律令，争论了许久也没有结果。

薛道衡不耐烦地说："假如高颎不死，法令当早已定夺施行了。"

高颎在杨广与杨勇争储时支持杨勇，早被杨广处死了。

有人把薛道衡的话转告杨广，杨广勃然大怒，传薛道衡前来责问："你很怀念高颎吗？"

御史大夫裴蕴摸准了杨广的脉，趁机弹劾薛道衡，说薛道衡"仗恃自己的才学和年龄，有藐视君主之心。每次见到诏书下来，就心中讥讽私下议论，把过失推诿给国家，随意制造祸端。定论他的罪名，应是欺蒙；推究他的本意，确是大逆不道。"说得杨广喜不自胜，称赞裴蕴说："你论定他的逆行，真是恰切地领会了我本来的想法啊。"下令将薛道衡逮捕审讯，最后逼令自尽。

据说，薛道衡临死前，杨广曾问他："更能作'空梁落燕泥'否？"

卢思道身历三次改朝换代，多次获罪，却逢凶化吉

在一般人心目中，中国古代最富传奇色彩的诗人是李白。

的确，大诗人李白豪情盖世，狂放不羁，一生游山玩水，遍历名山胜水，留下佳作数百篇，堪称奇迹。

但是，李白的传奇，主要得益于他作品的质量，他的经历和际遇，尤其是仕途上的履历，其实并没有太多可以称道的地方。

这里说一下北朝大诗人卢思道的故事，和李白相比，卢思道算得上是官场不倒翁。

卢思道是范阳郡涿县人，出生于北魏建明二年（531年），属于北魏人。

但是，这个时候的北魏，已经是风雨飘摇、摇摇欲坠了。

要知道，北魏建明二年的前一年为北魏永安三年（530年），北魏孝庄帝元子攸不甘做权臣尔朱荣的傀儡，藏刀于靴中，趁尔朱荣入朝觐见时，拔刃将之刺死。至此，北魏天下为之一变。

首先，汾州刺史尔朱兆为替死去的叔父尔朱荣报仇，自晋阳发兵进攻京师洛阳，拥立太原太守、行并州刺史长广王元晔为主，改年号为建明。

尔朱兆攻陷洛阳、处死孝庄帝后，留下叔父尔朱世隆牵制元晔，自己满载财物还归晋阳。

尔朱世隆欲树立个人权威，悍然行废立之事：其于北魏建明二年（531年）春二月逼迫元晔禅位于广陵王元恭。

元恭即位，改建明二年为普泰元年，大封尔朱家族。

执掌北方六镇实权的大枭雄高欢不甘尔朱家族独霸朝政，针锋相对，立元脩为帝，即孝武帝。

可惜的是，元脩不甘做高欢的傀儡皇帝，一年之后，西入长安，投奔雍州刺史兼尚书令宇文泰去了。

高欢只好另立元善见做了皇帝,即孝静帝,并迁都于邺。

到了长安的孝武帝,与宇文泰相处得并不愉快,因为,他不甘于做宇文泰的傀儡皇帝。宇文泰和高欢是同一类型的人物,并称为绝世双雄,他下药毒死孝武帝,另立元宝炬为帝,建都长安。

这样,北魏正式分裂成了东魏、西魏。

恶人高欢死后,长子高澄继专魏政,正准备行篡位大事,却被家奴刺杀。

北齐代魏之事,最终由高澄之弟高洋完成。

高洋于东魏武定八年(550年)废掉孝静帝元善见,建国号齐,建元天保。

大诗人卢思道就成长于这样一个风云变幻的大时代背景下。

少年卢思道"聪爽俊辩,通侻不羁"。

十六岁那年,他偶遇中山人刘松。

刘松正在替他人写碑铭,看见卢思道少年老成,满脸傲气,想杀杀他的威风,让他来说道说道自己做的碑铭。

卢思道瞪大了眼睛,反复探究,多所不能解读,不由得面红耳赤,引以为辱,羞愤而去。

回到家里,卢思道一方面闭户勤读,一方面师从河间邢劭探究学问。

这邢邵是个大学问家、藏书家,与温子升、魏收,被后人并称为"北朝三才子"。

卢思道既得名师指点,又刻苦勤奋,三年之后,学问大成。

为雪当年之仇,卢思道精心写了一篇碑铭,以其人之道,还施于彼身,示文于刘松,让刘松来说道说道自己作的碑铭。

刘松瞪大了眼睛,反复探究,多所不能解读,只好甘拜下风。

卢思道遂长出了一口恶气,施施然叹道:"学之有益,岂徒然哉!"

从卢思道羞辱刘松一事来看,卢思道虽然是个可教之材,却是个睚眦必报的胸狭量小之人。

史书也说他"才学兼著,然不持操行,好轻侮人"。

高洋篡魏代齐之后,建史馆,让史臣编修前朝国史——《魏史》。

《魏史》编成，卢思道为了卖弄才华，经常对书中内容进行品评指责。

这就犯了当政者的大忌，卢思道因此多次遭受笞辱之刑。

实际上，卢思道如果熟读《魏史》，那他对北魏名臣崔浩的下场就不会感到陌生。

崔浩是北魏明元帝拓跋嗣和太武帝拓跋焘父子两代的重臣，却因"国史之狱"被诛杀，死前相当难看，被几十个卫士撒尿浇头，"呼声嗷嗷，闻于行路"。

卢思道命好，只是遭受到笞辱之刑而已。

但他总是屡教不改，笞伤好了又重犯。

很多人都认为，他这辈子很难出人头地了。

但是左仆射杨愔爱才，把他举荐给朝廷。

卢思道因此出仕担任司空行参军、长兼员外散骑侍郎，在中书省办事。

高洋去世，当局要求朝中文士各写十首挽歌，择其善者而用之。

魏收、阳休之、祖珽等人都写了十首，但只有一二首被选用。

卢思道倒好，他一个人被选用了八首！

因为这个，卢思道被时人称为"八米卢郎"。

卢思道在中书省办事，经常丢三落四，一度泄露了中书省里的讲话内容，被放出担任丞相西阁祭酒。

卢思道并未放在心上，他从担任丞相西阁祭酒做起，历任太子舍人、司徒录事参军等，担任了很多官职。

在其他职位上，他的工作同样不上心，做事大大咧咧，不计用度，曾擅自用掉府库的钱财，被免职回家。

免职就免职，卢思道轻车简从，返还蓟北。

途中，因有所感慨，写了首五言诗以表心境。

不曾想，该诗被认定为世之佳作，流传很广。

卢思道因此得以复起为官，担任给事黄门侍郎，在文林馆待诏。

北周武帝宇文邕欣赏卢思道的文才，他在灭掉北齐之后，授予仪同三司，召他前往长安。

在长安，卢思道与阳休之等几个人作有《听蝉鸣篇》，卢思道写得很有深度，其中的"暂听别人心即断，才闻客子泪先垂"抒发了乡思，"富贵功名本多豫，繁华轻薄尽无忧"讥讽了长安权贵们的生活，词意清切，为时人所重。

文坛宗师庾信把同作的几篇都读过了，唯独对卢思道的作品"深叹美之"。

不久，卢思道听说居住在家乡的母亲患病，急急忙忙地告假回乡探病。

祖英伯、祖昌期等人正经卢思道的家乡范阳郡起兵叛乱，卢思道好死不死，加入其中。

可以说，卢思道完全辜负了北周武帝宇文邕对他的一片厚爱。

柱国宇文神举奉命领兵平叛。

祖英伯、祖昌期这些小鱼小虾根本经不起折腾，很快就被宇文神举消灭了。

卢思道也眼看就要死了。

不过，宇文神举是个爱才之人，他早就听闻卢思道的大名，把他拎了出来，让他写了一份告捷文书。

卢思道福至心灵，援笔立成，文无加点。

宇文神举嘉而宥之，任命他为军中掌教上士。

杨坚篡周代隋，建立了隋朝。

卢思道不愿在隋朝为官，以母亲年老要奉养为由，上表请求离职。

杨坚爱才，没有为难他，下优诏应许。

在乡下，卢思道作了《北齐兴亡论》《北周兴亡论》《劳生论》等名篇。

这其中的《劳生论》，专斥当世之事，被钱钟书誉为北朝文压卷之作。

一年多后，杨坚征召卢思道为官，要他负责接待陈国使者。

之所以这么做，是因为卢思道的名气在陈国很大，在陈国拥有很多

"粉丝"。

原先在北齐时代，卢思道曾奉命出使过陈国。陈国诗风很盛，陈主在接待卢思道的宴会上，让群臣联句作诗。曾有陈国大臣出上句为"榆生欲饱汉，草长正肥驴"来为难卢思道。卢思道不假思索，以"共甑分炊水，同铛各煮鱼"相对，让陈国群臣对其文才心服口服。

"榆生欲饱汉，草长正肥驴"，说的是北方人用榆钱、榆叶和树皮弄成粉末放在面里一块儿吃，结果吃得像驴一样肥。

"共甑分炊水，同铛各煮鱼"说的是南方人即使在一个锅灶上做饭，却各吃各的，矫情、小气，薄情寡义。

卢思道还随军出过塞外，作有《从军行》，全诗二十八句，其中的"朔方烽火照甘泉，长安飞将出祁连""犀渠玉剑良家子，白马金羁侠少年""天涯一去无穷已，蓟门迢递三千里""流水本自断人肠，坚冰旧来伤马骨"等句，被誉为千古佳句。

《从军行》因此被认定为卢思道诗作的代表作。

卢思道的母亲去世时，卢思道以守丧为由再次辞官，但没多久，又被起用为散骑侍郎，参预内史侍郎事。

卢思道后来对隋朝的朝政提了许多建议，得到了杨坚的重视。

但卢思道在五十二岁时就病逝了，杨坚深感惋惜，派使者前往吊祭。

封伦：历事数主的官场"老油条"

主要生活在隋唐年间的封伦一生历事数主，左右逢源，不管主荣主衰，他始终春风得意，屹立不倒，称得上绝世奇才。

在封伦很小的时候，他的舅舅——大诗人、大文学家卢思道就看出了他不同寻常的一面，断言说："是儿识略过人，当自致卿相。"

封伦年纪稍长，到隋朝四大名将之一的杨素手下充当幕僚，杨素也发出过与卢思道同样的感慨。

杨素对封伦的赏识，是从一件小事开始的。

隋开皇十年（590年），杨素为内史令，负责到江南平定高智慧之乱，封伦为行军记室。杨素的座舰停泊于海面上，命人找封伦前来议事。封伦来得急，从小船登大船时一脚踏空，跌落水中。被人救起后，他匆匆忙忙地换了身衣服，然后从容面见杨素。在与杨素议事时，绝口不提坠水之事。后来杨素从别人嘴里知道了此事，非常奇怪，问封伦当日如何不说坠水之事。封伦连连谢罪，说："私事也，所不敢白。"

杨素对封伦的表现非常满意。

平定江南回来，他将自己的堂妹许配给封伦，杨、封两家从此成了亲戚。

让杨素对封伦佩服得五体投地的是另一件事：隋开皇十三年（593年），杨素奉旨营建仁寿宫，为了讨好隋文帝，他把宫殿造得规模宏大，装饰极其奢华。隋文帝前来验收时，吹胡子瞪眼，大发脾气，仰天咆哮说："素殚百姓力，为吾揹怨天下。"杨素吓得魂不附体，以为世界末日就要来临了。封伦却毫不以为然，他给杨素喂了一粒定心丸，说："毋恐，皇后至，自当免。"果然，次日，独孤皇后也来验收工程了，隋文帝笑嘻嘻地让杨素汇报工作，他表扬杨素说："公知吾夫妇老，无以自娱乐，而盛饰此宫邪？"杨素听得鸡皮疙瘩掉了一地。

杨素回家后，咨询封伦，问："何料而知？"

封伦一笑，说："上节俭，故始见必怒。然雅听后言。后，妇人，惟侈丽是好。后悦，则帝安矣。"

杨素心悦诚服，说："吾不及也。"

此后，杨素每与封伦论天下事，衮衮不倦，经常抚摸着自己坐的胡床说："封郎终当据此！"

隋炀帝杨广登位后没多久，杨素就死了，内史侍郎虞世基总揽了政务。

封伦转投虞世基，积极为虞世基出谋划策，以迎合隋炀帝。

隋炀帝是个喜欢享受玩乐的败家子、二世祖，封伦就指点虞世基投其所好，大施媚功，把杨广哄得醉生梦死。

隋朝的国政因此日渐败坏。

《新唐书》据此痛斥封伦是"妖禽孽狐"，说他"当昼则伏自如，得夜乃为之祥"。

隋大业十四年（618年），宇文化及发动江都之变，让封伦出面历数隋炀帝的罪过。隋炀帝悲愤莫名，对封伦说："卿，士人，何至是！"封伦羞缩而退。

《旧唐书》不无揶揄地说封伦"多揣摩之才，有附托之巧；党化及而数炀帝，或有靦颜"。

宇文化及弑隋炀帝后，立秦王杨浩为帝，任命封伦为内史令。

封伦察颜观色，发现宇文化及终非可托大事之主，主动跟随宇文士及到济北筹粮，避免了与宇文化及一同覆灭的命运。

唐武德二年（619年），宇文化及兵败被杀，封伦跟随宇文士及投效李唐。

宇文士及和唐高祖李渊是老同事、老伙计，有旧交，并且有"金环之约"，唐高祖深相接纳。但对封伦，唐高祖认为他是隋朝旧臣，谄媚不忠，板起脸，对他严词斥责，大棒斥出。

封伦似乎早料到了这种情况的出现，他胸有成竹，不慌不忙，不断向唐高祖进献"秘策"，也不知这是什么样的"秘策"，反正让唐高祖龙心大悦，高高兴兴地任命封伦为内史舍人，不久又升任内史侍郎。

《新唐书》于此发感慨说："其奸足以亡隋，其智反以佐唐，何哉？惟奸人多才能，与时而成败也。"

封伦的才能表现在哪呢？

唐武德三年（620年），封伦随秦王李世民东征洛阳王世充，大战旷日持久，消耗极大，战局呈现胶着状态。唐高祖感觉顶不住了，有意撤军。关键时刻，封伦回朝向唐高祖分析形势："贼地虽多，羁縻不相使，所用命者洛阳尔，计穷力屈，死在旦暮。今解而西，则贼势磐结，后难以图。"唐高祖壮其言，打消了撤军之念。

唐武德四年（621年），李世民在虎牢关擒窦建德，回军洛阳，迫降王世充，一战定天下。

战后论功，唐高祖郑重地给封伦记上了一功，称赞他说："虽张华叶策晋武，亦何以加于是！"加封他为平原县公，又让他兼任天策府司马。

唐武德五年（622年），突厥入侵太原，又遣使求亲。唐高祖向大臣问计，群臣大都主张求和。封伦却制止说："不然。彼有轻中国心，谓我不能战，若乘其怠击之，势必胜，胜而后和，威德两全。今虽不战，后必复来。臣以为击之便。"唐高祖笑呵呵地对封伦竖起了大拇指。

唐武德八年（625年），封伦进封道国公，不久改封密国公，又升任中书令，成了宰相。

至此，卢思道和杨素当年的话应验了。

不过，封伦最精彩的人生才刚开始。

大家都知道，唐武德九年（626年），大唐发生了一件震惊天下的大事——"玄武门事变"。

那么，在这场事变中，封伦支持哪一边呢？

说起来，很多人都感到难以置信，他哪一边都支持。《新唐书》说他"资险佞内狭，数刺人主意，阴导而阳合之。"

封伦曾为天策府司马，李世民把他当自己人。而且，他也"数进忠策"，向李世民进献了许多对付李建成、李元吉的狠招。

李世民认为他是个忠义之人，横赐累万。

封伦暗地里却对唐高祖说："秦王恃功，颉颃太子下，若不早立，则亟图之。"劝唐高祖提防李世民。

回头又密劝太子李建成对李世民先下手为强，他说："为四海不顾其亲，乞羹者谓何？"

李世民因功劳太大，深得民意，呼声太高，危及李建成的太子之位，唐高祖有意废李建成而立李世民，封伦却坚定地谏止。

封伦这些事做得相当隐秘，李渊父子三人互不知情。

"玄武门事变"之后，李世民笑到了最后，他把封伦看作从龙之臣，加封他为尚书右仆射。

几个月之后，封伦寿终正寝，不知内情的李世民深悼之，废朝三日，册赠司空，谥曰"明"。

时间一晃到了唐贞观十七年（643年），治书侍御史唐临追劾封伦当年奸状，即封伦阴持两端之事暴露。

李世民回思自己一直把封伦当成心腹，再看封伦进奏唐高祖的记录，以及封伦劝李建成杀自己的密告，不由气得浑身发抖，将封伦的谥号由"明"字改为"缪"字，并黜其赠官，削所食实封，把先前对封伦所有的赏赐一并收回。

第六章　帝王家事

隋文帝若让杨勇继位，隋朝也许崩得更快

隋炀帝杨广是中国古代历史上名声最臭的帝王之一。

与之相提并论的，似乎只有桀和纣。

像秦二世胡亥、汉献帝刘协、蜀汉后主刘禅、南陈后主陈叔宝等，名声虽臭，但都远不能跟杨广相比。

《隋书·卷四·帝纪第四》对隋炀帝的评价是：烝淫无度，穷极侈靡，恶闻政事，猜忌臣下，朝臣有不合己意，必构其罪而族灭之。东西游幸，靡有实居，每之一所，四海珍羞殊味，水陆必备焉。诸蕃至者，厚加礼赐，有不恭命，以兵击之。六军不息，百役繁兴，行者不归，居者失业。人饥相食，邑落为墟。每出师徒，败亡相继。战士尽力，必不加赏，百姓无辜，咸受屠戮。黎庶愤怨，天下土崩。

总之，隋炀帝的罪恶，用隋末枭雄李密发表讨隋檄文里的话来说，那是"罄南山之竹,书罪无穷;决东海之波,流恶难尽"。

因为作孽太多,普天之下,莫非仇雠,左右之人,皆为敌国。

当杨广以万乘之尊死困于一夫之手,亿兆黎民之中无一感恩之士,九牧疆域之内无一勤王之师。

魏征等《隋书》编纂者因此慨叹:"自从有文字记载,宇宙分崩离析,生灵涂炭,丧身灭国,没有比隋炀帝杨广更严重的了。"

唐朝人杜佑编纂的《通典》记载:"(隋)末年离乱,至武德有二百余万户",即杨广所造成的大乱,使华夏人口锐减到两百余万户。

隋炀帝杨广既然这样不堪,那么,那个被隋文帝杨坚废黜掉的太子杨勇是不是就很好呢?

种种迹象表明:杨勇未必会比杨广好得到哪里去,也许会更坏。

怎么说呢?

我们来对比一下杨广登位前,杨广和杨勇的表现吧。

先来说杨勇。

《隋书·卷四十五·列传第十》记载杨勇在日常生活中的一件小事:杨勇闲来无事,亲自在蜀铠上雕饰花纹。

杨坚见了很不满意,认为这是养成奢侈习性的开始,语重心长地告诫他说:"我听说天道没有亲疏,只是帮助那些有德行的人,遍观前代帝王,没有行奢华而能长久的。你是储君,如果不能上称天心,下合民意,怎么能继承宗庙的重任,居于万民之上?我过去的衣服,你各留一件,时常看一下,用来警戒自己。现在给你一把刀子,你应该懂得我的意思吧。"

对比一下杨广。

杨坚某次到杨广的府宅巡视,看到乐器的丝弦大多断绝,又沾满尘埃,都是好久不用的。

因此杨坚认定这个孩子不好声色,生活作风俭朴。

实际上,当时的杨广不但生活朴素,而且仁爱孝顺。

某次他观猎遇雨,左右拿来油衣,他拒绝说:"士卒皆沾湿,我独衣此乎!"让人把油衣拿走,与将士共沐风雨。

杨勇被废,有一部分原因来自他的母亲独孤皇后。

独孤皇后和杨坚感情很好,两人出双入对,时称"二圣"。

当初,杨坚与独孤皇后新婚宴尔,曾许下诺言:"誓无异生之子。"

所以,杨坚的五子、五女共十个孩子,都是独孤皇后生的。

杨坚也因此骄傲地对群臣说:"前世皇王,溺于嬖幸,废立之所由生。朕傍无姬侍,五子同母,可谓真兄弟也。岂若前代多诸内宠,孽子忿诤,为亡国之道邪!"

也就是说,杨坚即使当上了皇帝,也专宠独孤皇后一人,六宫虚设,傍无姬侍。

杨坚之所以这样做,并不是他不喜欢别的女人,是他不愿伤独孤皇后的心。

史称独孤皇后"性妒",看不得男人有三妻四妾。她不准自己的丈夫拥有别的女人,也不准自己的儿子拥有别的女人,甚至看到大臣宠爱小妾,也不顺眼,也要出手干涉。

长孙览和杨坚夫妇是亲家,他的女儿嫁给了杨坚第四子蜀王杨秀。他曾在隋开皇二年(582年)为东南道行军元帅,统领八州总管进攻南陈,有战功。杨坚一时高兴,便将前朝北周宫里的妃嫔库狄氏送给他以示封赏。这库狄氏长得实在漂亮,长孙览与之共浴爱河,冷落了正妻。正妻大怒,状告到独孤皇后那里。独孤皇后二话不说,马上勒令长孙览离开库狄氏!

宰相高颎位极人臣,因为和小妾生了个儿子,被独孤皇后惦记上了,没少甩脸色给他看。

高颎后期麻烦事不断,就是栽在这件事上。

自己的母后是这样的人,杨勇偏偏无视,不但有很多宠幸的姬妾,还冷落正妻元氏。

独孤皇后也没少数落杨勇,但杨勇"免疫",听不进去,我行我素。他的所有儿女,都是姬妾生的,没有与正妻生下过一男半女。

他宠爱一个姓云的昭训,他对云氏所用礼节近于正妻元氏。

恰巧,正妻元氏患病死了。

独孤皇后认为元氏是被杨勇这个忤逆子气死的,气得狠狠地指责了杨勇一番。

杨勇却一如既往地专宠云昭训，甚至让她主管太子内宫。

独孤皇后因此怀疑，元氏的死没那么简单，极有可能是杨勇下毒毒死的。因为杨勇有作案动机——要把云氏扶正。

独孤皇后失望无比地说："我为伊（指杨勇）索得元孝矩之女，望其兴隆基业，其竟无心与元氏女作夫妻，专宠阿云，致使元氏女嫁夫如嫁猪狗。元氏女本来无病无痛，忽尔暴亡，必是他遣人投药，致此夭逝。"

与杨勇形成鲜明对照的是，杨广不仅生活俭朴，在母亲独孤皇后跟前，只与正妻萧氏相亲相爱，并与萧氏生下了儿子杨昭、杨暕以及一个女儿。

有人说，这些都是杨广刻意装出来的。其实，杨广也喜欢享乐，有不少妃妾，他和妃妾生的子女，都被他杀死或藏匿起来了。

杨广能装、会装，表面工作做得好，但人家的能力也是下了死功的。

杨广自小喜欢读书，爱好文学，在做晋王时代，经常招引陈朝旧官、才学之士，包括柳䛒、虞世南等百余人入王府，以师友相处，吟诗作对，多有名作。《全隋诗》录存其诗四十多首。他的"寒鸦飞数点，流水绕孤村"，曾被宋代词人秦观化句入词；他的《春江花月夜》曾被唐代诗人张若虚效仿扩写。

杨广曾亲历塞上，写下了千古名篇《饮马长城窟行》，后人称该诗"通首气体强大，颇有魏武之风"。

《隋书·卷四十五·列传第十》虽然称赞杨勇"颇好学，解属词赋"，但杨勇实无任何作品传世。

可以说，杨广的诗歌创作能力，远在杨勇之上。

杨坚自受禅登帝位，便立杨勇为皇太子，军国政事及尚书奏死罪以下事，皆令杨勇参加决断。

那么，杨勇在从被立为太子到被废的漫长二十年时间里，他都有哪些可圈可点的表现呢？

非常遗憾，只能用四个字来形容：乏善可陈。

《隋书·卷四十五·列传第十》对于杨勇的作为，仅记载了一件事，即杨坚因为崤山以东老百姓大多四处流动，派遣特使考察，打算让这些人移民充实到北方边塞。这个时候，杨勇上书劝谏，被采纳了。

杨广的建树比杨勇多得多，且得世人称赞。

前面说了，杨广在晋王时代曾亲历塞上。他到塞上干吗？出任行军元帅，从灵武出师，进击突厥人去了。

江南高智慧等人聚众叛乱时，杨广出任扬州总管，坐镇江都，主持平乱大局。

当然，杨广最骄人的功绩，是在隋开皇八年（588年）任行军元帅，统率八路大军全面平定南陈。

平定南陈后，他拘捕了陈国的五大佞臣，斩之右阙下，以谢三吴百姓。

并且封府库，资财无所取，天下称贤。

不用多说，在杨坚与独孤皇后眼里，杨勇和杨广，谁优谁劣，一目了然。

一句话，杨勇的太子位被废，谁也别怨，就怨他自己太差劲了。

杨勇曾因"文饰蜀铠"遭到了杨坚斥责，那么，他有没有把杨坚的斥责听入耳呢？

应该没有。

该年冬至，官员们到东宫朝拜杨勇，杨勇竟然让乐队奏乐接见。

东宫养有乐队，这可不是俭不俭朴的问题，而是奢侈豪华到什么程度的问题。

当然，这件事的性质，不是奢侈不奢侈、豪华不豪华的问题，而是涉及一个尖锐的政治问题——东宫结党。

自古以来，所有封建王朝的帝王，要求所有臣民对自己绝对忠心！

大臣都去东宫朝拜了，这不是要架空帝王吗？！

杨坚还没死哪，他怎么受得了？！

他大发雷霆，说："时令变化称贺，只可三数十人，去与不去，个人自愿，为什么会出现这种情况？而且，太子为什么要身穿礼服，还要安排乐队接待他们？东宫这样做，实是太过分了。"

从这件事不难看出，杨勇的政治智商接近于零，一点政治觉悟也没有。

经过"冬至东宫朝拜"事件后，杨坚对杨勇的宠爱开始衰减。

他下令选派宗王的侍卫官到皇宫值班，以加强皇宫的警卫。

偏偏杨勇的亲家、太子党的高级成员高颎不合时宜地出面劝谏，说："如果从东宫选派了侍卫，那么东宫的警卫就太差了。"

杨坚脸色大变，说："我有时行动，宿卫须得雄健勇毅。太子在东宫修身养性，要这么多警卫干什么？"

杨坚无比警惕，严密防范杨勇以及杨勇的太子党。

他对杨勇的戒备，达到了什么程度呢？

他曾向吏部尚书牛弘吐露心迹，说："仁寿宫离京师并不远，但我每次出入，都必须严备仗卫，如入敌国。因为害怕，不脱衣卧。昨夜欲上厕所，本应从后房出，恐有警急，不得不改从前殿出。"

事情到了这一步，杨勇被废，那是早晚的事了。

不过，在废黜杨勇前夕，杨坚在自己老臣、老兄弟、心腹杨素面前泫然泣下，流泪叹息说："这小子早就不能继承皇嗣了。皇后常劝我废之，我以其是我贫贱时所生，又是长子，望其渐改，隐忍至今。杨勇昔日从南兖州来，曾对卫王抱怨说：'阿娘不给我娶一个好妻子，也是可恨。'又指皇后侍女称：'此皆属我之物。'真是语多荒唐！其前妻初亡，即以斗帐安置前妻的侍女。由此，其前妻之死，我深疑为其使马嗣明药杀。我曾责之，其竟怒怼曰：'我会杀元孝矩。'这是想害我而迁怒他人吧。"

越说到后来，杨坚越是老泪纵横，呜咽不能止，语不成调，说："我的德行虽然比不得尧、舜，但绝不会将天下万民交给不肖子。我一直害怕他的加害，像是防备大敌，现在想废黜他，来安定天下。"

凭良心说，从杨勇的一系列表现来看，纵不能说明他就是什么大奸大恶之人，至少看不出他是什么贤明之士，而且，他比杨广差了好几个层次。

能力和处世方式都要比杨勇优秀的杨广，已经把大隋帝国糟蹋得不成样子了，我们实在有理由相信，如果由能力和处世方式都要比杨广差的杨勇来治国，治理好的可能性比较小，而把大隋帝国搞垮得更快的可能性更大。

论隋文帝五子之长短

在中国古代帝王中，对爱情最忠贞不渝的人是明孝宗朱祐樘。

明孝宗身为帝王，可以坐拥三宫六院，但他一生只娶了一个张皇后，从不纳宫女，也不封贵妃、美人，每天只与皇后同起同卧，过着平常百姓一样的夫妻生活，成了中国历史上唯一一个用实际行动实践一夫一妻的皇帝。

说起来，隋文帝杨坚的表现也不错，若不是他后期管不住自己，先背着独孤皇后偷腥，后索性破罐乱摔，宠幸了宣华夫人和容华夫人，他的婚恋同样会成为后世典范。

不过，杨坚共有五子五女十个孩子，全都是独孤皇后生的。这倒没违背他与独孤皇后新婚宴尔时许下的诺言："誓无异生之子。"

对于这五个儿子，杨坚曾无比骄傲地对群臣说："前世皇王，溺于嬖幸，废立太子之事由此而生。朕傍无姬侍，五子同母，可谓真兄弟也。岂若前代多诸内宠，孽子忿诤，为亡国之道邪！"

然而，所谓一龙生九子，子子各不同。

杨坚这五个一母同胞的儿子秉性不一、才干不同，能力差别巨大，而因杨坚在帝位继承问题处置不善，最终引发兄弟内讧，五个儿子无一善终。

先说长子杨勇。

杨坚在受禅即位之初，就立杨勇为太子，指定他为自己的帝王继承人。

随着时间推移，杨坚渐渐发现杨勇性格骄横、才干平庸、政治智商低下，与自己的期望值相去甚远。

杨勇性格骄横表现在：追求享乐、爱好声妓、广纳姬妾，丝毫不把父母的反对和指责放在心上。

杨勇的才干平庸之处在于：他在太子位上坐了二十多年，尽管一再委以军国政事及尚书奏死罪以下事，其一直碌碌无为，毫无可圈可点之处。

杨勇政治智商低下的突出表现是：居然在冬至日设乐公开接受百官朝拜，表现出一副急吼吼要架空老子杨坚的架势。

杨坚对他大为不满。

老二杨广生活俭朴，礼贤下士，仁爱孝顺，有雄心，有才干，曾领兵出塞攻打突厥人，统领八路大军平定南陈，坐镇扬州平定江南之乱，堪当大任。

当然，用现在后人的眼光看，杨广当时在老爸跟前表现出来的很多东西都是装出来的。问题是，当时的杨坚不知道呀！

再有，才干和能力方面是装不出来的，杨广的诗词歌赋、行军打仗，确实很有一套。

最终，在经历过一系列变故之后，杨坚做出了废立之举——废除杨勇太子之位，改立杨广。

杨勇被废，处境惨淡，后被杨广杀害。

杨坚此举，引起了老四杨秀、老五杨谅对帝位的觊觎。

老四杨秀，被立为越王，出镇于蜀地，史称其"有胆气，容貌瑰伟，美须髯，多武艺，甚为朝臣所惮"。

因为他长得容貌瑰玮，多武艺，杨坚感到很不安，偷偷对妻子独孤皇后说："秀必以恶终。我在当无虑，至兄弟必反。"

果然，杨勇的太子位被毁废，晋王杨广为新的皇太子，杨秀意甚不平。

杨广觉察到了来自他的威胁，设计陷害，密告其欲暗中谋反。

杨坚本来就担心自己死后杨秀难制，于是召杨秀入朝，将之废为庶人，幽内侍省。

杨广即位后，对其禁锢如初。

杨秀并其诸子后来死于宇文化及之乱，其真正的能力如何，不得而知。

老三杨俊、老五杨谅，却是毋庸置辩的无能之辈。

尤其老三杨俊。

杨俊十一岁被立为秦王，十二岁拜上柱国、河南道行台尚书令、洛州刺史、加右武卫大将军，领关东兵，十三岁迁秦州总管，尽领陇右诸州。

少年杨俊似乎看破红尘，竟然想剃度出家当和尚。

杨坚不许，改任他为山南道行台尚书令。

在讨伐南陈的大战中，杨坚任其为山南道行军元帅，督三十总管，水陆十余万，屯汉口，为上流节度，顺水下攻。

陈将周罗睺、荀法尚等人屯兵于鹦鹉洲相拒。杨俊不忍心看到双方士兵拼杀流血，一直按兵不战。

当韩擒虎、贺若弼在下游攻破建康，活捉了陈后主，周罗睺等人家国已失，只好归降。

杨俊遣使奉章诣阙，垂泣对使者说："我稀里糊涂地当上了元帅，愧无尺寸之功，以此多惭耳。"

杨坚认为此子有仁爱之心，非常欣喜，授其扬州总管四十四州诸军事，镇守广陵。随后，又转并州总管二十四州诸军事。

杨俊权势愈加庞大，尝到了权钱带来的快乐，逐渐奢侈，违犯制度，放高利贷，鱼肉百姓。

饶是如此，杨俊犹感不足，盛治宫室，穷极侈丽。

因为沉溺于女色，多宠姬妾，而其妻崔氏性妒，杨俊与崔氏的夫妻关系弄得很紧张。

某日，崔氏狠起心肠，在杨俊喜食的瓜中下毒。

杨俊吃瓜之后，虽未被毒死，却被毒成了个废人，又受杨坚谴责，于隋开皇二十年（600年）六月，薨于秦邸。

五子杨谅，志大才疏，是个语言的巨人、行动的矮子。

他极得杨坚宠爱，于隋开皇元年（580年）立为汉王，隋开皇十七年（597年）出任并州总管。

他出任时，杨坚送他一直到温汤。

到了并州，杨谅的管辖范畴东到沧海，南拒黄河，尽辖五十二州。

杨坚还特许他便宜从事，可以自由任免官员，自由组建军队，自由支配税收，不拘限于法律政令。

杨谅所在的并州，本身是天下精兵聚集之处，而为了防备突厥人，杨坚又将太原重镇打造得固如铁桶，杨谅由此骄横跋扈。

隋开皇十八年（598年），杨坚发兵攻打高句丽，让杨谅为行军元帅。杨谅率众至辽水，遇疾疫，不利而还。

隋开皇十九年（599年），突厥人犯塞，杨坚再以杨谅为行军元帅，杨谅竟然公开缺席。

即使这样，杨坚也没有怪罪他。

杨勇的太子位被废，杨谅"居常怏怏，阴有异图"。

当时，梁朝名将王僧辩之子王颎为其咨议参军；陈朝名将萧摩诃也在其手下任事。

杨谅认为自己的地盘这么大，精兵这么多，又有王颎、萧摩诃这样的文臣武将襄助，足可争天下半壁。

杨坚驾崩，杨广即位，杨谅马上举兵造反。

王颎支着说："王爷您所部将吏家属，尽在关西，若用他们，即宜长驱深入，直据京都，所谓迅雷不及掩耳。若但欲割据旧齐之地自立，宜任关东人。"

杨谅庸才，不能专定，采用了二者兼顾原则，即让关西人杀往京师，让关东人守太原。

这么一来，将士三心二意，士气不扬。

总管府兵曹裴文安大为着急，劝说杨谅："井陉以西，是王爷您掌握之地，山东士马，亦为王爷所有，宜倾巢出动。然后分遣羸兵，屯守要路，王爷您率精锐直入蒲津。文安请为前锋，王爷您以大军继后，风行电击，顿于霸上，咸阳以东可指麾而定。京师震扰，兵不暇集，上下相疑，群情离骇，我即陈兵号令，谁敢不从，旬日之间，事可定矣。"

杨谅思量再三，同意了。

但是大军到了蒲津，杨谅突然改变主意，命令纥单贵切断河桥，驻守蒲州，匆匆召还裴文安。

裴文安知道大事难成，回去见了杨谅，叹息道："兵机诡速，本欲出其不意。王爷您始终不肯动身，让文安退兵，使对方转危为安，大事去矣。"

事情的发展，正如裴文安所说。

杨谅发难之初，朝廷猝不及防，被弄得手忙脚乱，杨谅占了大好优势。

但他这一退兵，朝廷赢得了调兵遣将的时间，王师云集，好整以暇，进逼并州。

杨谅穷蹙，走投无路，只好自缚出降。

杨广假惺惺地说了一句："终鲜兄弟，情不忍言，欲屈法恕谅一死。"后把他禁锢至死。

隋亡时，隋文帝的兄弟为何不出来救国？

我们读《说唐全传》《兴唐传》等小说会发现，隋朝末年出现了十八路反王、六十四路烟尘，农民起义可谓风起云涌，此起彼伏。

当此之时，隋炀帝杨广的叔父、登州靠山王杨林，总是奔赴在扑灭各路反王的路上，行色匆匆，永无宁日。

对于这位开隋元老功臣，书中写得极有威势，说他面如傅粉，两道黄眉，身长九尺，腰大十围，善使两根囚龙棒，每根重一百五十斤，有万夫不当之勇。

虽然作为反派出现，但他被小英雄罗成的回马枪绝技刺死时，还是让不少读者黯然神伤。

是的，作为一个心忧王室、屡屡舍命欲力挽狂澜的国之栋梁，他的行为的确让人肃然起敬。

但是，我们查正史，丝毫找不到杨林这个人的相关材料。

即杨林这个人物，纯属小说家虚构。

而在正史中，我们会发现，隋炀帝杨广虽然没有名叫杨林的叔父，但他却另有杨整、杨瓒、杨嵩、杨爽等四个叔父。

那么，问题来了，隋朝濒临灭亡时，为何不见他的这些叔父像小说中的登州靠山王杨林一样，出来匡扶王室、拯救国家呢？

下面，就分别说说杨整、杨瓒、杨嵩、杨爽这四个人的结局。

俗话说，龙生九子，九子各不同。

隋文帝杨坚篡周代隋，将分裂了近三百年的南北朝归于一统，清扫宇内，长驱突厥，开创先进的选官制度，发展文化经济，疆域辽阔，国力强盛世被尊为"圣人可汗"，可谓绝世枭雄。

则隋文帝杨坚的四个弟弟，也个个出类拔萃。

这四个弟弟中，老二杨整、老三杨瓒，是杨坚的同母弟，同为吕苦桃所生。

老二杨整在北周明帝宇文毓朝就以军功获赐爵陈留郡公，位开府、车骑大将军。

不过，北周建德五年（576年），北周武帝宇文邕率七路大军伐齐，杨整从征，在围攻晋阳时不幸阵亡。

也就是说，杨整还没有看到大哥杨坚登位称帝就死了。

老三杨瓒倒是看到大哥杨坚登位称帝了，但他是反对大哥杨坚登位称帝的。为了阻止大哥杨坚登位称帝，他曾设计要杀害大哥杨坚。

杨瓒为什么会有这样"反常"的反应呢？

原因是杨瓒少年时长得美姿仪，风度翩翩，又好书爱士，有令名于当世，人称"杨三郎"，得北周武帝宇文邕赏识，娶了北周武帝宇文邕的妹妹顺阳公主，成了北周驸马爷。

北周武帝宇文邕对杨三郎有多爱呢？

北周建德五年（576年）的伐齐之战，基本所有王公贵族都跟随参与了，北周武帝宇文邕喜欢和信任杨三郎，独留他在家守卫都城，亲昵地对他说："六府事殷，一以相付。朕将遂事东方，无西顾之忧矣。"

北周武帝宇文邕平齐归来，进封杨三郎为邵国公。

周武帝崩，周宣帝即位，杨三郎又升任吏部中大夫，授上仪同的称号。

周宣帝崩，杨坚入宫主政那会儿，考虑到"打虎还要亲兄弟，上阵尚须父子兵"，让儿子杨勇暗中通知杨三郎入朝襄助。

杨三郎坚拒，恶狠狠地说："作隋国公恐不能保，何乃更为族灭事邪？"

杨坚没有计较，自己任相后，升杨三郎任大将军，不久，又升他任大宗伯，修撰礼法和典章，晋封上柱国，授予邵国公的爵位。

杨三郎还是不配合，多次暗暗筹划要杀掉杨坚。

杨坚对弟弟三郎非常宽容，受禅称帝后，对之以礼相待，封他为滕王，任命其为雍州牧。

兄弟私下里相见，杨坚总是亲热地称呼他为"阿三"，招呼他坐在一起。

杨三郎受妻子顺阳公主的影响，对兄长篡周建隋之事愤愤不平，暗中施行巫蛊诅咒之事，诅咒杨坚早死，祈求北周复兴。

这就没办法了。

杨坚勒令杨三郎与妻子离婚。

杨三郎拒绝。

不得已，杨坚将顺阳公主从属籍中除去并减少了对杨三郎的恩赐和宠信。

隋开皇十一年（591 年），杨三郎跟随杨坚到栗园游玩，暴薨，时年四十二岁。

杨坚的四弟杨嵩比杨坚的二弟杨整死得还早，死前，凭借父亲杨忠的军功封兴城郡公。

杨坚称帝后追封这位弟弟为道王，追谥为"宣"。

诸兄弟之中，杨坚与五弟杨爽感情最好。

杨爽出生于北周保定三年（563 年），杨坚受禅时，他才十九岁。此前，他一直为杨坚的妻子独孤皇后所抚养。

杨坚登帝位后，封这位幼弟为卫王、上柱国，担任雍州牧、领左右将军。不久，迁右领军大将军，权领并州总管，后转凉州总管。

杨爽长相英武，很有指挥军队的才能。隋开皇三年（583年），他曾任行军元帅，率军分道出击突厥。他本人出朔州道，在白道大破突厥沙钵略可汗军，俘千余人。隋开皇六年（586年），复为元帅，率步骑十五万出合川，大捷而归。

以杨爽的才能，如果活到隋末，肯定会成为杨林一类匡扶王室的英雄人物。

可惜的是，天妒英才，隋开皇七年（587年），杨爽因病逝世，年仅二十五岁，追赠太尉、冀州刺史，谥号"昭"。

隋炀帝这四位叔父，除了四叔杨嵩身后无子，其他都是有儿子的。那么，这些叔父的儿子又有哪些不同的遭遇呢？

杨整共有三子：杨智积、杨智明、杨智才。

杨整在平齐之战中阵亡，被赠柱国、大司徒、冀定瀛相怀卫赵贝八州刺史，后又追封蔡王，谥曰"景"。杨智积就承袭了父亲这些功爵。杨坚登帝位，加拜他为开府仪同三司，授同州刺史。

杨智积由于父亲生前与杨坚关系并不是很融洽，母亲尉氏与独孤皇后的矛盾闹得很僵，他谨慎处事，低调、喜静，唯以读书为乐，在人前不断贬损自己。

杨坚了解到他的情况，深相哀怜，征召他还京第，不让他担任任何职任。

杨智积在京师阖门自守，非朝觐不出。

隋朝末年，杨智积从驾江都，鉴于隋炀帝疏薄骨肉，惴惴不自安，得病后，不肯就医。临终，非常解脱地说了一句："吾今日始知得保首领没于地矣。"

杨智积的弟弟杨智明、杨智才原本被杨坚封为高阳郡公、开封县公。隋炀帝杨广继位后，以"交游"为罪名，将此二人夺爵。

杨三郎杨瓚有子杨纶等；杨爽有子杨集。

杨纶和杨集也在隋炀帝朝遭到隋炀帝杨广的猜忌，忧惧不知所为，请术士为自己章醮以祈福，结果被人告发，双双被除名为民，远徙边郡。

杨纶率诸弟散徙边郡。在隋炀帝第三次东征高句丽时，他曾上表请从军自效，但被郡司遏阻住了。隋末农民起义领袖林仕弘起兵，杨纶携妻子逃亡到了儋耳县，后归大唐，为怀化县公。

杨集则在天下大乱之际，不知所终。

所以说，隋炀帝杨广在天下危亡之时，乃是独夫寡助，最终身败名裂。

隋炀帝真的是杀父弑君吗？

首先声明，隋炀帝是中国古代历史上臭名昭著的暴君、昏君，他把父亲隋文帝统治的万里江山弄垮了，弄民怨沸腾、山河动荡，是个百分百的败家子、二世祖。

明末文人张岱曾骂弘光帝，说他是"汉献之孱弱、刘禅之痴呆，杨广之荒淫，合并而成一人"。

可见，隋炀帝之昏庸堪与汉献帝、刘禅相同。

但是，更多人喜欢把隋炀帝与商纣王并列，说明他在昏庸淫乱之余，尤为残暴。

不过，历史讲究事实。

隋炀帝是荒淫残暴不假，却没必要因为其荒淫残暴，就要把天下所有荒淫残暴的事情都往他身上推，比如"杀父弑君"。

在封建社会，经过统治者及统治阶层的鼓吹和洗脑，"杀父弑君"被定为天下第一大恶。

隋炀帝既是荒淫残暴之君，如果不把这天下第一大恶的帽子扣到他头上，很多人觉得不甘心。

《隋书》的编纂者其实并没有确凿的证据来确定隋炀帝是杀父弑君，却多处设伏，以曲笔的方式暗示隋炀帝是杀父弑君了。

这么一来，其他戏说、演义、评书，乃至现在的影视剧，都大讲特讲隋炀帝杀父弑君的情节，活灵活现，差不多把这件事坐实了。

下面主要就正史上的记载展开来说一下。

《隋书·高祖本纪》里面的记载四平八稳、中规中矩，非常简练："甲辰，上以疾甚，卧于仁寿宫，与百僚辞诀，并握手歔欷。丁未，崩于大宝殿，时年六十四。"

从这段记载可知，隋文帝死前，预知自己去日无多，与"百僚辞诀"，并"握手歔欷"，作了最后的告别。最后，"崩于大宝殿"。

另外，《隋书·何稠传》还记载有一段杨坚对何稠的叮咛之语。

这个何稠是当时有名的工艺家、建筑家，他与宇文恺参典山陵制度，建造成隋文帝心爱的独孤皇后的陵墓。

隋文帝在"疾笃"时，紧急召见何稠，郑重其事交代他说："汝既曾葬皇后，今我方死，宜好安置。"

接着，生动传神地勾勒了一个细节："上因揽太子颈。"即睡在病榻上的隋文帝挣扎着伸出手来，勾着杨广颈脖说："何稠用心，我付以后事，动静当共平章。"

看看，这是何其恩爱的一对父子。

即从隋文帝与百官流涕话别，向何稠从容交代后事，以及与杨广舐犊情深的画面来看，他应该是正常死亡，而不是死于凶杀。

《隋书·后妃·宣华夫人陈氏传》却记载了一件无比诡异、离奇的事情。

大意是说，隋文帝病重期间，在仁寿宫休养，他的爱妃宣华夫人陈氏和太子杨广一同在他身边服侍。某日早上，宣华夫人"出更衣，为太子所逼"，因为她贞洁节烈，坚拒"得免"，跑了回来。隋文帝觉察到她"神色有异"，惊问其故。宣华夫人顿时珠泪滚滚，泫然哭诉说："太子无礼。"隋文帝省悟过来，恚怒道："畜生何足付大事，独孤诚误我！"独孤即指独孤皇后。埋怨过独孤皇后，隋文帝呼兵部尚书柳述、黄门侍郎元岩说："召我儿！"柳述等人以为是要传召太子杨广，隋文帝赶紧补充："勇也。"强调是传召废太子杨勇。柳述、元岩出阁代拟敕书，然后向左仆射杨素请示。杨素将此事禀报太子杨广，杨广遣左庶子张衡入寝殿，驱逐走宣华夫人及后宫同侍疾的一大票人。"俄闻上崩，而未发丧也。"

这一段怪事，初唐赵毅笔记《大业略记》也有记载，情节大体类似，把宣华夫人陈氏记成了容华夫人蔡氏。

并且，与《隋书·后妃·宣华夫人陈氏传》中写张衡入寝殿，"俄闻上崩"中的含蓄不同，直接写杨广"召左仆射杨素、左庶子张衡进毒药"，即让杨素、张衡捧毒药入去，像潘金莲毒杀武大郎一样，毒杀了隋文帝。

唐代人马总的《通历》里也有相似情节，女主角是陈宣华夫人倒没有弄错，但行凶过程写得更加惊心动魄："杨素秘不宣，乃屏左右，令张衡入拉帝，血溅屏风，冤痛之声闻于外，崩。"

以上三段记载，都出现太子党要人杨素。

查《隋书·杨素传》，杨素果然在其中担纲了无比重要的角色。

说的是：隋文帝病重，杨素与兵部尚书柳述、黄门侍郎元岩等入阁侍疾。当时的皇太子杨广入居大宝殿，考虑到隋文帝停止呼吸的时间快到了，为了早做准备，就写信给杨素，询问处理隋文帝后事和自己登基事宜。送信的人昏头昏脑，竟然把信送到了隋文帝手里。隋文帝阅信大怒，恰巧，宣华夫人陈氏又衣衫不整地跑了回来，说太子杨广要非礼她。隋文帝愈加火上加油，发诏传庶人杨勇。太子杨广与杨素合谋，矫诏追东宫兵士入仁寿宫宿卫，门禁出入，并取宇文述、郭衍节度，又令张衡侍疾。行文至此，意味深长地写了一句："上以此日崩，由是颇有异论。"

北宋司马光编《资治通鉴》，基本照搬了《隋书·帝纪一·高祖下》《卷三十六·列传第一·后妃》《隋书·杨素传》这三处的记载，这里就不再赘述了。

但是，细思之处，可以从《隋书》里看出许多疑点。

一个大前提：杨广共有五兄弟，在他登基之前，太子杨勇、秦王杨俊、蜀王杨秀俱已被废，杨俊已死，只有汉王杨谅尚在。而杨谅常年在外主持边防，对杨广的地位构不成大的威胁。在朝廷之中，权臣高颎、李德林等都已经被排挤，杨素全力支持杨广。在这种情况下，杨广的地位已经稳如泰山。实际上，自仁寿四年（605年）春起，隋文帝因病退出了政治舞台，"事无巨细，并付皇太子"，即身为太子的隋炀帝已成为摄皇帝，他怎么会谋杀垂死的父亲，行此人神共愤的大恶事？

有人说，因为杨广与杨素密谋的书信误落入了文帝手中，文帝准备复立废太子杨勇，所以杨广狗急跳墙，铤而走险，行此大逆不道之事。

但是，这里有一个逻辑必须要弄清楚：是因为杨广与杨素密谋而导致文帝要复立杨勇，还是因为文帝要复立杨勇才招致杨广与杨素密谋。

如果是前者，根本说不通。

想想看，杨广的太子位已经稳如泰山，他要和杨素密谋什么？

就算杨广的脑子有问题，无事找事，明明自己继承帝位已经是铁板钉钉的事，他还担心会节外生枝，坚持要和杨素密谋些什么。

但既是密谋，两人又都在仁寿宫，犯得着写信吗？

一般来说，密谋之事，出自君之口，入于卿之耳，天知、地知、你知、我知，除此之外，鬼神不知。

隋炀帝如果是一个成功的阴谋家，他怎么会犯这种低级错误？又怎么会派如此不靠谱的人送信？还把信送到了隋文帝的手上！可能吗？

在历史上无数的政治博弈中，都没出现过如此低劣蹩脚的情节。

好，也许有人说，不要抬高隋炀帝，他的智商其实很低，他不会搞政治阴谋，他就制造出了这么一个低劣蹩脚的情节。

但大家也不要忘了，杨广的合作者可是以老谋深算著称的杨素！

说杨素智商高，应该不会有什么人反对吧！

就算杨广想用传纸条的方式来玩这种惊险的游戏，杨素也不肯！

所以，"杨广与杨素密谋的书信落入文帝手中"的情节根本就不存在。

那么，是不是文帝恼怒于"杨广调戏宣华夫人"，急切要用杨勇换掉杨广，从而招致杨广行凶杀人呢？

但是，"杨广调戏宣华夫人"之说就更加站不住脚跟。

宣华夫人是陈后主妹妹，在隋仁寿四年（604年）已经二十八岁，《隋书·后妃·宣华夫人陈氏传》记："晋王广之在藩也，阴有夺宗之计，规为内助，每致礼焉。进金蛇、金驼等物，以取媚于陈氏。皇太子废立之际，颇有力焉。"

即杨广能在与哥哥杨勇的争储斗争中胜出，是得到宣华夫人的鼎力相助。

也就是说，宣华夫人和杨广是有较深的感情交往的。

那么，在隋文帝病危之际，一则，杨广不大可能在这节骨眼上向她求欢；二则，就算杨广真的控制不住自己，强行向宣华夫人求欢，那么，宣华夫人不可能拒绝，就算拒绝，宣华夫人也不会向隋文帝汇报。

须知，宣华夫人已经是二十八岁的人了，不是未经世事的小姑娘，她当然知道太子就是未来的皇帝，拒绝未来皇帝的求欢意味着什么？向一个垂死的病人告密以主持公道现实吗？

退一万步说，隋文帝真的因为她的告状废黜杨广成功了，对她又能换来什么好处？

隋文帝生命垂危，一只脚已经迈入棺材，当他的另一只脚也迈进去了，当皇帝的人就是杨勇了。

从杨勇的角度来说，宣华夫人就是他的政敌。因为，当年就是她鼎力帮助杨广搞倒自己的！

那么，杨勇上台了，宣华夫人能有好果子吃吗？

而从宣华夫人的角度来说，她告发杨广，所能得到的，不过是惩处杨广时出了一口气而已，此后余生却是无穷尽的黑暗。

反过来说，她是杨广成为太子的有功之臣，杨广又向她求欢，隋文帝又咽气在即，她最佳的选择，就是靠上杨广这棵大树啊。

所以说，宣华夫人去向隋文帝告密？不可能！

此后的史实也说明这一点，杨广登位后，万千宠爱集中于宣华夫人一身。宣华夫人后来病故，杨广"深悼之，为制《神伤赋》"。

从杨广对宣华夫人如此深情的表现来看，宣华夫人没有告过密。

既然"杨广与杨素密谋的书信落入文帝手中"和"宣华夫人告太子无礼"的两件事都不存在，那就不存在文帝要传杨勇置换太子的事。而结合文帝在临终前与百官话别、向何稠托付后事，并"揽太子颈"的记载来看，所谓杨广被迫狗急跳墙杀父弑君的事就压根没有发生。

《隋书》所记是如此之荒谬，则《大业略记》和《通历》等更不值得一驳了。

《大业略记》非但把宣华夫人写成了容华夫人蔡氏，还将二十一日发丧误作十八日，足知其所写依据来自市井流言，并不可信。

《通历》写张衡"拉杀"隋文帝，弄出了很大的动静，"冤痛之声闻于外"。那么，这就不是什么暗杀，而是明目张胆的宫廷政变，且"冤痛之声闻于外"，知道的人应该不在少数，但从隋末到唐初，并没什么人提起过，反倒是出生于中唐时代的马总在《通历》里浓墨重彩地写了这么一笔，殊为可疑。

实际上，那些表示要以隋为鉴的唐太宗君臣，都没有指控过隋炀帝杀父弑君。

即使是在隋末大起义浪潮中，千百万民众异口同声讨伐隋炀帝，也没有人提到过他有"杀父弑君"。

还有，被《隋书》指控为杀害文帝的"直接凶手"张衡，后来反对隋炀帝建造汾阳宫和谤讪朝政被赐死。唐高祖李渊却为他平反，并赐给他"忠"字谥号。

想想看，如果张衡是弑君凶手，唐高祖一定会站在君臣纲常伦理的角度对之进行唾弃甚至鞭尸，怎么可能赐给他"忠"的谥号呢？

隋炀帝虽然是个坏掉渣的暴君，但杀父弑君之事，他是真没干。

杨丽华对父亲表示永不谅解

"丽华"是一个好名字。

光武帝刘秀年少在长安游学，曾发出人生两大感慨："仕宦当作执金吾，娶妻当得阴丽华。"

他把娶大美女阴丽华为妻定为人生一大目标，后来得偿所愿，成了一个历史佳话。

在南北朝末期，几乎同时出现了两个名叫"丽华"的大美女：南陈后主陈叔宝的宠妃张丽华和北周皇太后杨丽华。

这里重点说说杨丽华。

杨丽华是隋文帝杨坚的长女。

当然,杨丽华出生时,杨坚只是北周高层贵族圈里的普通一员。

杨坚本身是一个大帅哥,他的妻子独孤伽罗是独孤信的七女儿,是个风华绝代的大美女。

在帅哥与美女的优秀基因影响下,杨丽华出落得风姿楚楚,仪态万千。

在北周建德二年(573年)九月十九日,北周武帝宇文邕亲自为皇太子宇文赟指定纳娶杨丽华为皇太子妃。

该年,皇太子宇文赟十五岁,杨丽华十三岁。

宇文赟是个混账糊涂蛋,他在继承父亲宇文邕的帝位后,创纪录地册封了五大皇后,但看在宇文邕的面上,把杨丽华定位为第一正皇后,称"天元大皇后"。

宇文赟并不宠爱杨丽华,他和杨丽华没有生育儿子,仅生育一个女儿——宇文娥英。

宇文赟的性情喜怒无常,当上了皇帝后,他不再受任何道德、法制的约束,行事更加颠倒乖张,经常无缘无故地责备杨丽华。

有一次,杨丽华回了嘴,宇文赟犹如火上浇油,怒不可遏,他咆哮着,暴跳着,将腰间佩剑拔出,扔在地上,逼杨丽华自杀。

宫中太监脚快,一道烟跑去通知杨坚夫妇。

杨坚夫妇如遭雷击,呆若木鸡。

独孤伽罗反应比杨坚快,她散发跣足,连爬带滚,踉踉跄跄地赶入宫内,一头扑倒在宇文赟的脚尖前,声泪俱下,泣不成声,苦苦为杨丽华求情,额头砰砰砰地叩在白玉台阶上,鲜血直流。

最终,宇文赟冷静了下来,饶过了杨丽华一条小命。

不用说,在宇文赟这头暴兽身边生活,那是朝不保夕。

不过,宇文赟短命,登帝位后第二年,就驾崩了,享年二十二岁。

宇文赟在临终前,吩咐五大皇后中只留下天元大皇后杨丽华和天大皇后朱满月共同抚养和扶持儿子宇文阐坐江山,其余三个皇后均出家为尼。

朱满月之所以与杨丽华一起留下，因为她是宇文阐的生身母亲。

朱满月原是宇文赟做太子时的一个侍女，在杨丽华还未过门时就与宇文赟好上了，于是有了宇文阐。

八岁的宇文阐尊二十岁的杨丽华为皇太后，原以为母子可以相安无事地永久相处下去。

但是，形势变化得很快。

杨坚在刘昉、郑译等人的操作下执掌了朝政，仅在一年之后，就篡夺北周天下，建立隋朝，成了一代开国皇帝。

刚开始，杨丽华认为宇文阐年纪太幼小，生怕大权被朝中野心家夺去，听说父亲入宫辅政，内心窃喜。

后来觉察到父亲有异志，意颇不平，形于言色。

等到父亲行禅代之事，愤惋逾甚。

当杨坚磨刀霍霍，一口气屠尽包括宇文阐在内的北周王室宗亲，杨丽华再也无法原谅老爹。

杨坚也知自己对不起这个女儿，内心充满愧疚，不敢与女儿的目光相碰。

他封女儿为乐平公主，并与皇后独孤伽罗商量将杨丽华改嫁。

但是，杨丽华表示："生为宇文氏家人，死为宇文氏家鬼，终生不再嫁人。"

杨坚夫妇只好作罢。

寡居在家的杨丽华是非常孤独的，她所能做的就是把自己所有的爱都灌注到与宇文赟生育的女儿宇文娥英身上。无论是天上飞的、地上跑的、海里游的，只要女儿提出要，她都想尽办法，不惜一切代价帮女儿弄到。

从这一点上说，宇文娥英是幸福的，她含着金钥匙出生，享尽世间荣华富贵。

宇文娥英到了婚嫁的年龄，其外祖父杨坚亲自下旨为她选婿。

那段时间，每天有数以百计的王孙公子奉旨到弘圣宫聚集，接受准丈母娘杨丽华的挑选。

杨丽华端坐在帷帐之中，精挑细选，不厌其烦，终于万中挑一选中了幽州总管李崇之子李敏。

由于李敏的父亲幽州总管李崇战死在对突厥战争的战场上，他被收养在宫中，虽然"美姿仪，善骑射，歌舞管弦，无不通解"，但没有任何功劳，身无寸职。

杨丽华安慰他说："我以四海与至尊，唯一女夫，当为汝求柱国。"

杨坚面对女儿的请求，乐呵呵地说："公主有大功于我，我何得向其女婿而惜官乎！今授卿柱国。"

李敏于是得任柱国，以本官身份在皇宫值班。

李敏与宇文娥英婚后育有一女，名李静训。杨丽华对这个外孙女溺爱不已，亲自养育。

然而在隋炀帝大业四年（608年），年仅九岁的李静训夭折在弘圣宫。杨丽华如同万箭穿心，痛苦无比。过了一年，她也病逝了，时年四十九岁。

临终前，她隆重地嘱托弟弟隋炀帝杨广，说："妾无子息，唯有一女。不自忧死，但深怜之。妾现有的食邑，乞求转赐给女婿李敏。"

杨广满口应承。

但在大业十年（614年），由于世上流传出"李氏当为天子"的谶语，猜疑心极重的杨广，为绝后患，他把屠刀挥向了李敏一家，将李敏及其堂叔李浑及李善衡的宗族里的三十二个族人斩首示众，"自余无少长，皆徙岭外"。

其中的宇文娥英，也被"赐鸩而终"。

杨丽华为女选婿，被选中的李敏是什么来头？

话说，北周建德二年（573年）九月十九日，由北周武帝宇文邕亲自为皇太子宇文赟定亲：要其纳娶随国公杨坚的长女杨丽华为皇太子妃。

武帝宇文邕死后，皇太子宇文赟即位，皇太子妃杨丽华被封为皇后，杨坚因此得晋升为柱国大将军、大司马。

可以说，杨坚后来能顺利篡周建隋，很大程度上仗仰女儿杨丽华的力量。

不过，杨丽华成了宇文家的媳妇后，就一心想着要宇文家好。

宇文赟短命，登位后不久就驾崩了。

二十岁的皇太后杨丽华扶佑着八岁的小皇帝宇文阐坐龙廷，满心希望父亲杨坚可以帮自己一把。

杨坚初入宫辅政，杨丽华内心窃喜，兴奋不已。

但时日一久，杨坚的狐狸尾巴就露出来了，篡位之心，蠢蠢欲动。

杨丽华有所觉察，意颇不平，形于言色。

等到杨坚行禅代之事，杨丽华愤惋逾甚，却无力抗争。

而当杨坚屠尽包括宇文阐在内的北周王室宗亲时，杨丽华悲痛欲绝，再也无法原谅老爹。

杨坚登位，封女儿为乐平公主，表示要为女儿物色一个更好的夫家。

当时对一个女人来说，天下间最为至尊的地位是什么？

当然是皇太后。

从皇太后降格为公主的杨丽华悲愤莫名，表示自己生为宇文氏家人，死为宇文氏家鬼，终生不再嫁人。

杨坚只好悻悻作罢。

杨丽华与宇文赟没有生育儿子，只有一个女儿——宇文娥英。

杨丽华对这个女儿千依百顺，恨不得把世间最好的东西都给她。

宇文娥英一天天长大了，出落得嫩鲜鲜、水灵灵。

人们都想，这样一朵金枝玉叶，以后不知要择完美到何种程度的夫婿才能般配？！

的确，宇文娥英的婚事，让杨丽华操碎了心。

为了能物色到最为完美的婚配对象，杨丽华让父亲杨坚下旨，所有王孙公子集中到弘圣宫由自己挑选。

很长一段时间内，杨丽华每天都准时出现在弘圣宫的大殿之上，端坐在帷帐之中，检阅按批次入宫的王孙公子，精挑细选，不厌其烦。

最终，被挑选中的却是身无寸职的年轻小伙李敏。

哈，原来是他！

真是既在意料之外，又在情理之中。

人们得知李敏成了幸运儿后，没有谁表示出不服气的。

李敏出自陇西望族，他的远祖乃是汉朝威名赫赫的"飞将军"李广！

不过，李广的时代太过遥远，要说明李敏身份的不同寻常，还是从他的曾太祖父李斌说起好了。

李斌出自李陵这一支，祖上自李陵陷没于匈奴后，居住在北狄，后来过了若干代，随北魏南迁，重新回到汧、陇一带居住。

李斌在北魏朝以都督身份镇守高平，因此定居于高平。

李斌的儿子李文保很早就死了，但他留下了三个儿子：李贤、李远、李穆。

这其中的李穆最为了得。

李穆风神警俊，倜傥有奇节，北周太祖宇文泰刚举义旗时，他便委身追随屡建奇功。

永熙末年，宇文泰奉迎魏武帝入长安，李穆被授都督，封爵永平县子，食邑三百户，随后进子爵为伯爵。

李穆毕生建功无数，即使扫除掉其他功绩，单论他在邙山之战单骑救主这一件，足以让他享尽荣华富贵。

当时，他跟随宇文泰在邙山与齐国军队对攻。

宇文泰出身于行伍，冲锋陷阵惯了，亲自拎着刀带领大家冲锋。

双方你来我往，激战得天昏地暗。

但北齐方面终究占了地利之便，最终压倒了客场作战的北周军。

最惨的是，宇文泰马失前蹄，他一个倒头葱，狠狠地摔落在地上。

齐军哇哇怪叫着冲上去要他的性命。

在这万分危急的关头，李穆突围前进，先杀散了要来杀宇文泰的几个齐兵，然后扬起马鞭，劈头盖脸地抽向宇文泰，大声责怪说："没用的东西，第一次打仗就这样丢人现眼，真是个没用的东西！"一边抽，一边呵斥宇文泰快滚。

宇文泰会意，在李穆马鞭的抽打下，连爬带滚，抱头鼠窜而去。

接应杀上的北齐士兵看见宇文泰这个窝囊样，哪里料到他是北周的最高领导？以为他就是条"小鱼小虾"，撇开他不理，一齐呼喝着前来围攻李穆这条"大鱼"。

李穆极其生猛，他和聚拢过来的齐兵格斗多时，料得宇文泰已经逃远，这才杀出重围，去追宇文泰。

等追上宇文泰，赶紧跪地谢罪，并扶宇文泰上自己的战马，自己步行掩护。

最终，两人都脱离了险境。

功高莫过救主，计穷莫过粮绝。

回到长安后，宇文泰指着李穆对近臣们说："成我事者，其此人乎！"

他提拔李穆当武卫将军、仪同三司，晋封伯爵为武安郡公爵，增加食邑一千七百户，并赐以丹书铁券，饶恕他十次死罪。

不久又让他开府治事，兼领侍中之职。

李穆的兄弟姐妹也得到了封赏。

不过，李穆的两位兄长李贤、李远都是佐命功臣，他们的子弟也都担当了清显之职。

宇文泰因此把封赏的对象撒向了李穆的姐姐和妹妹。

李穆的姐姐被封为郡君，妹妹被封为县君，她们的子孙全随舅家姓李，赏赐人人有份。

李穆后来转任太仆，旋进位为大将军。

在这种情况下，宇文泰又另授李穆嫡子为仪同三司。

李穆考虑到李氏满门已经遍任朝廷要职，戒惧盈满，坚辞不受。

宇文泰强令他接受。

宇文泰死后，宇文护执政，李穆的地位开始下降。

最先，李穆兄李远及李远之子李植犯罪，李远父子被杀，李穆坐罪，被免职为民，他的子弟也被免官。

李植的弟弟李基时为淅州刺史，也应当连坐被杀。

李远仅有李植、李基两个儿子，这两个儿子被杀，他就绝后了。

李穆于是向宇文护请求用自己的两个儿子换回李基的性命。

宇文护激赏于李穆的仁义，一股脑儿释放了他们。

不久，拜授李穆为开府仪同三司、直州刺史，并恢复李穆爵位安武郡公。

李穆被免除官爵的子弟，渐渐恢复了官爵。

杨坚禅代前夕，时为上柱国、任并州总管的李穆坚定地站在了杨坚这边。

尉迟迥起兵要与杨坚对抗，派人招引李穆。

李穆扣押住了尉迟迥的使者，把尉迟迥联络造反的书信上交杨坚。

李穆的儿子李士荣却不以为然，他认为李穆所居的并州是龙兴之地，且为天下精兵汇集之处，劝李穆不必要依附尉迟迥和杨坚任何一方，自己起兵称帝。

李穆坚决拒绝并秘密上表，劝杨坚登基。

杨坚登基后，对李穆礼遇有加，拜授他为太师，要他赞拜时不自报姓名，实食成安县三千户的食邑。

也在这时，李家的功名富贵再攀高峰。

李氏子孙虽在襁褓，但悉拜仪同。

满门执象笏者百有余人。

李家的贵盛，在当时无人可比。

不过，李穆急流勇退，上表请求退休。

杨坚同意了，许诺说："自今已后，虽有愆罪，但非谋逆，纵有百死，终不推问。"

隋开皇六年（586年），李穆在府第中去世，享年七十七岁。

杨坚追赠李穆使持节，冀、定、赵、相、瀛、毛、魏、卫、洛、怀十州诸军事，冀州刺史。谥号为"明"。

李穆的大哥李贤，生有一子，名为李询，也是个人物。

李询为人深沉有大略，在北周任内史上士，兼掌吏部。

北周建德三年（574年），北周武帝宇文邕巡幸云阳宫，卫王宇文直作乱造反，焚烧肃章门。李询当时被武帝授为司卫上士，当留府事，听说叛军杀来，当机立断，在肃章门内燃放起更大的火，阻止了叛军入宫。

武帝平定了叛乱后，重赏李询，授他为仪同三司，并升任为长安令。

杨坚派韦孝宽前去平定尉迟迥，北周大将军、爵位为平高郡公的李询，担任了韦孝宽军中的元帅长史，成了韦孝宽的心腹。

官军在永桥与叛军相对峙，诸将行动不一。

李询及时给杨坚送信，要他赶紧起用大臣监军。

杨坚于是急令高颎监军。

高颎到了军中，多赖李询鼎力协助。

史称："与颎同心协力，唯询而已。"

平定了尉迟迥，李询进位任上柱国，改封为陇西郡公，赏赐布帛上千匹，外加赏赐人口、马匹。

李询寿数不永，死于隋开皇八年（588年），时年四十九岁。

李贤还有一个儿子，名为李崇。

李崇的谋算不在其兄李询之下，胆力过人。

李崇小时候因为父亲李贤的功勋，得封乐县侯。

拜爵之日，亲族相贺。

小小年纪的李崇突然泪如雨下。

宾客散后，李贤怪而问他。

他收泪答道："无勋于国，而幼少封侯，当报主恩，不得终于孝养，是以悲耳。"

李贤对这个小儿子刮目相看，啧啧称奇。

李崇年长，随宇文护伐齐国，功劳最大，得拔仪同三司，不久当上了小司金大夫和监制军器的官员。

北周武帝平齐国，李崇参谋，因功加授开府，被封为襄阳县公，食邑一千户。

尉迟迥谋反之初，除了派使者前去招引李穆，也派使者前往招引李崇。

李崇开始是想响应尉迟迥的，但得知叔父李穆举并州归附杨坚，也就归心杨坚，加入了平定尉迟迥的军事行动，功成，得授徐州总管，不久升任上柱国。

隋开皇三年（583年），李崇任幽州总管，在抗击突厥入侵时壮烈牺牲，时年四十八岁。

杨坚大为悲痛，追赠他为豫、郫、申、永、浍、亳六州诸军事、豫州刺史，谥号为"壮"。

这个李崇，就是李敏的父亲。

李敏承袭了父亲的官爵，因为父亲死于王事，被杨坚豢养在宫中。

成年后的李敏美姿貌，仪表得体，善于骑射，精于歌舞音乐，被杨丽华看中，成了宇文娥英的结婚对象。

一开始，李敏觉得自己身无寸职，感到有些难为情。

杨丽华不以为然地说："我以四海与至尊，唯一女夫，当为汝求柱国。"

杨坚当然不敢拒绝女儿的请求，乐呵呵地说："公主有大功于我，我何得向其女婿而惜官乎！今授卿柱国。"

李敏于是得任柱国，以本官身份在皇宫值班。

但在隋大业十一年（615年），由于世上流传出"李氏当为天子"的谶语，猜疑心极重的杨广把屠刀挥向了李敏一家，将李敏及其堂叔李浑及李善衡的宗族里的三十二个族人斩首示众。

知道吗？ 隋朝共有八帝，其中之一活到了唐高宗朝

当年秦朝灭亡时，向刘邦呈交传国玉玺的是"秦三世"子婴。

但是，史学家们都说：秦朝二世而亡。

道理很简单：只有秦始皇和胡亥两位皇帝掌握有实权。子婴？子婴算什么？他是秦始皇的弟弟？儿子？还是孙子？到了现在，就连他和秦始皇是什么关系都搞不清楚。

但是，子婴是的的确确称过帝的，不管他称帝时间如何短，从严格

意义来说，秦朝都是出现过三个皇帝的。

和秦朝二世而亡一样，隋朝也是二世而亡。

但隋朝出现过的皇帝更多！

下面来简单介绍一下。

首先是开国之君隋文帝杨坚。

他被称为得国最容易的开国皇帝。

很多人对陈桥兵变、黄袍加身的赵匡胤咬牙切齿，说他欺负寡妇孤儿，帝位来得太容易。

但是，赵匡胤却是投身行伍，从一介白身开始，在战场上出生入死，浴血奋战，累积战功，最后成为周世宗最倚重和最信任的大将，这才有机会摄取帝国权柄。

杨坚就不同了，他之所以成为北周重臣，是躺在父亲杨忠的功劳簿上得来的。

而从重臣进化成权臣，主要得益于他的女儿成了周宣帝宇文赟的皇后。

周宣帝一死，留下年幼无知的周静帝坐殿，杨坚轻松篡位，建隋代周。

另外，按照古代"天子七庙"的标准，即开国皇帝除本人外，可追认四亲（高祖、曾祖、祖、父）、二祧（高祖的父和祖父）为帝，设庙祭祀。因此隋文帝可追尊为皇帝到其列祖（高祖的爷爷）之上。

杨坚虽然打着关西弘农杨氏家族的旗号，但他其实是匈奴或鲜卑人，因此不敢往上追尊太多，只追尊父亲杨忠为武元帝，庙号太祖。

杨坚的帝位是来得容易，但不能否认他有济世大才。

他继承了北周的江山，但中国当时却仍处于南北对峙状态。

于是隋文帝开启他的雄才大略模式，从容收拾金瓯，平后梁，灭南陈，统一了中国，结束了西晋末年以来近三百年的分裂局面，并且开疆拓土，幅员万里，创建下了辉煌的"开皇盛世"！

可惜的是，隋文帝崩，接管了隋朝帝国的却是二世祖、败家子杨广。

这个杨广铆足劲地作践父亲留下的家财，鞭挞海内，奴役百姓，搞得天怒人怨，山河动荡。

于是，历史给杨广开了一个大玩笑。

隋大业十三年（617年）七月，李渊自太原起兵，十一月攻入长安，俘获了杨广留置在长安的孙子杨侑。

李渊的政治手段极其高明，他立杨侑为帝，改年号为"义宁"，遥尊巡游江都的杨广为太上皇。

杨广欲哭无泪，在取酒色消愁之余，揽镜自照，悻悻然地对萧后和臣下说："好头颈，谁当斫之！"

近臣宇文化及似乎得到了鼓舞，于隋大业十四年（618年）三月发动兵变，缢弑杨广。

杨广的死讯传到东都洛阳，大军阀王世充手脚麻利地立当时居住在洛阳的杨侗即皇帝位，改元皇泰。

补充一下，杨侑和杨侗是隋炀帝嫡长子杨昭的儿子，杨侑是老三，杨侗是老二。

杨昭在隋大业元年（605年）正月初五日被隋炀帝立为皇太子，但身体不好，在隋大业二年（606年）病故，死时才二十三岁，谥号"元德"，史称元德太子。

元德太子共有三子，老大叫杨倓，最得杨广宠爱，被杨广时刻带在身边，如果隋朝不灭亡得那么快，他就是继承杨广帝位的人。

但在江都之变中与杨广一同被杀害了，死时年仅十六岁。

老二杨侗即位后，追尊父亲杨昭为成皇帝，庙号世宗；另外追尊爷爷杨广为明皇帝，庙号世祖。

不用说，杨广的谥号"明"，是一个大大的好谥。

但李渊在长安收到杨广的死讯，认为老三杨侑已然无用处，便逼他退位，自行称帝，降杨侑为酅国公，追谥杨广为炀帝。这个"炀"，却是个大大的恶谥。

杨广的名声实在太臭，即"隋明帝"的叫法根本叫不响，后世一律叫他"隋炀帝"。

杨侑在一年后被害，谥号恭皇帝，史称隋恭帝。

李渊这边手段玩得这么狠，那边的王世充不甘落后，也弑杀了杨侗，自立为帝。

巧的是，王世充也谥杨侗为"恭皇帝"，即隋朝有两个隋恭帝。

为了区分，史家一般把李渊追谥的杨侑称为隋恭帝，而把王世充追谥的杨侗称为"皇泰主"或"皇泰帝"（因杨侗使用过"皇泰"年号）。

回头再说弑杀了隋炀帝的宇文化及。此人有自立为帝的野心，但作为过渡，他先立了一位杨氏宗室为帝。

这个不幸的杨氏宗室为杨广的侄子杨浩，因定年号为"天寿"，也被称为"天寿帝"。

天寿帝是隋文帝第三子杨俊的长子，在当了六个月的傀儡皇帝后，就被宇文化及杀害了，死后连个皇帝的谥号也没有，令人唏嘘。

杨浩、杨侗、杨侑三叔侄被人如杀鸡鸭一样处死，命运悲惨。但隋朝最后一个皇帝并不在他们当中产生。

隋朝最后一个皇帝名叫杨政道。

话说，隋炀帝一共有四个儿子。

长子元德太子杨昭死于隋大业二年（606年），第三子杨铭早夭。

次子杨暕、四子杨杲和隋炀帝一同死于江都兵变之中。

宇文化及裹挟了隋炀帝的萧皇后和杨暕已有身孕的齐王妃北上。

宇文化及后来败于窦建德之手。

萧皇后和齐王妃等人就落入窦建德手中。

齐王妃产下的儿子就是杨政道，被窦建德封为郧公。

因为隋文帝早年把义成公主嫁到东突厥和亲，其中东突厥的处罗可汗认隋朝这门亲戚，派遣使者前往窦建德处，将萧皇后和杨政道迎接到东突厥，并拥立杨政道为帝。

杨政道在定襄郡设置百官，依照隋朝制度，复立"大隋"政权，史称"后隋"。

唐贞观四年（630年）正月，唐朝将领李靖率军攻打并灭亡东突厥。

东突厥颉利可汗的亲信康苏密携带萧皇后、杨政道投降唐朝。

唐太宗李世民先任命杨政道为员外散骑侍郎，后又封其为弘农郡公。

杨政道衣食无忧，直到唐高宗永徽三年（652年）才安然去世。

综上所述，细数起来，隋朝一共有隋太祖、隋文帝、隋炀帝、隋恭帝、皇泰帝、隋世宗、天寿帝、后隋帝共八位皇帝。其中的隋太祖和隋世宗是死后追谥的"僵尸皇帝"，生前真真正正称过帝的有六位，但有四位属于横死，隋文帝疑为横死，只有后隋帝杨政道善终。

九岁小孩墓发掘，棺外刻四字咒语

1957年，西安古城进行改造，人们在西安玉祥门外发掘到了一座隋代古墓。

按理说隋唐代的墓葬不应该出现在这里，因为隋唐时期的这里属于皇城内，并且很靠近安福门外大街。

怎么会有墓穴在这儿呢？

也许不是墓穴吧？

为谨慎起见，施工单位进行了地质钻探。

对探铲带上来的五花土进行分析，工作人员确认这里有一座墓葬，还是一座隋唐时期甲字形的土坑竖穴墓！

由此，中科院考古研究所的专家被惊动了，第一时间赶到现场对墓葬展开挖掘。

随着墓室门打开，眼尖的考古队员立马发现墓室正中那一座完整的石椁。

而在石椁的周围，堆满了随葬的土俑。

经过整理和清点，共有土俑八十四件，分人物俑、兽俑两大类。

人物俑主要有凤帽俑、执箕俑、武士俑、文官俑、男侍俑、女侍俑等，俑上或多或少涂有白粉，也施了一些颜色，非常生动。

兽俑主要有马、羊、牛、狗、鸡、猪等，造型相对于人物俑而言较小，一般长度在十厘米左右。

打开石椁，一具雕刻精美、堪称石雕艺术品的仿殿堂石棺随即跃入大家的眼帘：棺盖由整块石头雕刻而成，盖下的部分由六块石块镶为一体,中间开门,两侧开窗,四周刻有斗拱、门窗、瓦当,并线刻有青龙、朱雀、侍从等图案,俨然是一座隋代九脊殿的缩影,极尽豪华。

但是,棺上的尘土被清扫后,现场所有人都吓了一大跳:精美的棺面之上竟然血迹斑斑!

而且,正中还刻有让人触目惊心的四个大字——开者即死!

打开石棺门后,小小的石棺空间除了安躺着一具小小的尸骨,竟然充斥满了精美珍宝,有金器,有嵌珠宝金项链、嵌珠宝金翎、金戒指、金杯、金钗饰品等。

其中有一条戴在小尸骨颈上的项链,上面镶嵌着珍珠和鸡血石、雕大角鹿的青金石,通体华光闪烁,异彩纷呈!

这些珍宝,累计有二百三十余件。

看来,这具小尸骨来头不小。

墓志保存完好,上面的字历历可辨:"隋左光禄大夫歧州刺史李公第四女石志铭并序,女郎讳静训,字小孩,陇西成纪人。上柱国幽州总管壮公之孙,左光禄大夫敏之第四女也……"

原来,这具小尸骨属女性,姓李,名静训,字小孩,是上柱国幽州总管之孙,左光禄大夫李敏之第四女。

那么,上柱国幽州总管和左光禄大夫李敏又是什么人呢?

这就难不倒熟悉历史的考古工作人员了,毕竟,这两人都是历史上赫赫有名的人物。

上柱国幽州总管说的是北周骠骑大将军、河西郡公李贤之子李崇。

李崇乃是世之名将,早年跟随周武帝平齐。隋文帝杨坚篡周代隋后,李崇忠心事隋,开疆拓土,于隋开皇三年(583年)以身殉国,享年四十八岁。

左光禄大夫李敏是李崇之子。隋文帝杨坚念及李崇之开国战功,对李敏倍加恩宠,将其养在宫中。

开皇初年,北周宣帝宇文赟之女宇文娥英选李敏为夫婿,隋文帝随之亦封李敏为上柱国,后官至光禄大夫。

宇文娥英为北周宣帝第一皇后杨丽华所生,即杨丽华为李敏女儿李静训的外祖母。

杨丽华是历史上非常有个性的女性。她是杨坚长女、北周第四代皇帝周宣帝宇文赟的第一皇后。

宇文赟暴虐荒淫、昏庸无道，在位只有一年，却册立了五位皇后。杨丽华端庄秀丽，性格柔婉，得到了其他皇后及嫔妃的敬重。但因个性倔强，行事有主见，曾遭到宇文赟迫令自尽。杨坚的夫人独孤氏得知，飞奔入宫求情，才得免一死。

宇文赟去世，北周静帝尊杨丽华为皇太后。

不久，杨坚羽翼已丰，篡周而立隋朝。

这事对杨丽华来说，应该是好事。但杨丽华却因此恨上了父亲。

隋开皇六年（586年），杨坚封杨丽华为乐平公主，并且劝其改嫁。杨丽华却坚拒不从。

按墓志记载，李静训出生于宫中，深受外祖母杨丽华的喜爱。不过，隋大业四年（608年），年方九岁的李静训不幸去世，杨丽华悲痛欲绝，将之葬于京兆长安县（隋大兴唐长安城以朱雀大街为界，东为万年县，西为长安县）休祥里（唐称坊）万善道场（万善尼寺，皇家尼寺）之内，还在坟上修筑了重阁。

至此，皇城内发现墓葬的问题有了答案。

杨丽华在李静训的墓志中以"周皇太后"自称，足见其对父亲建隋代周的行为始终无法释怀。

李静训死后一年，即隋大业五年（609年），杨丽华跟随弟弟隋炀帝杨广巡幸张掖时，途中死于河西，享年四十九岁。

杨丽华爱极女儿和女婿，在临终前，还特别嘱托隋炀帝，要其将自己现有的食邑转赐给李敏。

这就是李静训墓如此奢华的原因。

李静训墓出土的文物，有部分在中国国家博物馆陈列展出，石棺则珍藏于陕西省西安市碑林博物馆内。

第七章　短命的隋朝

隋文帝知法玩法，对后世影响极坏

王夫之在《读通鉴论》中慨叹，自经汉朝仁君汉文帝整顿刑法以后，"古肉刑之不复用"。但是，"五胡以来，兽之食人也得恣其忿惨"，各种稀奇古怪的刑罚又死灰复燃。特别是北齐、北周，单单死刑就有磬、绞、斩、枭、磔等不同手段，使得"内外恐怖，人不自安"。所幸隋文帝制定《开皇律》，删除了许多苛酷条文，"垂至于今，所承用者，皆政之制也"。

的确，隋文帝下令由裴政、苏威、高颎、郑译、杨素、常明、牛弘等人合力完成的《开皇律》，死刑执行或绞或斩，只此两种，改鞭为杖，改杖为笞，非谋反大逆无族刑，废除了原北周、北齐法律中的死罪八十一条、流罪一百五十四条、徒杖等罪一千余条，最后仅剩下五百条，可谓善莫大焉。

另外，隋文帝在刑法上还制定了一件功德无量的制度，王夫之没有说。

即在隋开皇十五年（595年），隋文帝宣布把"死刑复奏制度"形成定制，规定"死罪者三奏而决"，即凡判处死刑的案件，须经"三奏"才能处决。

这充分体现了隋文帝悲天悯人的情怀以及对生命的重视。

《开皇律》对后世律法影响深远，唐承隋制，唐朝基本上继承了《开皇律》的条文。

不过，诚如吕思勉所说，隋文帝最大的缺点，还是"用刑失之严酷"。

赵翼则指责他"残忍惨毒，岂复稍有人心"。

为什么会这样呢？

应该说，隋文帝的天性是善良的，但他在管理上，难免会疑神疑鬼、患得患失。

《剑桥中国隋唐史》对隋文帝这种性格的剖析非常深刻，书中写："杨坚易于发怒，有时在狂怒以后又深自懊悔。这显然与他个人的自危感有关，到了晚年，与上面谈到的追求最高权势的变态心理有关。一次他在殿上鞭打一个人，然后又肯定此事与天子的身份不符，并主张废除笞刑。但不久，他在暴怒时又用马鞭把一人鞭打致死。他常常似乎对帝王应仁慈宽厚的呼吁充耳不闻，不加限制地施行当时普遍的酷刑。"

隋朝建国初年，国内盗贼横行，社会治安极差，严重危害到国家政权的稳定。隋文帝急火攻心，召集群臣商议对策，但不等大家发言，他又解散会议，自作主张，推行检举法，在国内发出通告："凡是对盗贼进行举报的，依律法将盗贼的家产判定给举报人。"一开始效果还不错，处罚了很多盗贼，社会暂时得到了安宁。但是，地痞、流氓从中找到了漏洞，恶意诬告富家子弟，意欲凭借官府的判处霸占富人的家产。如此一来，社会秩序又出现了混乱。

隋文帝于是在隋开皇十七年（597年）废弃原来的办法，再上一个狠招，宣布："凡是偷盗一钱以上财物的，立即斩头弃市。"

这就非常恐怖了。

百姓人人自危，个个恐慌，无论做什么事都小心翼翼、如履薄冰，生怕稍有行差踏错，会招来杀身之祸。

隋文帝大感满意，从而变本加厉，把这个办法推广，下诏令规定：凡贪污官署一钱以上财物者，一律处死。

随后，又追加一条：凡有人听说或看见了贪污行为而不检举告发的，一律连坐，与贪污者一同处死。

这么一来，除了隋文帝自己，其他所有人都坐不住了，包括执事宰相。

众人纷纷找隋文帝诉苦，说这个"盗取一钱斩头弃市之法"乃是亘古未有。

隋文帝只好悻悻地取消了此法。

从隋文帝这一系列表现来看，我们知道，他想要治理好国家的心情是迫切的，但想法太过简单，只想着"以刑去刑"，表现草率，不持重，制定的刑罚不符合法律的"罪刑相当"要求，难于推行，到最后只好不了了之。

其实，隋文帝不单单是对颁布的法令、文告随意更改，就算是集思广益的、已经制定好的《开皇律》，也是随心所欲，不放在眼里。

番州刺史陆让是个大贪官，他在番州大贪特贪，刮地三尺，肆无忌惮。

番州司马掌握了陆让贪污的证据后，整理好材料，向隋文帝进行举报弹劾。

隋文帝派调查组到番州查验，吩咐一旦核实了陆让的罪行，就把他押解到长安。

陆让被逮捕押解到长安后，隋文帝又亲自对他进行审问。

陆让非常狡猾，拒不认罪。

隋文帝不得不让治书侍御史重新审理此案。

经过三番四次的细查重审，在堆积如山的大量证据面前，陆让低下了头。

为慎重起见，隋文帝又让公卿们对这个案件进行讨论。

大家都认为，根据《开皇律》上的条文，陆让的贪污行为就应该判死刑。

隋文帝经过复核，签字同意，下诏判处陆让死刑。

临刑那天，陆让的庶母冯氏从番州赶到，散发跣足、蓬头垢面，在朝堂上当众教子，大声数落陆让，说他千不该、万不该，不该做出这等贪赃枉法的事来。

痛斥过后，冯氏又求请来一碗粥，亲手端着，一口一口喂陆让吃。

粥喂完了，冯氏突然又做了个大胆的举止，跪倒在隋文帝面前，哀求隋文帝给陆让一个改过自新的机会。

隋文帝看他们母子难舍难分，动了恻隐之心。

坐在隋文帝身边的独孤皇后也开口帮冯氏求情。

治书侍御史柳彧跟着起哄，说："冯氏母德高尚，即使铁石心肠都会被感动；我们如果杀了陆让，那就太缺德了！"

隋文帝脑袋发热，善心泛滥，一拍大腿，当即下诏："冯氏的慈爱之道感天动地，免陆让死罪，贬为庶民即可。赏冯氏五百段布帛，予以嘉奖勉励，净化风俗。"

群臣听了，交口称赞，颂词如潮，大赞当今皇上是尧舜禹汤，有好生之德，"威范也可敬，慈爱也可亲"。

隋文帝扬扬自得，心安理得地享受臣子的称颂。

隋文帝没有想到，他这一"善举"，其实是在变相地对那些曾被陆让鱼肉的番州百姓施予"恶行"，是在赤裸裸地践踏法律。

表面威严无限的《开皇律》，在皇权跟前变得一文不值，毫无存在意义。

隋朝只有短短的三十七年历史，与其法律制度的执行有极大关系。

终隋文帝一生，都不能遏制盗贼丛生的问题。继任的隋炀帝，不得不加重对盗贼的处罚，致使社会秩序大乱。最终，被百姓举起了义旗，把隋朝政权埋葬于战火烽烟之中。

曾恩待秦琼的来护儿，差点平灭高句丽

有隋一代，虽然只有短短三十七年历史，但也是将星闪现，争相辉耀。

大家都知道，其中最负盛名的，是历代公认的隋朝四大名将：杨素、贺若弼、韩擒虎、史万岁。

但这四人的惊艳表现，都只出现在隋文帝朝。杨素、贺若弼、韩擒虎三人都死于隋炀帝当政初年，而史万岁更是直接死于隋文帝之手。

那么，隋炀帝朝有没有表现抢眼的名将呢？

当然有，比如说，来护儿。

实际上，来护儿也同样为隋文帝杨坚所倚重。

早在隋开皇十二年（592年），来护儿平定了婺州汪文进叛乱，隋文帝深嘉其功，命画工图其像以进。

隋开皇十八年（598年），隋文帝为一睹名将风采，专门遣使传召来护儿父子入朝，赐其宫女以及宝刀、骏马、锦彩等物。

隋文帝喜爱其子来楷，将之留在京师，以千牛备身之职担任禁卫武官，而让来护儿返回驻地。

隋文帝既是如此重视，隋炀帝杨广也就不敢怠慢，继位之初，便征召来护儿入朝，先后拜右骁卫大将军、左骁卫大将军、右翊卫大将军，最后改授光禄大夫，封荣国公。

杨广对来护儿的礼遇，史称："恩礼隆密，朝臣无比"。

来护儿是东汉名将来歙的十八世孙——这来歙可了不得，他是光武帝刘秀的表兄，与邓禹、吴汉、贾复、寇恂、马援、冯异、岑彭等人齐名。清人归有光曾说："光武承王莽之乱，奋迹南阳，恢复旧物，则有邓禹、吴汉、贾复、寇恂、马援、冯异、岑彭、来歙之徒宣其力。"

来歙的代表作是平隗嚣、定陇右。可惜在攻略蜀地时，被公孙述派刺客行刺杀害。

来护儿的曾祖名叫来成，初仕北魏，封新野县侯，后奔南梁，徙居

广陵，官至六合令。

来护儿的祖父名叫来嶷，官至步兵校尉、秦郡太守，封长宁县侯。

来护儿的父亲名叫来法敏，仕南陈，官至海陵令。

不过，来护儿的父亲、母亲都死得很早，他由伯母吴氏抚养成人。

来护儿雄略秀出，志气英进，好立奇节。初读《诗经》，读到"击鼓其镗，踊跃用兵""羔裘豹饰，孔武有力"等句，掷书于地，长呼道："大丈夫在世当如是，会为国灭贼以取功名，安能区区专事笔砚也！"众人惊其言而壮其志。

侯景祸乱江南期间，来护儿的伯父为乡人陶武子所害。这个陶武子宗族数百家，势力庞大，雄霸一方，横行一时。

来护儿年纪稍长，一直思谋替伯父报仇，心想，但能报得大仇，也不枉伯母养育我一场。

某日，陶武子家办婚事，高朋满座，热闹非凡。来护儿藏刃于腰间，混杂在客人之中，趁陶武子不备，一把揪过他的头发，擎刀从颈中割落，犹如宰鸡杀鸭一般，将陶武子的脑袋割下。

众宾客被来护儿的杀气所慑，皆不敢动。

来护儿提着陶武子的脑袋到伯父墓前拜祭，长出了一口恶气。

来护儿所住白土村，密迩江岸，地处南北两朝交界之地，连年战事不断，导致他建立功业的愿望愈加强烈。

隋开皇元年（581年），隋文帝建立隋朝，命贺若弼出镇广陵。

来护儿踊跃投军，经常奉命渡江侦察，积功升任大都督。

平定南陈，来护儿立有大功，进位上开府，赏物一千段。

隋开皇十一年（591年），江南豪强高智慧起兵反隋。杨素出任行军总管，来护儿时为子总管，一同率军赴江南平叛。

彼时，高智慧军屯据浙江东岸建营，营垒周亘百余里，船舰被江，鼓噪而进。

来护儿对杨素说："吴人累锐，利在舟楫。必死之贼，难与争锋。公且严阵以待之，勿与接刃，请假奇兵数千，潜渡江，掩破其壁，使退无所归，进不得战，此韩信破赵之策也。"

杨素深以为然。

由此，来护儿亲率数百轻艓实施包抄。其直登江岸，以奇兵掩敌营，并四下纵火，一时烟焰张天。

高智慧军仓皇失措，相顾失色。

杨素这边趁机催动大军，鼓噪进击，一击破敌。

高智慧败逃入海，来护儿尾随追击，一直追击到泉州。

在泉州，来护儿因功进位大将军，升任泉州刺史，封襄阳县公。

此后，来护儿转战于闽、越等地，平灭了盛道延、汪文进等人的叛乱，于隋仁寿三年（603年）任瀛州刺史，赐爵黄县公，邑三千户。寻加上柱国，除右御卫将军。

当然，与三征高句丽及平灭杨玄感作乱相比，来护儿以上战绩，不过是小打小闹。

必须说明一下，高句丽其实是我国东北地区的一个割据政权，非常顽强和悍猛，主要由当地濊貊人和部分迁移到该地区的扶余人组成。在隋朝时期，高句丽占据了朝鲜半岛北部——以至于现在不懂历史的朝鲜人、韩国人，错认之为祖。

隋大业八年（612年），杨广亲征高句丽，任命来护儿为平壤道行军总管，兼检校东莱郡太守。

来护儿率楼船，指沧海，渡过浿水，在平壤六十里外，与高句丽国王高元列阵相对。

当时，高句丽军列阵数十里，隋军诸将咸惧。

来护儿独笑道："吾本谓其坚城清野以待王师，今来送死，当殄之而朝食。"

高句丽国王高元之弟高建骁勇绝伦，率数百人来搦战。

来护儿命自己的第六子来整引军迎战。

来整扬刀呼啸而出，驰斩高建首级。

来护儿纵兵追奔，直至城下，俘斩不可胜计。

该日日暮，高句丽昼闭城门，不敢出，来护儿于城外扎营，以待诸军。

可惜的是，宇文述等众军皆败，来护儿军成了一支孤军，只好整军徐徐而退。

战后论功，来护儿得赐物五千段，第五子来弘为杜城府鹰扬郎将，第六子来整封襄阳公。

隋大业九年（613年），杨广二征高句丽。

来护儿再次出沧海道，师次东莱。

哪知，杨玄感诈称来护儿造反，打着讨伐来护儿的旗号起兵反隋，进攻洛阳。

来护儿怒不可遏，下令回军讨伐。

行军副总管周法尚等人以没有朝廷敕令为由，固执不从。

来护儿厉声道："洛阳被围，心腹之疾。高丽逆命，犹疥癣耳。公家之事，知无不为，专擅在吾，当不关诸人也。有沮议者，军法从事。"

当日，来护儿毅然回师，同时，命来弘、来整两子驰驿奏闻。

事后证明，来护儿的决断是完全正确的。

杨广见到了来弘、来整兄弟，大感欣慰，一个劲儿地说："汝父擅赴国难，乃诚臣也。"

那边，来护儿与宇文述等人合兵攻破杨玄感于阌乡，胜利平叛。

杨广龙颜大悦，加封来护儿为开府仪同三司，赐物五千段、黄金千两、奴婢百人，并追赠其父来法敏为东阳郡太守、永宁县公。

隋大业十一年（615年），来护儿再次率水军渡海征讨高句丽。

大军进至奢卑城，高句丽举国来战。

来护儿一击破敌，斩首千余级，然后气势汹汹地扑向平壤，准备一报前次无功而返之耻。

哪料高元震惧，遣使向杨广请降，跪叩称臣。

好大喜功的杨广笑呵呵地接受投降，命来护儿班师。

劳师远征，耗费钱粮无数，就这样整军而还，来护儿实不甘心，他召集诸将道："三度出兵，未能平贼，此还也，不可重来。今高丽困弊，野无青草，以我众战，不日克之。吾欲进兵，径围平壤，取其伪主，献捷而归也。"

他让长史崔君肃起草奏书，驰奏杨广，请求进击。

长史崔君肃极力劝谏，认为不应该逆诏用兵。

来护儿耐心劝说道："贼势破矣。吾在阃外，事合专决，宁征得高元，还而获谴，舍此成功，所不能矣。"

但是，崔君肃警告众将说："若从元帅，违拒诏书，必当闻奏，皆获罪也。"

众将都恐惧莫名，全部跪地，恳劝来护儿劝师。

诸将既不肯再战，来护儿无奈，只得班师。

高句丽就此躲过了一场灭顶之灾。

隋大业十二年（616年），杨广准备巡幸江都。来护儿劝谏说："陛下以高句丽逆命，稍兴军旅，百姓无知，易为咨怨，在外群盗，往往聚结，车驾游幸，深恐非宜。伏愿驻驾洛阳，与时休息，出师命将，扫清群丑。"

杨广大为恼怒，训斥他说："公意乃尔，朕复何望！"

来护儿因此不敢再言。

隋大业十四年（618年），宇文化及在江都煽动兵变，准备弑杀杨广。来护儿当时正要入朝，在途中被叛军抓获。来护儿喝问："陛下今何在？"来人答："今被执矣。"来护儿一听，心死如灰，长叹道："吾备位大臣，荷国重任，不能肃清凶逆，遂令王室至此，抱恨泉壤，知复何言！"旋即遇害。

来护儿共有十二个儿子，其中最为杰出的是第六子来整。

来整骁勇，善抚士众，百战沙场，所向皆捷。敌将因此忌惮无比，作歌传唱："长白山头百战场，十十五五把长枪，不畏官军十万众，只怕荣公第六郎。"

可惜的是，宇文化及造反时，除了杀害来护儿，也对来护儿的儿子下手。

来护儿十二子，十子遇害，仅年纪较小的来恒、来济不在江都，躲过了一劫。

此二子，后来在唐高宗朝均官至宰相。

来护儿重然诺，敦交契，廉于财利，善抚士卒，部分严明，故咸得其死力。

开唐名将秦琼早年曾在来护儿部下为将，深得来护儿礼遇。

秦琼丧母，来护儿特意遣使吊唁。

军吏大奇，问："士卒死亡及遭丧者多矣，将军未尝降问，独吊叔宝何也？"

来护儿答曰："此人勇悍，加有志节，必当自取富贵，岂得以卑贱处之？"

事实证明，来护儿慧眼识珠，秦琼后来果然成为唐朝开国功臣，生前官至左武卫大将军、翼国公；死后追赠为徐州都督、胡国公，谥曰"壮"。唐贞观十七年（643年），其画像被挂入凌烟阁。

神秘的鱼俱罗，因重瞳被忌杀

对很多人来说，大隋猛将鱼俱罗是个神秘的历史人物。

当然，他有将近一半的神秘性是由评书《兴唐传》给营造出来的。

话说，先秦散文、两汉大赋、唐诗、宋词、元曲，一个时代有一个时代的文化特色，到了明清时期，小说发展到了一个鼎盛期，各类英雄传奇演义喷涌而出。

隋亡唐兴，是一个英雄辈出的时代，小说家们自然不肯放过这一热闹题材，出现了诸如《说唐》《隋唐演义》《隋史遗文》《大唐秦王词话》《隋唐两朝志传》等小说。

这些小说中，《说唐》最为出彩。

《说唐》最引人入胜的地方，是对隋唐英雄进行了排名，其中的第一条好汉李元霸、第二条好汉宇文成都、第三条好汉裴元庆、第四条好汉雄阔海、第五条好汉伍云召、第六条好汉伍天锡、第七条好汉罗成……让人津津乐道，百谈不厌。

不过，书中对这些好汉排名的定位，自始至终都是一成不变的。比如说，小将罗成排在第七，靠山王杨林排在第八，那么，无论任何时间、任何地点、任何状况，不管两人的身体是否有病或带伤，体力是否充沛，精神是否饱满，斗志是否旺盛，永远是第七条好汉罗成碾压第八条好汉杨林。

近代说书人单田芳、田连元等辈认为这种缺乏变数的排名太僵、太硬，不好玩，就编撰了《兴唐传》，企图力纠其弊，开启了一个仿如斗兽棋里大象吃老虎，老虎吃猫，猫吃老鼠，老鼠又钻大象鼻孔之类的模式，弄了个姜松胜罗成、罗成欺负罗士信、罗士信力压李元霸、李元霸回头又可以秒杀姜松之类"相生相克"的排名法，写得非常热闹，出现了开隋九老、瓦岗五虎、三怪、四猛、四绝、十三杰、八大锤外加野辈十三条好汉（指来路不正的番邦蛮国的奇能异士）等。他们以为这么一来，艺术成就一定远高于《说唐》。事实上，他们一口气编出了数量庞大的人物，却又没有《水浒传》《红楼梦》作者那种刻画人物的本事，结果读者看到的，只是一连串名字，人物形象根本树立不起来，要说有，那也不脱《说唐》和《隋唐演义》着力塑造出来的诸如李元霸、宇文成都、裴元庆、雄阔海、秦琼、罗成等那一群。只能说，《兴唐传》成了一部彻头彻尾的失败作品。

不过，话说回来，就是这样一部失败作品，还是让很多人都记住了《说唐》和《隋唐演义》都没有提到的一个人物——鱼俱罗。

能记住这个人物，并不是说《兴唐传》塑造得多成功，而是《兴唐传》给他编造了一个特殊的身份：他是大隋的开隋九老之一，眼生双瞳，收了天下第二好汉宇文成都为徒，在李元霸将宇文成都杀掉之后，以九十岁高龄斩杀李元霸。

我们都知道，所谓的天下第二好汉宇文成都属于小说虚构人物，即鱼俱罗是宇文成都师父之说自然是虚构的。

另外，李元霸是李渊的第三子，原名李玄霸，在李渊太原起兵之前就病死了。则鱼俱罗以九十岁高龄斩杀李元霸之事也是不存在的。

在《兴唐传》所编造的"开隋九老"中，诸如伍建章、杨林、定彦平等并不存在，那么，所谓的"开隋九老"也是不存在的。

但鱼俱罗的确是一员开隋猛将，《隋书》对他的记载是："身长八尺,膂力绝人",这还不算最绝的,他拥有世间罕有的"狮子吼"神功,"声气雄壮,言闻数百步",堪与《三国演义》中喝退曹兵的张飞相比。

就因为这么猛,他从隋文帝的亲卫兵做起,一直累迁大都督。

杨广统兵平南陈,鱼俱罗随军从征,以战功拜开府,赐物一千五百段。

隋开皇十年(590年)沈玄憎、高智慧在江南作乱,越国公杨素负责平乱,他认为诸将之中,鱼俱罗最为壮勇,请与同行。

鱼俱罗因此再积战功,加上开府、高唐县公,拜叠州总管。

鱼俱罗是冯翊下邽人,母亲在下邽独居,于隋开皇十九年(599年)春去世。

鱼俱罗以母忧去职,回乡奔幸。

回到扶风,遇上尚书右仆射杨素率兵将出灵州道击突厥。

杨素路逢鱼俱罗,大喜过望,认为是天遣神将前来相助,力奏隋文帝,让鱼俱罗与自己同行。

与突厥人首战,鱼俱罗一马当先,与数骑奔击,瞋目大呼,所当皆披靡,出左入右,往返若飞。

隋文帝战后论功,让鱼俱罗功进位柱国,拜丰州总管,在边境抗击突厥。

突厥人多次入境为寇,鱼俱罗辄擒即斩之。

史书称:"自是突厥畏惧屏迹,不敢畜牧于塞上。"

隋大业九年(613年),隋炀帝杨广二征高句丽,以鱼俱罗为碣石道军将。在失利回朝之时,江南人士刘元起兵作乱。杨广诏命鱼俱罗受命前往征讨。

一开始,讨伐很顺利,鱼俱罗率兵出击作乱的朱燮、管崇等部,战无不捷。

但是,作乱的人层出不穷,这些人败而复聚。

鱼俱罗认为这种形势不是三年两载可以解决得了的,考虑到自己的几个儿子分居在京、洛,而两都饥馑,谷食踊贵,遂暗遣家仆分头去迎接诸子前来与自己相聚。

鱼俱罗本来就生得奇形异禀，目有重瞳。

要知道，仓颉、舜、重耳、项羽、吕光、高洋这些人，都是目有重瞳之人。

换句话说，目有重瞳，是帝王之相。

现在的鱼俱罗又整了这一出，杨广怀疑他想造反，就将他抓起，不久"斩东都市，家口籍没"。

惨遭隋炀帝雪藏的猛将杨义臣，无力回天

提起历史上有名的尉迟将军，估计大家第一个想起的就是大唐开国功臣尉迟敬德。

尉迟是一个鲜卑姓，源于鲜卑族中的尉迟部落，该部后来随北魏孝文帝进入中原，被命以族名尉迟为姓，称尉迟氏。

由此可知，尉迟是一个少数姓，所占人数不多。

而尉迟敬德的名声又实在太响了。

尉迟敬德是李世民亲信之一，曾跟随李世民击败王世充、窦建德、刘黑闼等，最重要的是，在玄武门之变中，他起到了关键作用，力助李世民夺取帝位，因此官至右武侯大将军，封鄂国公，是凌烟阁二十四功臣之一。

尉迟敬德去世时，唐高宗为其废朝三日，册赠司徒、并州都督，谥号"忠武"，陪葬昭陵。

后世推崇尉迟敬德之威武忠义，将之与秦叔宝并尊为门神。

不过，话说回来，先于尉迟敬德成名之前，即在北周时期，就曾出现过一个显赫的尉迟家族。

该家族的代表人物是曾被隋文帝杨坚视为心腹大患的尉迟迥。

这个尉迟迥能力一般，但却拥有绝世美颜，长身玉立，气度非凡。这也使得他在缔结人际关系时，左右逢源，如鱼得水。

他本身是北周太祖宇文泰的外甥，很小的年纪，就迎娶了西魏皇帝元宝炬之女金明公主，地位尊崇，身份高贵。

北周初年，尉迟迥即拜为柱国大将军、大司马，封为蜀国公，迁大前疑、相州总管。

这样的身份，使得尉迟迥在大丞相杨坚专揽朝政时心理难以平衡，他另立赵王宇文招的幼子搞分裂，这绝对是一手臭得不得了的臭棋，因为杨坚虽然专权，但北周静帝还在，即北周政权还在，尉迟迥这么干，就使他在道义上落于下风，遭到了北周第一名将韦孝宽的讨伐。

一个将略平庸之辈，对阵当世第一名将，结局自然不言而喻。

不过，在尉迟迥起事之初，杨坚还是很紧张了一阵子的，因为，他当时不知道人心向着哪一边。

但是，有一个人的表现，让他悬在半空的心放到了肚里。

这个人是尉迟迥的族弟尉迟崇，时为北周仪同大将军，领兵镇守恒山。

尉迟崇听说尉迟迥拥赵王宇文招的幼子起兵叛乱，就深知这个族兄必败无疑，赶紧自囚于狱，遣使请罪。

杨坚看见尉迟迥的族弟都站在自己这边，信心大增，下书慰问，让他乘驿车回朝，把他安排在自己身边。

今天要说的主角，不是这位尉迟崇，而是尉迟崇的儿子尉迟义臣。

尉迟义臣因为父亲的缘故，也来到了杨坚的身边。

杨坚代周建隋后，突厥人入侵，尉迟崇跟随行军总管达奚长儒与突厥人接战于周盘，力战而死。

杨坚痛惜不已，追赠其为大将军、豫州刺史，让尉迟义臣承袭其官爵。

尉迟义臣当时虽然只有十三四岁，却长得威武雄壮，谈吐不凡。杨坚把他收养在宫中，赏赐颇多。

某日，杨坚与群臣追思旧事，看到了在宫中担任侍卫以磨炼自己的尉迟义臣，心生嗟叹，下诏说："朕受命之初，群凶未定，明识之士，有足可怀。尉（迟）义臣与尉（迟）迥，本同骨肉，既狂悖作乱邺城，其父（尉迟）崇时在常山，典司兵甲，与（尉迟）迥邻接，又是至亲，却知逆顺之理，识天人之意，即陈丹款，虑染恶徒，自执有司，请归相府。

及北夷内侵，横戈制敌，轻生重义，马革言旋。操表存亡，事贯幽显，虽高官大赏，延及于世，未足表松筠之志，彰义节之门。义臣可赐姓杨氏，赐钱三万贯，酒三十斛，米麦各百斛，编之属籍，为皇从孙。"

也就是说，尉迟义臣被杨坚赐姓杨，成了杨坚的堂孙。

《北史》《隋书》均以"杨义臣"之名为之列传。

喜欢读演义小说的朋友都知道，隋炀帝杨广有一个专门为他保天下的皇叔——靠山王杨林。

但是，这个靠山王杨林是小说家按照许仲琳《封神演义》里闻太师的影子进行的虚构，历史上并不存在。

但小说《说唐》里却提到了杨义臣，说杨义臣是靠山王杨林的弟弟，镇守东岭关，摆下了一个铜旗阵，外加一个八面金锁阵，后被秦叔宝和罗成这对表兄弟合力攻破，自杀身亡。

而在褚人获小说《隋唐演义》里，杨义臣比较威风，他在隋炀帝被弑后，联合窦建德诛灭宇文化及，为隋炀帝报仇，然后金盆洗手，封刀隐居。

实际上，演义小说极大地弱化了杨义臣的能力。

话说，杨义臣被赐姓后，不久出任陕州刺史，曾多次到雁门、马邑等地与突厥人交战，立下了许多战功。

在与突厥人作战中，战果最辉煌的一次，是协同史万岁作战，追敌到大斤山，大获全胜。

可惜的是，因为史万岁被杨素构陷，杨义臣大功竟不得录。

隋炀帝杨广即位之初，汉王杨谅不满，在并州起兵，大举围困代州总管李景。

杨义臣奉诏前往救援。

汉王兵多，杨义臣兵少，怎么办？

杨义臣驱赶军中的牛、驴等牲口，实施"疑兵计"，一击破敌，大败汉王军。

杨义臣也因此升任上大将军，转授相州刺史。

隋大业五年（609年），杨义臣随杨广征讨吐谷浑，曾驻军于琵琶峡，把吐谷浑国主锁死在覆袁州。

隋末，渤海人高士达、清河人张金称，相聚起事，拥众数万，攻郡陷县，势头很猛。

杨广派将军段达前往讨伐。

段达败得很惨，几乎全军覆没。

杨义臣充当了救火队员，率领从辽东回来的几万兵马前去进剿，大破高士达，斩杀了张金称，进击豆子赵，擒捉了格谦。

接下来，杨义臣扬威河北，所向披靡，收降了数十万叛军，风头无两。

河北枭雄窦建德一度惊呼："历观隋将，善用兵者，唯义臣耳！"

如果杨广信任杨义臣，让杨义臣放手去干，杨义臣收拾河北乱局绝对不是问题。

但是，他误听虞世基谗言，对杨义臣起了疑心，恶其威名，追召其入朝，遣散其士兵。

杨义臣大感忧愤，回朝后，病卒于礼部尚书任上。

杨义臣一走，张金称、高士达的余部全都归附窦建德，河北叛军复振，隋朝很快就走向了灭亡。

打仗最像霸王项羽的杨玄感，下场很惨

受小说演义的影响，人们对隋唐英雄武力排名极感兴趣，茶余饭后，津津乐道，乐此不疲。

可惜的是，像宇文成都、裴元庆、雄阔海、伍云召、伍天锡、罗成、杨林、魏文通、尚师徒这些英雄好汉，全是虚构的文学人物，史无其人。

至于那个天下无敌的第一好汉李元霸，历史上虽然有这个人，但他在小说演义里的事迹却也是虚构的，经不起推敲。

其实，在隋朝末年，四海鼎沸，大泽龙蛇躁动不安，天下英雄呼啸而起，正是"一时多少豪杰"！

结合正史《隋书》和新、旧两《唐书》的记载，也是完全可以给隋

唐英雄搞一个武力排名榜的。

如《旧唐书》称："敬德善解避矟，每单骑入贼阵，贼矟攒刺，终不能伤，又能夺取贼矟，还以刺之。"尉迟敬德可谓艺高胆大，不但挥鞭击矟功夫了得，而且骑术精湛，在万军中冲锋陷阵收放自如，毫发不伤，还能在马上空手夺白刃，可谓世之猛将。

《旧唐书》称："叔宝每从太宗征伐，敌中有骁将锐卒，炫耀人马，出入来去者，太宗颇怒之，辄命叔宝往取。叔宝应命，跃马负枪而进，必刺之万众之中，人马辟易。"秦叔宝在万军之中取上将首级犹如探囊取物，惊世骇俗！

即这个排行榜上，必须有尉迟敬德、秦叔宝、程咬金、单雄信这些人的名字。

此外，还应该有丘行恭、张须陀、罗士信、段志玄、裴行俨、王君廓、阚棱、杜伏威、张公谨、来整、苏定方、鱼俱罗等。

这些人，正史上都明确提到了他们的武力值，并都有惊艳的战斗表现。

但是，还有一个猛人的武力，是极容易被人们忽略掉的。

忽略掉的原因，并非他的名气太低，存在感不强；而是他的名气太大，做出的事迹太过惊天动地，大家的注意力都集中在他所做的这件事上，无暇关注其他了。

这个人，就是隋朝开国大将杨素的长子杨玄感。

不用说，杨素是四大名将之一，历史上很有名。

但杨玄感之名，远在杨素之上。

不为别的，就为杨玄感最先打响了政府军正式反隋的第一枪，揭开了规模宏大的反隋战争史的大幕。

杨玄感很能打，《隋书》称："玄感骁勇多力，每战亲运长矛，身先士卒，喑呜叱咤，所当者莫不震慑。论者方之项羽。又善抚驭，士乐致死，由是战无不捷。"

"每战亲运长矛，身先士卒，喑呜叱咤，所当者莫不震慑"这句话，正是《史记》中司马迁借韩信之口对项羽的评价。

所以,"论者方之项羽",即隋朝人认为,杨玄感打仗是最像霸王项羽的人。

而且,杨玄感生得一副美姿容,史称其"体貌雄伟,美须髯",活脱脱是美髯公关云长从画里走出。

杨玄感好读书,擅长骑射,热衷于打仗。

有些人,似乎与生俱来就是属于战场的,他们喜欢享受刀口舔血的快感,喜欢感受驰骋杀伐的刺激。

杨玄感显然属于这类人。

他多次对兵部尚书段文振说:"玄感得到的宠爱远远超过了应得到的赏赐,如不立功于边塞,何以塞责?如边疆有风尘之警,希望能拿起马鞭,指挥军队,粗立微末之功。明公主管兵革的,我冒昧将心思如实相告。"

他强烈要求段文振多给他安排行军打仗的机会。

段文振把他的话转告给隋炀帝。

隋炀帝壮其言,对群臣说:"将门必有将,相门必有相,此话不假。"

隋炀帝这样夸奖杨玄感,是他知道杨玄感的最终目的不是为了封赏,而是单为建功扬名。

因为,少年时代的杨玄感,曾凭借父亲杨素的军功,位至柱国,与杨素同为第二品,朝会齐列。

杨玄感为此感到过沮丧。

隋文帝后来将他的品级降了一等。

他眉开眼笑,拜谢说:"多谢陛下如此宠爱我,让我在公廷上得以表示出对家父的尊敬。"

杨玄感的父亲杨素在隋炀帝当政初年去世,杨玄感父忧去职,岁余,起拜鸿胪卿,袭爵楚国公,迁礼部尚书。

这不是重点,重点是他爱重文学,四海知名之士多趋其门。他累世尊显,有盛名于天下,在朝文武多是其父将吏,在朝中极具威势。

杨玄感要起兵反隋,一方面就是自认威势太盛,根基雄厚,有胜利

第七章 短命的隋朝

243

的信心；另一方面，他出自正宗的弘农豪族杨氏，而隋杨不是；当然，最主要的是，隋朝的朝纲已紊，炀帝猜忌日甚，偏偏自己又树大招风，因此内不自安，日夜与诸弟潜谋废除隋炀帝。

隋炀帝征讨吐谷浑败还，屯驻于大斗拔谷，当时随从官员都很狼狈，情况很糟，一片乱哄哄的。

杨玄感想趁机袭击炀帝，惜被他的叔父杨慎拦住了。

当时，杨慎告诫杨玄感说："士心尚一，国未有衅，不可图也。"

杨玄感悻悻然作罢。

其实，那还真是一次绝好的机会，杨玄感行事不够坚定，错失此千载难遇之良机。

杨玄感正式反隋的时间是隋大业九年（613年）。

该年春，隋炀帝发动了第二次东征高句丽的军事行动，杨玄感负责在黎阳督运粮草。

杨玄感串联起武贲郎将王仲伯、汲郡赞治赵怀义等人，先是故意扣押粮草，让隋炀帝所在的部队断粮挨饿；接着让弟弟武贲郎将杨玄纵、鹰扬郎将杨万硕把带到前线的队伍悄悄撤回；然后谎称前线大将来护儿造反，自己以讨伐来护儿为名，发起了叛乱。

一开始，进展顺利，声势浩大。

杨玄感现身鼓动民众说："我身为上柱国，家累巨万金，对于富裕显贵，没有什么追求的。现在不顾让家庭破产、家族灭绝的危险，但为天下解倒悬之急，拯救老百姓的性命罢了。"

众人欣悦其语，每日到辕门请求自效的有成千上万人。

最让杨玄感欣喜无限的是，观王杨雄之子杨恭道、韩擒虎之子韩世谔等四十多名高官子弟都前去军中效力，形势一片大好。

杨玄感自少倾心结交的好友李密也从长安应召而来，积极为他出谋划策。

李密提供了上中下三策。

李密说，炀帝远在辽东，离幽州有千里之遥，南限钜海，北阻强胡，他所发布的号令，只能从榆林一线传达。如果我们鼓而北上，直扼其喉，可形成高句丽在前面阻止他们的去路，我们在后面截断他的归途的局势，不出旬日，他们一定兵疲粮困，那时咱们举旗招降，大搞政治攻心，很快就能涣散他的军心，然后传檄而南，天下可定。这是叫作"釜底抽薪"，乃是上上之策也。

中策是西入长安，夺取京师。京师此时正虚，留守京师的是庸才卫文升，如果我们全速抄到长安，关中是四塞之地，一旦我们得手，就可以据函、崤制诸夏，于是隋亡襟带，我势万全。这也不失为一条好计策，所谓"以逸待劳"是也。

下策是因近便利，先取东都，但是顿兵坚城之下，如果不能马上决出胜负，反遭到炀帝的围攻，那就凶险了，所以这个计策也叫"火中取栗"。

杨玄感认为，所谓的上策和中策，无论在时间还是空间上都太久远，不容易实施，反倒是下策容易实施。要知道，朝廷要员的妻儿老小都在东都，只要攻下东都，俘虏了这些家属，势必震动朝野，大事可成。

于是，他以下策为上计，引兵从汲郡渡过黄河，围攻东都洛阳。

这么一来，诚如李密所说，杨玄感顿兵坚城之下，不能马上决出胜负，很快就遭到隋炀帝的围攻。

杨玄感先是遭到了镇守东都的越王杨侗、民部尚书樊子盖的顽强抵抗；此后，刑部尚书卫玄率众数万，自关中来援，与他鏖战于瀍、涧水间；不久，武贲郎将陈棱、武卫将军屈突通、左翊大将军宇文述、右骁卫大将军来护儿等数路大军来援。

杨玄感进退失据，陷入了重围，最终兵败身死。

杨玄感死得相当悲壮。

他与弟弟杨积善从乱军中杀出，战马累死，两人失骑，步行至葭芦戍，而后面追兵不绝。

杨玄感自感窘迫，情知不免，对弟弟说："事败矣。我不能受人戮辱，汝可杀我。"

杨积善含泪抽刀斫杀了哥哥，然后横刀自刎。

但刀钝，杨积善死不了，为追兵所执。

追兵将杨积善和杨玄感的尸体一同送到隋炀帝的行在所。

隋炀帝为泄愤,"磔其尸于东都市三日,复脔而焚之"。

李密这一失策,导致隋末瓦岗军的崩解

戏曲界流行有这样一句话:"若无瓦岗散将,焉有贞观盛唐?"

这句话衍生于通俗演义小说《说唐》。

其本意是说,瓦岗军解散后,众瓦岗英雄纷纷投唐,从而帮李渊、李世民父子打下了李唐江山,并且,同心协力,协助李世民开创了贞观盛世。

这种说法,无限地夸大了瓦岗英雄的作用,属于戏曲、小说家语。

但不可否认,在隋末风起云涌的众多起义军中,先期影响力最大的,就是瓦岗起义军。

唐高祖李渊父子从太原起兵,正是因为瓦岗军牢牢牵制住了隋朝东都以及江都的主力,他们才可以顺风顺水地攻取长安,进而号令天下英雄。

如果把"若无瓦岗散将,焉有贞观盛唐"这句话说成"若非瓦岗败亡,天下归属尚未可知",相对比较适当一些。

按照《旧唐书》里面的说法,瓦岗军曾"据巩、洛之口,号百万之师,窦建德辈皆效乐推,唐公给以欣戴"。即瓦岗军号称百万之师,处于隋末起义军的盟主地位,不但为窦建德等枭雄乐于推举遵从,也是唐公李渊欣然拥戴的对象。

那么,如此声势浩大、气焰张天的瓦岗军为什么会迅速败亡了呢?

戏曲、小说里面的说法,是瓦岗军领袖李密贪图个人享受,用玉玺去换取天下第一美女萧妃,因此冷了众英雄好汉的心,引发了轰轰烈烈的"瓦岗散将"局面。

毫无疑问,"用玉玺换美女"这样的情节,只能出自小说家的头脑,不可能是政治家的想法。

瓦岗军领袖李密是一个彻头彻尾的政治家,而且是一个极具个人魅

力的政治家。

下面，我们来简单介绍一下李密的早期经历。

李密的来头可不简单。他的曾祖父赵郡公李弼在西魏时代与安定公宇文泰、陇西郡公李虎、广陵王元欣、河内公独孤信、南阳公赵贵、常山公于谨、彭城公侯莫陈崇同为"八柱国"。

这个安定公宇文泰，就是后来的北周太祖。

陇西郡公李虎，就是李渊的爷爷。

李密的曾祖父李弼与宇文泰、李虎同列为"八柱国"，可知其权势之盛。

李弼在北周时为太师、魏国公；李密的祖父李曜，为北周的太保、邢国公；李密的父亲李宽为隋朝的上柱国，封蒲山郡公。

一句话，从李密的曾祖父李弼到李密，他们一家是"四世三公"。

关于李密的父亲李宽，《隋书·李密传》是这样描述的："父宽，骁勇善战，干略过人，自周及隋，数经将领，至柱国、蒲山郡公，号为名将。"

李密本人在隋开皇九年（589年）袭父爵蒲山公，因为年纪尚幼没有被朝廷安排具体工作，到了隋炀帝即位，才凭借父荫任左亲卫府大都督、千牛备身。

这千牛备身属于皇帝的禁卫武官，是个非常有前途的职位。

李渊在开皇初年，也是担任了杨坚的千牛备身。

李密志向远大，《隋书·李密传》说他"多筹算，才兼文武，志气雄远，常以济物为己任"。他认为千牛备身是个琐碎差事，不屑为之，借病辞职，专心致志读书。

读书之余，散发家产，周赡亲故，养客礼贤，无所爱吝。

李密曾听国子助教包恺讲授《史记》《汉书》，听得精神感奋，从此彻底爱上了这两部书，手不释卷。时出访友，就骑在黄牛背上，把整套《汉书》挂在牛角上，自己一手捉牛鞚，一手翻书阅读。

这两部书中，他最爱读《项羽传》。

某次，他读书读得太入神，牛撞入了越国公杨素的车队。

杨素见了李密勤奋读书的样子,大奇,问道:"何处书生,耽学若此?"

李密知道对方是杨素,连忙下牛叩拜谢罪,自报姓名。

杨素问他所读何书。李密不假思索地答:"《项羽传》。"

杨素愈加惊异,与语,大悦,回头对自己的儿子杨玄感等人说:"吾观李密识度,汝等不及。"

杨玄感听父亲这样盛赞李密,就与李密倾心相交。

李密胸怀大志,以救世济民为己任,得杨玄感礼遇,也很想结交杨玄感以成就一番大事业。

杨玄感曾与李密私语,说:"上多忌,隋历且不长,中原有一日警,公与我孰后先?"

李密微笑回答:"决两阵之胜,噫呜咄嗟,足以詟敌,我不如公。揽天下英雄驭之,使远近归属,公不如我。"

隋大业九年(613年)春,隋炀帝发动了第二次东征高句丽的军事行动,杨玄感负责在黎阳督运粮草。

李密从长安应召而来,积极为杨玄感出谋划策,提供了前文讲过的上中下三策。

杨玄感对李密说:"公之下计,乃上策也。今百官家口并在东都,若不取之,安能动物?且经城不拔,何以示威?"

于是,他以李密的下策为上计,引兵从汲郡渡过黄河,围攻东都洛阳。

杨玄感挥军抵达洛阳后,频战皆捷,自谓天下响应,功在朝夕。

当他抓获到隋朝的内史舍人韦福嗣后,即委以腹心。

从此,征战大事,不再由李密一人主持。

韦福嗣本来就不是共同举事的同谋,只因战败被执,不得已委身于杨玄感,内心无时不在思谋逃回隋杨阵营,所以,他每次参与军事行动的筹划,皆持模棱两可的态度。

杨玄感让韦福嗣这位担任过隋朝内史舍人的政治高参帮自己起草讨隋檄文,韦福嗣固辞不肯。

李密一眼看穿了韦福嗣的小心思,偷偷对杨玄感说:"(韦)福嗣元非同盟，实怀观望。明公初起大事，而奸人在侧，听其是非，必为所误矣，请斩谢众，方可安辑。"

杨玄感哪里舍得斩韦福嗣这样的高级人才？不以为然地说："何至于此！"

李密知道事不谐矣，对自己的亲从说："（杨）楚公好反而不图胜，如何？吾属今为虏矣！"

隋左武卫大将军李子雄因事获罪被捕，本应被押送到炀帝的行宫去处罚，但他在半路上杀掉押送官员，前来投奔杨玄感。见了杨玄感，极力鼓动杨玄感称帝，说是加强反隋的影响力。

杨玄感蠢蠢欲动，向李密征求意见。

李密大惊失色，劝阻说："昔陈胜自欲称王，张耳谏而被外，魏武将求九锡，荀彧止而见疏。今者密欲正言，还恐追踪二子，阿谀顺意，又非密之本图。何者？兵起已来，虽复频捷，至于郡县，未有从者。东都守御尚强，天下救兵益至。公当身先士众，早定关中。乃欲急自尊崇，何示不广也！"

这次，杨玄感听从了李密的劝告，将称帝一事搁置不理。

不得不说，李密真是个深谋远虑的政治家。

而也正如李密前面所说，杨玄感顿兵坚城之下，既不能马上决出胜负，很快就会陷入到隋军主力的围攻中了。

杨玄感左支右绌，又听说隋朝将领宇文述、来护儿等人率领军队源源不断入援洛阳，不免有些手忙脚乱，向李密问计："计将安出？"

李密建议杨玄感抓紧实施自己先前说的中策，西入长安，夺取京师。他说："元弘嗣统强兵于陇右，今可扬言其反，遣使迎公，因此入关，可得给众。"

杨玄感连声称妙，整军向西。

大军来去，犹如山迁岳移，盖因李密策划周密，丝毫不乱。

倒是那个首鼠两端的韦福嗣，一如李密所料，一道烟逃入洛阳去了。

杨玄感的大军西进途经弘农宫，遭到了弘农太守杨智积的寻衅挑战。

李密告诫杨玄感兵贵神速，不要多管闲事。

杨玄感不听，坚持要先灭了杨智积。

李密苦口婆心劝谏说:"公今诈众西入,事宜在速,况乃追兵将至,安可稽留!若前不得据关,退无所守,大众一散,何以自全?"

杨玄感还是不听,发兵围攻弘农宫。

围了三天都没能攻克,只因后面追兵太急,不得不带上队伍向西走。

结果在阌乡县被追兵追上了。

一番激战过后,杨玄感败亡,全军覆没。

李密虽在乱军中逃脱,却在进入潼关后被缉捕归案。

隋炀帝驻跸于高阳县,李密和同案七人一起被押送到高阳受惩。

李密口才好,在路上尽出私藏金钱请押送官员喝酒,找机会逃了出来。

经过三年多的逃亡,隋大业十二年(616年),李密流落到了韦城瓦岗寨。

这瓦岗寨的队伍,是东郡人翟让发展起来的反隋农民起义军,规模并不大。

还是那句话,李密口才好,他给翟让大谈了一番争天下的道理。

他说:"今主昏于上,民怨于下,锐兵尽于辽东,和亲绝于突厥,方乃巡游扬、越,委弃京都,此亦刘、项奋起之会,以足下之雄才大略,士马精勇,席卷二京,诛暴灭虐,则隋氏之不足亡也。"

补充一下,伙同翟让一同举事的人有单雄信、徐世勣等。

单雄信也就算了,徐世勣后来和李靖并称为开唐两大名将,绝对是隋唐年间重量级的人物。

徐世勣和翟让一样,都对李密大为敬慕,由此可知李密的人格魅力。

李密又向翟让自告奋勇,亲自去游说周边的各小股义军。

凭着他过人的口才,说得诸路义军纷纷来附。

瓦岗的声势越来越大。

李密继而向翟让建议夺取荥阳,以筹积粮草,待得兵强马壮,再跟别人争夺天下。

荥阳的战略地位非常重要,南面峰峦如聚,北面邙岭横亘,东面京襄坐断,西面虎牢扼关,同时也是通洛渠入黄河的枢纽地带,素有"东都襟带,三秦咽喉"之誉,向来是兵家必争之地。春秋时的晋楚争霸、汉末的楚汉相争都曾在这儿鏖战连年。

翟让依计而行，先攻克金堤关，然后攻打抢掠荥阳等县城镇，战无不克。

让天下英雄震惊的是，在迎战荥阳太守杨庆和通守张须陀时，李密巧妙设伏，他本人亲自带兵上阵，大破其众，斩张须陀于阵。

张须陀是大隋王朝柱石式的人物，他的死让天下各路反隋阵营里都炸了窝。

李密一夜暴得大名，名满天下。

最主要的是，对隋王朝而言，其只有掌握了河南，才能保持长安、洛阳、江都三地的通畅，才支撑着一统天下的局面。

张须陀阵亡，河南二十八郡基本脱离了隋室的掌控，天下很快就要分崩离析了。

可以说，张须陀的死，是一个时代开启的符号，它意味着东汉以来又一次群雄割据的时代到来了。

翟让不能没有点表示，他让李密建立自己的营署，单独统率一支部队。

李密将自己这支营署命名为"蒲山公营"。

李密不但仗打得好，管理部队也很有一套，史称："密军阵整肃，凡号令兵士，虽盛夏皆若背负霜雪。"

瓦岗军从此气象大变，变成了一支有板有眼、一本正经地要争夺天下的队伍。

李密继续向翟让建议说："昏主蒙尘，播荡吴、越，群兵竞起，海内饥荒。明公以英杰之才，而统骁雄之旅，宜当廓清天下，诛剪群凶，岂可求食草间，常为小盗而已！今东都士庶，中外离心，留守诸官，政令不一。明公亲率大众，直掩兴洛仓，发粟以赈穷乏，远近孰不归附？百万之众，一朝可集，先发制人，此机不可失也！"

听了李密的志向和高论，翟让自知浅薄，自惭形秽，既羞且窘，弱弱地说："仆起陇亩之间，望不至此，必如所图，请君先发，仆领诸军便为后殿。得仓之日，当别议之。"

李密当仁不让，于隋大业十三年（617年）春，带领七千名精兵从阳城向北出发，跨越方山，从罗口袭击兴洛仓，竟然一击得手！

李密下令开仓放粮，恣人所取。

一时间，方圆百里的老百姓，无论老弱妇孺，都闻风而来，道路不绝，众至数十万。

洛阳城里的越王杨侗派遣虎贲郎将刘长恭率领步兵骑兵二万五千人讨伐李密，也被李密的七千人一举打败，刘长恭仅以身免。

这种情况下，翟让心悦诚服，推举李密当首领，称魏公。

李密在巩县城南郊外设立祭坛，祭天登位，以洛口为都城，年号为"永平"。

即李密的西魏政权算是正式建立了。

山东长白山贼寇首领孟让带领人马前来归附；河南巩县长史柴孝和、侍御史郑颐献出县城投降；隋朝虎贲郎将裴仁基带着儿子裴行俨献出武牢归附……

李密拥众三十万，号称百万，豪气冲天，顾盼自雄。

李密让军中文书祖君彦起草讨隋檄文。

该檄文即历史上赫赫有名的《移郡县书》，文中明确地提出了自己的政治口号，制定了政治目标，还详细地列举了杨广的十大罪状。其中"罄南山之竹，书罪无穷；决东海之波，流恶难尽"创造了"罄竹难书"的成语，成了流传千古的名句。

柴孝和向李密建议说："秦地阻山带河，西楚背之而亡，汉高祖都之而霸。如愚意者，令仁基守回洛，翟让守洛口，明公亲简精锐，西袭长安，百姓孰不郊迎，必当有征无战。既克京邑，业固兵强，方更长驱崤函，扫荡京洛，传檄指㧑，天下可定。但今英雄竞起，实恐他人我先，一朝失之，噬脐何及！"

柴孝和的这个建议，其实正是四年前李密进献给杨玄感三策中的中策，按理说，李密不会反对。

但李密当年是不当家不知柴米贵。

现在他当家了，要考虑的东西太多了。

他诚恳地对柴孝和说："君之所图，仆亦思之久矣，诚乃上策。但昏主尚存，从兵犹众，我之所部，并山东人，既见未下洛阳，何肯相随西入？诸将出于群盗，留之各竞雌雄。若然者，殆将败矣！"

所以，李密和当年的杨玄感一样，只能实施他当年提出的三策中的下策，全力攻打洛阳。

这样，隋朝的主力，基本被李密牵制在东方了。

李渊父子在太原起兵，顺风顺水地杀向西方长安。

李密和柴孝和都知道李渊一旦占据了长安会意味着什么，急得直吐白沫。

为此，李密命令柴孝和带领一万人马赶去拦截李渊。

但柴孝和刚走，李密在攻打回洛仓时遭到了隋将段达、庞玉、霍世举的联合反击，他身中流矢，被抬了回来疗伤。

随后，派出去接战的裴仁基大败而归，大将杨德方、郑德韬双双阵亡，形势很不妙，李密只好放弃回洛仓，灰溜溜地退回都城洛口。

听说李密这边战败，柴孝和一时没了主意，带领人马退了回来。

既然没法拦阻李渊，李密就以盟主的身份让祖君彦写信给李渊，称："与兄派流虽异，根系本同。自唯虚薄，为四海英雄共推盟主。所望左提右挈，戮力同心，执子婴于咸阳，殪商辛于牧野，岂不盛哉！"要求李渊率步骑数千来河内与自己面结盟约。

李渊如何肯听？他对自己的行军主簿温大雅说："密妄自矜大，非折简可致。吾方有事关中，若遽绝之，乃是更生一敌；不如卑辞推奖以骄其志，使为我塞成皋之道，缀东都之兵，我得专意西征。俟关中平定，据险养威，徐观鹬蚌之势以收渔人之功，未为晚也。"

随后，他让温大雅写回信好好地恭维了李密一番，坚拒面见结盟，说："殪商辛于牧野，所不忍言；执子婴于咸阳，未敢闻命。汾晋左右，尚须安辑；盟津之会，未暇卜期。"

李密接信之时，他一生中的敌人——江都通守王世充进驻洛阳了。

至此，他无暇西顾李渊，专心与王世充开战。

李密与王世充大大小小一共战斗了六十多次，虽然胜负不分，但武阳郡丞元宝藏、黎阳义军寇首领李文相、洹水义军首领张升、清河义军首领赵君德、平原义军首领郝孝德、永安土豪周法明、齐郡义军首领徐圆朗、任城县的大侠客徐师仁、淮阳郡太守赵佗等，犹如百川入海，不断前来归附，瓦岗事业还是处于上升势头。

瓦岗军为何会出现突然崩亡的现象？

很多人都说，是因为瓦岗起义军内部发生了内讧，李密为了争权夺势，杀死了瓦岗军最初的当家人翟让，让瓦岗上下寒心，瓦岗的军事实力遭受重创，一蹶不振。

此说大谬。

李密之所以要杀翟让，是因为翟让受其部将王儒信、其兄翟宽等人的蛊惑，要对李密下毒手。

李密为求自保，不得不先下手为强。

李密的手段干脆利落，流血范围很小，仅仅是杀了翟让、翟宽、王儒信几个人，对翟让的老部下如徐世勣、单雄信、王伯当等，仍是重用有加，并未波及其余。

再者，李密未加入瓦岗军之前，瓦岗军不过是几千人之众而已。

李密建立西魏政权后，拥众三十万。这三十万人都是倾慕李密前来投奔的。

一句话，瓦岗的实力并未因翟让被杀而受影响。

王世充原本也预料到翟让与李密会有一场内讧，他满怀期待地等待着瓦岗的内乱发生。

但李密处理事件的方法得当，瓦岗的内乱很快平息。

王世充大失所望，扼腕叹息道："李密天资明决，为龙为蛇，固不可测也。"

李密除掉翟让后，又挥兵攻占了黎阳、偃师等地，斩杀了隋朝虎贲郎将杨威、王辩、霍举、刘长恭、梁德、董智等。

隋廷掌管土木营建的官员将作大匠宇文恺甚至认为李密是天命所归，毅然决然地叛离了东都，投奔李密。

东到海滨、泰山，南到长江、淮河的所有郡县都派使者前来联系李密，表示归附。

窦建德、朱粲、杨士林、孟海公、徐圆朗、卢祖尚、周法明等人都向李密上书，劝他早登皇帝位。

李密手下的官吏也都劝说李密抓紧称帝。

这种情况下，李密还保持着相当清醒的头脑，说："东都未平，不可议此。"

真正导致瓦岗军上下离心、士众溃散的，是李密做了下面这件愚不可及的傻事、蠢事。

话说，隋大业十四年（618年）三月，宇文化及在江都弑杀了隋炀帝，立秦王杨浩为傀儡皇帝，自率十万大军北上。

消息传到东都洛阳，城中段达、王世充、元文都、韦津、皇甫无逸、卢楚、郭文懿和赵长文等隋朝大臣拥立了留守洛阳的越王杨侗即位，改元皇泰。

王世充执掌军权，专横跋扈。皇泰主杨侗想借李密之手除之，派人册封李密为太尉、尚书令、东南道大行台行军元帅、魏国公，许诺李密平定了宇文化及便可入东都辅政。

按理说，李密是不应该理睬杨侗这一手的。

毕竟，他是胸怀大志要建立政权以济世安民的人。

但是，这个时候的李密，一方面要应对王世充的攻击，一方面又要对付南来的宇文化及，为了避免两面作战，他接受了册封。

他不仅接受了册封，还按照杨侗的吩咐，引兵到黎阳迎战宇文化及。

李密这个做法，大失瓦岗士众之心。

清史学家王夫之感叹说："李密，本来是隋朝之世臣，并无大怨于隋，他自己也没有可恃之势，却无缘无故地起了叛乱之心，先鼓动杨玄感造反，杨玄感败，他亡命而依附翟让。隋朝有足够的理由来仇恨李密，李密却没有什么缘由来仇恨隋朝。他让人起草檄文历数其君之罪，斥责君主如同斥责奴仆，并声称像周武王灭纣、汉高祖执子婴那样对付隋帝，那已经是与隋不两立，君臣之义永绝了。到了宇文化及弑君自立，率军前往黎阳并进逼黄河，李密为了解除腹背受敌的困境，竟然奉表降隋。隋炀帝本来是李密要像周武王灭纣那样要灭的人，他却责怪宇文化及'世受隋恩，反行弑逆'；越王杨侗本来是李密要像汉高祖执子婴那样要执的人，他却北面称臣，受其爵命；由此诸将看他如猪狗，知道他不会有什么大作为，谁还会为他拼死效命并希望他得到天下呢？"

应该就是这个原因，李密虽然在童山险胜了宇文化及，却在邙山脚下惨败于王世充。

这场惨败，一溃千里，无可收拾。

没有办法，李密只好与王伯当像丧家犬一样西入长安投奔李渊。

不过，也诚如王夫之所说，"其降隋也，非元文都之愚，未有信之者也；其降唐也，唐固不信其果降也"。

李密归唐后果然复叛，最终在陆浑县南邢公岘被唐熊州副将盛彦师击杀。

现京杭大运河是隋炀帝时凿的？请莫张冠李戴

隋炀帝杨广是中国古代历史上最混账的帝王之一。

他坐享其成地继承了他爹隋文帝留下的丰厚遗产，后来却把这些遗产挥霍一光，成了臭名昭著的二世祖、败家子。

根据学者岑仲勉、杨志玖等人考证，隋文帝篡北周自立，从北周那继承了大量户田，后来又吞并了南陈，通过大索貌阅等手段清查北周、南陈的隐漏瞒报户口，根据《资治通鉴》里面的记载："隋开皇中，户八百七十万。"即开皇年间达到了八百七十万户。估计隋朝鼎盛时期可达八百九十万户。

但是，隋炀帝肆意挥霍和作孽，造成了隋末大动乱，唐朝人杜佑编纂的《通典》记载："（隋）末年离乱，至武德有二百余万户"，即隋炀帝造孽，使华夏人口锐减到两百余万户！

真是恐怖至极。

现在有这样一种奇怪的声音：唐朝的兴盛完全得益于隋朝打下的坚实基础。

这真是要语不惊人死不休啊！

隋炀帝留下的分明是一个破坏严重、人口户口锐减四分之三、内外众多强敌的烂摊子，这所谓"坚实基础"真是何从说起！

隋炀帝喜爱游玩，贪图享乐，烝淫无度，穷极侈靡。

不过，单凭这几点，是远远不足以将偌大帝国搞垮搞崩的。

他最大的毛病，就是好大喜功，沉迷于夸兵耀武的恶趣味中。

因为这个，他经常搞大型军演，动辄发动几十万人马浩浩荡荡，像集体旅游一样，在边塞来回游行，表面上是向北方游牧民族搞震慑，实际上却是兴师动众，劳民伤财，消耗极大。

最可笑的是，隋大业十一年（615年），这种震慑游行惹毛了突厥人，隋炀帝被突厥始毕可汗率军围困在雁门。隋炀帝上天无门、入地无路，欲哭无泪，肠子都悔青了。

最后，是被他爹隋文帝送到突厥人那儿和亲的义宁公主出面，好说歹说，才躲过一劫。

还有，东北高句丽看不惯隋炀帝这一套。

隋炀帝放话"高句丽若降，即宜抚纳，不得纵兵"，前后兴师搞了三次东征高句丽。

这三次东征，虽然全以失败告终，但第一次明明是可以击败高句丽的。但是，高句丽人把准了隋炀帝的脉，一看要扛不住了，马上服软；等险情消散，又亮兵挑衅，如此再三，反复戏耍兼消耗，终于把远道而来的隋军拖垮了。

只能说，在隋炀帝的带领下，大隋帝国纵有雄兵百万，却是处处吃亏，处处碰壁，三征高句丽，结局是："隋人望之而哭者，遍于郊野。"这情形，好不凄惨。

而也因为隋炀帝这样穷兵黩武，搞得六军不息，百役繁兴，行者不归，居者失业，人饥相食，邑落为墟，最终，黎庶愤怨，天下土崩。

历史大家王永兴在《唐代前期军事史略论稿》中认为，隋炀帝这样胡搞乱搞使得内外遍树强敌，国内分裂严重，边境大量疆域丢失。

所幸，华夏有不世出之人杰李世民，其经年苦战，不仅完成了统一大业，还粉碎了突厥可汗夺取中原的企图，保卫了中华民族几千年的文明。

好大喜功的隋炀帝，曾在隋大业三年（607年）和隋大业四年（608年）两次修筑榆林以东的长城，调发丁男一百二十万，役死者过半。

隋大业元年（605年）至六年（610年），驱迫数百万百姓，修筑隋唐大运河，唐人韩偓写的《开河记》中记：隋炀帝"诏发天下丁夫，男年十五以上五十以下者皆至，如有隐匿者，斩三族"，共征发了三百六十万人。因为劳动负担很重，监工督责太急，不到一年，三百六十万民工死者竟达二百五十万人，白骨积盈于两岸，"下寨之处，死尸满野"。

一句话，隋炀帝在十余年间征发扰动的农民不下一千万人次，平均每户就役者一人以上，造成"天下死于役"的惨象。

现在，有些人体会不到当年民众的苦难，开口闭口大加称颂隋炀帝的功德，说他开凿大运河，是一件"功在当代，利在千秋"之大美事。

但是，必须说明，隋朝的大运河，主要是将若干自然河和前人开凿的人工运河连接成可以通达中国大部分地区的运河主道。

中国古代很早就有利用自然水源修筑人工运河，用以灌溉农田和船运的历史。

据记载，春秋时期，吴国开凿了胥溪、邗沟、黄沟三条运河，其中的邗沟是在长江与淮河之间开凿一条运河，这也是后来大运河在江苏境内的一段。

根据《越绝书》记，秦始皇从嘉兴"治陵水道，到钱塘越地，通浙江"，成了奠定运河走向的人。

汉武帝在吴江南北沼泽地带开河，基本接通了苏州至嘉兴的运道。

三国时期，孙权开凿了破岗渎，西连淮水，东接云阳，成了沟通南京以东的水运网。

东晋桓温为了运兵北伐前燕，开凿从巨野泽北出济水的桓公渎，船只能从济水进入黄河。

南朝萧梁开通了上容渎……

可以说，从先秦时期到南北朝时期的众多王朝开凿了大量运河河道，为后世开隋唐大运河奠定了基础。

实际上，隋文帝在登基之初，就有了开通运河的设想。他已经着手实施了一部分。当时，隋朝的首都在长安，粮食供应一度成了问题。为解决运粮难的问题，他于隋开皇四年（584年），下令从大兴城到潼关开凿一条运河，命名为广通渠，引入渭水，有效地解决了关中粮食的供应问题。

但是，隋文帝是个爱惜民力的人，他考虑到民生国力的方方面面，顾虑重重，没有继续往下干。

隋炀帝即位，就想把老爹这项未完成的大工程一口气干成。

在这里强调一下，之前很多人认为隋炀帝开凿大运河的动机是为了"游幸"的需要，即所谓"出于君王游幸之私意"，甚至按小说演义的说法，是为了到扬州看琼花。所以有"广陵花盛帝东游，先劈昆仑一派流""隋皇意欲泛龙舟，千里昆仑水别流"之类的诗出现。历史学家王仲荦在《隋唐五代史》里说得严肃一些，称："作为隋的最高统治者隋炀帝，他开凿运河主要是为了加强统治和榨取江南人民，也带有便于他本人巡游享乐的动机。"

但真实的缘由，应该是隋炀帝好大喜功，想干出比老爹更大的政绩。

是，隋炀帝贪恋江南的美景和名花、美女是不假，但他三下江都，绝不仅仅是为了享乐，否则，很难解释其西巡陇右和北巡雁门的举止，毕竟，陇右和雁门并非烟花繁盛之地。

据《资治通鉴》载，隋炀帝在即位之初，就曾对给事郎蔡征说："自古天子有巡狩之礼，而江东诸帝多傅脂粉，坐深宫，不与百姓相见，此何理也？……此其所以不能长世。"

所以说，隋炀帝三下江都，都有与西巡陇右和北巡雁门相同的"巡狩天下"的意味。

话说回来，隋炀帝在营建东都洛阳的同时，以洛阳为中心，构筑大运河，其中，隋大业元年（605年），开通济渠，从洛阳西苑通到今天的江苏淮安。

隋大业四年（608年），开永济渠，南接黄河，北通涿郡。

隋大业六年（610年），在长江以南开凿了一条江南河，从江苏镇江可直达浙江杭州。

整个工程，沟通了钱塘江、长江、淮河、黄河和海河五大水系，全长约两千七百公里。

但是，如此庞大的工程，却是投入量大、产出量少。黄、淮多沙易淤，河道多变易塞。

隋大业十二年（616年），隋炀帝还未死，永济渠引沁水会清水一段的渠道已经严重淤塞。

到了唐代，有些河道的湮塞程度甚至出现过"几与岸平，车马皆由其中，亦有作屋其上"的滑稽景象。

为此，唐代统治者不得不经常动用民力对大运河进行疏浚、修整和开凿。

唐代的疏浚工程主要有：四疏汴渠，五浚邗沟，三治江南运河，二凿丹灞水道，三治褒斜道，疏浚嘉陵江故水道，治理灵渠，治理黄河汾水道，等等。

这之后的后周、北宋，也同样经常性地疏浚、整修。

可以说，大运河说是世界上"故障率"最高、通航效率最低、副作用最大的运河之一。

有人统计，自隋修建大运河后的一千四百年间，真正能从杭州（余杭）全程通航到北京（大都、涿郡）的时间总共不过几十年，百分之八十以上的河段能够贯通的时间也不过两三百年，其余时间都是在若干地段靠水陆联运辗转而行。

元朝定都大都后，很多物资，特别是粮食需要从南方运送过来，但是隋朝运河以洛阳为中心，已不符合时代的运输需要了。

为此，元朝起用郭守敬作为总设计师，耗时十余年，费尽民力，终于裁弯取直，把原来呈"＜"型的隋朝大运河改成了大体上是南北一条直线的京杭大运河。

一句话，原来的全长约二千七百公里的隋朝大运河已不复存在，取而代之的是全长为一千七百九十四公里的京杭大运河。

不难看出，京杭大运河比隋朝大运河缩短九百多公里。而且，元朝所新修的大部分河道已不是隋朝大运河的河道。

当然，为了保证大运河的使用，明清也经常疏浚、整修。

现在，京杭大运河仍在航运上发挥重要的功能。

但是，那些指着京杭大运河，说这条大运河就是隋炀帝开凿出来的人，显然是张冠李戴了。

杨坚曾血洗北周宇文氏，为何留下了宇文化及一家？

我们知道，隋文帝杨坚在受禅建隋之后，为绝后患，曾血洗北周宇文氏，诛杀了北周多个鲜卑酋长及宇文氏皇族，共计杀宇文泰子孙二十五家，宇文觉及宇文毓子孙六家，宇文邕子孙十二家。即宇文氏子孙依次被诛杀，殆无遗种。

这种做法实在血腥残忍，襄助杨坚登上帝位的开国第一谋士李德林心生恻隐，提出过劝谏，结果惹得杨坚直吹胡子。

后世史家赵翼读史读到这一段，也气得直吹胡子，斥骂杨坚："窃人之国，而戕其子孙至无遗类，此其残忍惨毒，岂复稍有人心。"

但是，我们也知道，隋大业十四年（618年）三月十日夜，宇文化及发动了江都之变，绞弑了隋炀帝杨广。随同杨广遇难的，还有蜀王杨秀及其七个儿子、赵王杨杲、齐王杨暕及其二个儿子、燕王杨倓等隋氏宗室外戚以及虞世基、裴蕴、来护儿、袁充、许善心、独孤盛、宇文协、宇文晶、梁公萧钜及其子等，随后因反抗宇文化及而被害的又有麦铁杖的儿子麦孟才、沈光、钱杰等人。

不免让人感到疑惑，杨坚当初尽屠北周宇文家族，为何还会留下宇文化及家这一支呢？

其实，宇文化及本姓并非宇文，他们家与北周宇文氏并无血缘关系。这一点，在当时，是人尽皆知的。

要知道，心思缜密、老谋深算的杨坚是不会留下任何祸根的。

宇文化及弑杀了杨广，自称大丞相，总百揆。以皇后的命令立秦王杨浩为皇帝，封弟弟宇文智及为左仆射、裴矩为右仆射，率隋官兵十余万众西归关中。

宇文化及到了滑台，留下所有辎重，让王轨看守，自己引兵向北与枭雄李密争夺黎阳。李密与宇文化及隔水而语，无情揭露宇文化及的老底："卿本匈奴皂隶破野头耳，父兄子弟，并受隋恩，富贵累世，举朝莫二。主上失德，不能死谏，反行弑逆，欲规篡夺。不追诸葛瞻之忠诚，乃为霍禹之恶逆，天地所不容，将欲何之！"

李密说的一点也没错。

宇文化及的先祖原姓破野头，为南匈奴人，后来做了鲜卑人北周太祖宇文泰的五世祖宇文俟豆归的奴仆，才随主人改姓为宇文氏。

李密的曾祖父为西魏"八柱国"之一的司徒李弼；祖父李曜为北周

的太保、邢国公；父亲李宽为隋朝的上柱国，封蒲山郡公。李密本人在大业初年曾任左亲卫府大都督、东宫千牛备身，在宫里担任过宿卫，对宇文化及知根知底。

宇文化及此人，不学无术，不过依仗父亲的权势，作威作福。

在长安城，李密经常看到这样一幅景象：宇文化及带领家丁，骑着高头大马，挟弓持弹，肆意狂奔在大街上。

百姓对宇文化及畏而远之，称他为"轻薄公子"。

李密成了瓦岗寨首领，听说了宇文化及做出弑君壮举，一口浓痰砸在地上，轻蔑地说："化及庸懦如此，忽欲图为帝王，斯乃赵高、圣公之流，吾当折杖驱之耳。"

不但宇文化及的对手李密看不起宇文化及，就连跟随宇文化及发起江都之变的司马德戡也看不起宇文化及，他在看清了宇文化及昏庸懦弱的本质后，后悔万分地说："化及庸暗，君小在侧，事将必败！"

《隋书》对宇文化及的评价用了四个字，相当精准：庸芃下才。

宇文化及实在是昏庸懦弱不堪，他拥众十余万，据有六宫，自奉养一如杨广。每日于帐中南面坐，有人奏事，他默然不能相对；下朝后，才取出上报的启、状和唐奉义、牛方裕、薛世良、张恺等人商量着处理。

他被李密打败后，退往魏县，明知必败，也要在败前过一把瘾，说："人生故当死，岂不一日为帝乎？"于是鸩杀傀儡皇帝杨浩，僭皇帝位于魏县，国号许，建元为天寿，署置百官。不久，遭到唐军李神通和窦建德所部义军的夹击，最终死于窦建德之手。

宇文化及如此斗筲小器，凭什么能成为历史上一度左右时局发展的人物呢？

前面说了，他所依仗的是他的父亲宇文述。

所谓"虎父犬子"，以宇文化及这个犬子来说，宇文述可算得上一个名副其实的虎父。

宇文述带兵打仗的能力出众，政治眼光也很准——每当政治风向改变时，他都看得很准。

宇文述的父亲是北周上柱国宇文盛，北周武帝时，因父亲的军功担任开府。

彼时当权的是武帝的堂兄宇文护，武帝不过一傀儡皇帝。

宇文述自然站在宇文护这边，属宇文护的亲信之一。

但是，宇文述很快觉察到了来自武帝的锋芒，改投到武帝这边，从而在武帝除掉宇文护后，担任了左宫伯，随后升任英果中大夫，得赐封爵位博陵郡公，不久改封濮阳郡公。

隋文帝杨坚担任北周丞相时，宇文述加入了杨坚的阵营，积极参与平定尉迟迥之乱，因此得拜为上柱国，封褒国公。杨坚即位后，再得拜右卫大将军。

杨广图谋夺取太子之位时，宇文述站在杨广这边，帮杨广出谋划策。

从北周武帝到杨坚再到杨广，宇文述每一次都站在最后的胜利者这一边，因此成了个政坛常青树。

当然，前面说了，宇文述的能力也不是盖的。

在平定尉迟迥之乱时，韦孝宽为行军元帅，宇文述以行军总管率步骑三千相从。

他先是在怀州击破尉迟迥部将李俊，然后与诸将协同作战，在武陟之战中击败尉迟迥之子尉迟惇。

在武陟之战中，宇文述跃马横枪，先锋陷阵，俘馘甚众。

在隋开皇九年（589年）隋灭南陈的战役中，宇文述任行军总管，领兵三万从六合渡江。韩擒虎、贺若弼两军夹攻丹阳，宇文述进据石头城，以为声援，最终攻陷建康，取得了最后的胜利。

南陈吴州刺史萧瓛在陈亡后据东吴之地，拥兵拒守。宇文述统行军总管元契、张默言等率军前往讨伐，水陆兼进，大获全胜。

此后，在出击突厥、吐谷浑，以及平定杨玄感之乱中，宇文述都功高一时。

当然，宇文述也有遭遇惨败的时候——即隋大业八年（612年）跟随杨广的第一次东征高句丽，宇文述统领九军三十万零五千人渡辽，全军皆溃，仓皇逃窜，及还至辽东城，唯二千七百人，物资器械损失殆尽。

不过，这次失败全怪杨广瞎指挥。杨广当战不战，不当战强行要求出战，搞得宇文述非常被动，最后输得很惨，也输得很冤。

宇文述还参加了第三次东征高句丽。

第二次东征，因为杨玄感突然叛乱，最终没有成行。

第三次东征，因为粮运不继，军至怀远，无功而返。

即使这样，杨广对宇文述的恩宠不减，厚待如初。

归根到底，还是宇文述在杨广夺太子位时出力大的缘故——宇文述是最先支持杨广夺位的人，隋开皇二十年（600年），他对杨广说："皇太子失爱已久，令德不闻于天下。大王仁孝著称，才能盖世，数经将领，深有大功。主上之与内宫，咸所钟爱，四海之望，实归于大王。"然后自告奋勇，带了大量财宝进京活动。

朝廷诸臣中，举足轻重的有两个人：左仆射高颎、右仆射杨素。

高颎是太子杨勇的亲家，绝对的太子党成员，这条路就用不着去走了。

宇文述的目标是杨素。

怎么与杨素搭上线呢？

大理寺少卿杨约是杨素的弟弟，杨素无论有什么大小事，都要与杨约商议一番，才会放手去干。

宇文述回京后，先从杨约下手，经常约杨约过来喝酒玩乐。喝得高兴了，就盛陈器玩，与杨约猜拳赌赛，故意赌输，送与杨约。杨约赢得珍宝多了，与宇文述交情日深。自然而然地，杨素也成了宇文述的好朋友。

由此，宇文述得以拖杨素下水，共同密谋策划帮助杨广夺位。

可以说，宇文述是为杨广夺取太子铺平道路的人。

杨广感恩戴德，将自己的长女南阳公主许配给宇文述的次子宇文士及，前后赏赐之物，不可胜计。

杨广登位后，更是铆足了劲对宇文述进行封赏，拜其为左卫大将军，改封许国公。后又加开府仪同三司，每冬正朝会，辄给鼓吹一部。

宇文述家金宝累积，后庭曳罗绮者数百，家仆千余人，皆控良马，被服金玉。

史称："（宇文）述之宠遇，当时莫与为比。"

宇文述病死于隋大业十二年（616年）。当时，宇文述随杨广巡幸江都，病倒后，杨广不断派人探问病情，他甚至打算亲自去看望，被大臣苦劝放弃了。宇文述快要病死了，杨广遣司宫魏氏问宇文述："必有不讳，欲何所言？"

话说，宇文述的两个不肖子宇文化及、宇文智及在跟随杨广驾临榆林时，竟狗胆包天，违背禁令与突厥人做买卖。此事激怒了杨广，被杨广黜免为民。

宇文述临终前向魏氏托孤，说："化及，臣之长子，早预籓邸，愿陛下哀怜之。"

就这样，杨广一时之仁，答应了宇文述的请求，一句"吾不忘也"，重新起用了宇文化及，结果给自己招来了杀身之祸。

宇文述三个儿子中，宇文化及、宇文智及都是不成器的蠢材，倒是尚娶了杨广长女南阳公主的宇文士及是个人物。

宇文述去世后，宇文士及以父忧去职，回家守孝。宇文化及于隋大业十四年（618年）发动江都之变时，宇文士及并不知情，稀里糊涂地受封为内史令。

唐高祖李渊在隋文帝朝时，曾任殿内少监；当时宇文士及为奉御，两人交情非常要好，彼此深自结托。

宇文士及的妹妹还嫁给了李渊，生下了李元嘉、李灵夔两子。

李渊在长安称帝后，不忘旧情，派人去寻找宇文士及。

宇文士及当时正跟随兄长宇文化及北上与李密争夺黎阳，他也知自己这个兄长成事不足、败事有余，早已派家仆间道诣长安申赤心。在黎阳见到了李密派来的使者，便密贡一金环。

李渊收到金环，大喜，对侍臣说："我与士及素经共事，今贡金环，是其来意也。"

宇文化及兵败，逃到魏县，兵威日蹙。宇文士及力劝兄长投降唐朝，遭到拒绝。

宇文士及于是离开了兄长，一个人投奔长安。

李渊见到宇文士及，兴高采烈地对元谋功臣裴寂说："此人与我言天下事，至今已六七年矣，公辈皆在其后。"

宇文士及的妹妹这时成了李渊的昭仪，深受宠爱，宇文士及因此得封为上仪同。

这之后，宇文士及跟随秦王李世民平定宋金刚、王世充，擒杀了窦建德。

窦建德杀死宇文化及时，将南阳公主与宇文士及所生的儿子宇文禅师杀死了，宇文士及算是为儿子报了仇。

南阳公主心伤爱子之死，潸然出家为尼。

宇文士及找到南阳公主，请求复合，遭到了拒绝。

宇文士及于是另娶了唐朝宗室女寿光县主。

宇文士及病逝于唐贞观十六年（642年），唐太宗李世民非常悲痛，追赠其为左卫大将军、凉州都督，陪葬昭陵。

隋炀帝原本是可以避免死于江都的，但他不想活了

我们都知道，一代暴君隋炀帝是死于"江都之变"中的。

这场兵变，隋炀帝原本是完全可以避免的。

即使兵变已经发生，隋炀帝原本也是可以避免一死、继续苟活一时的。

但是，隋炀帝自己放弃了，只求早死。

我们来看"江都之变"发生的全过程。

隋炀帝生性喜欢折腾，一生东游西荡，居无定所。

他在位期间，年年出巡，曾三游扬州，两巡塞北，一游河右，三至涿郡，还在长安、洛阳间频繁往返。而且，每次出游都兴师动众，搞得山河震动，唯恐天下人不知，沿途遍造离宫、行宫，劳民伤财，百姓号哭于途。

三征高句丽之后，国家已经民穷财尽，天下沸反盈天，农民起义军风起云涌，隋炀帝还是充耳不闻，兴致勃勃地从东都去江都游玩。

隋炀帝是隋大业十二年（616年）七月离开东都的，他弃守京都长安和东都洛阳，使得这两处政治中枢在短短几个月之后就分别遭到了瓦岗枭雄李密和李渊的围攻。

种种迹象表明，隋炀帝在最后一次游江都时，已经带有几分破罐破摔的意味了。

隋炀帝曾在隋大业九年（613年）招募大批关中勇士组建成骁果军。这些骁果军由虎贲郎将司马德戡统领，屯于江都东城。将士们听说瓦岗军已进逼东都，而炀帝无意西归，思家心切，纷纷逃亡。

对于这种局面，最好的决择就是利用将士思归的心理，挥师向西，回师长安。

但是，隋炀帝对京师长安不感兴趣，他命江都通守王世充挑选江淮民间美女充实后宫，每日酒色取乐，只想永远沉醉于江都的烟花美景之中。

为了阻止骁果将士逃亡，隋炀帝问计于裴矩。

裴矩揣摩上意，讨好地回答说："非有配偶，难以久处，请听军士于此纳室。"

隋炀帝一听，哈哈大笑，悉召江都境内寡妇、处女集宫下，恣将士所取。

隋炀帝在隋开皇十年（590年）曾奉命到江南任扬州总管，负责平定江南高智慧的叛乱。在江南，他学江南方言，娶江南妻子，彻底爱上了江南。

他以为，自己替骁果将士娶了江南妻子，那么骁果将士也会像自己一样，彻底爱上江南，军心稳固。

他没有想到，自己是个奇葩、另类，不同于一般人。

对一般人而言，梁园再好，也不是久恋的家。

逃亡的骁果将士还是连续不断。

甚至，即使参与逃亡的郎将窦贤被杀，还是阻止不了将士西归的决心，他们前赴后继，坚定逃亡。

统领骁果军的虎贲郎司马德勘为此异常担心。

司马德勘是一个从底层崛起的朝廷新贵。

虽说他的父亲司马元谦曾任北周都督，但很早就死了，以至于他成年后不得不以杀猪屠狗为业，养家糊口。

司马德勘在隋文帝开皇中年投军为侍官，渐升至大都督，后来跟随杨素讨汉中王杨谅，因功授仪同三司。

隋大业八年（612年），他跟从隋炀帝讨辽左高句丽，得到了隋炀帝的赏识，进位正议大夫，迁武贲郎将。

面对骁果将士不断流失的现象，司马德戡忧心忡忡，与平时要好的虎贲郎将元礼、直裴虔通商量，说："今骁果人人欲亡，我欲言之，恐先事受诛；不言，于后事发，亦不免族灭，奈何？又闻关内沦没，李孝常以华阴叛，仁囚其二弟，欲杀之。我辈家属皆在西，能无此虑乎！"

元、裴二人都慌了神，问："然则计将安出？"

司马德戡挠了挠头皮，说："骁果若亡，不若与之俱去。"

元、裴二人一齐竖起拇指，称："善！"

于是，大家相互联络，内史舍人元敏、虎牙郎将赵行枢、鹰扬郎将孟秉、符玺郎牛方裕、直长许弘仁、薛世良、城门郎唐奉义、医正张恺、勋侍杨士览等人都参与同谋，日夜相结约，在大庭广众之下公开策划逃跑的路线，毫无顾忌。

骁果军统领都已经准备逃亡了，隋炀帝还是浑浑噩噩，荒淫无度。

他在江都宫中拥有一百多间房，每间摆设都极尽豪华，内住美女。

炀帝每天就以一房的美女做主人，天天做客、天天做新郎。

炀帝指定由江都郡丞赵元楷负责供应美酒饮食，他与萧后以及宠幸的美女宴会不断，杯不离口，从姬千余人亦常醉。

不过，炀帝似乎也觉察到了末日将至，他退朝则幅巾短衣，策杖步游，遍历台馆，非夜不止，汲汲顾景，唯恐不足。

他还用学得不伦不类的江南语对妻子萧后说："外间大有人图侬，然侬不失为长城公，卿不失为沈后，且共乐饮耳！"

有时沉醉迷乱，又引镜自照，顾谓萧后尖声高叫："好头颈，谁当斫之！"

萧后受惊，问其故。

炀帝非常洒脱地笑着说："贵贱苦乐，更迭为之，亦复何伤！"

炀帝为了显示自己永驻于江南的决心，还想把国都迁到离江都不远的丹阳。

门下录事衡水李桐客劝阻说："江东卑湿，土地险狭，内奉万乘，外给三军，民不堪命，亦恐终散乱耳。"

但是众公卿阿谀上意，说："江东之民望幸已久，陛下过江，抚而临之，此大禹之事也。"

炀帝喜上眉梢，下令修建丹阳宫，准备迁都丹阳。

司马德戡等人的逃跑计划越来越明目张胆，越来越肆无忌惮，很多人都知道了。

有一个宫女耳闻了此事，向萧后禀报说："外间人人欲反。"

萧后深谙炀帝的性格，知道自己的夫君是喜闻喜而恶闻忧的，基本是谁上报坏消息谁倒霉，她自己不敢上报，恶毒地指使宫女说："任汝奏之。"

宫女不知其奸，傻乎乎地把这坏消息上报给了炀帝。

果然，炀帝以宫女"造谣惑众、扰乱军心"为由，将她斩首示众。

萧后摸了摸自己光滑洁白的颈脖，心有余悸，又有些悻悻然地说："天下事一朝至此，无可救者，何用言之，徒令帝忧耳！"

参与策划逃跑计划的虎牙郎将赵行枢、勋侍杨士览二人与将作少监宇文智及是好朋友，杨士览还是宇文智及的外甥，二人把逃跑计划告诉了宇文智及，说司马德戡等人定于三月月圆那天晚上结伴西逃。

唯恐天下不乱的宇文智及大喜，他推出了一个更为庞大的计划，说："主上虽无道，威令尚行，卿等亡去，正如窦贤取死耳。今天实丧隋，英雄并起，同心叛者已数万人，因行大事，此帝王之业也。"

赵行枢、杨士览听了宇文智及的话，内心怦怦直跳，却深感字字在理，赶紧回去与司马德戡等人细商。

司马德戡等人完全同意宇文智及的意见，郑重邀请宇文智及加入自己的团体，重新筹划大事。

宇文智及认为，自己的兄长宇文化及为右屯卫将军，位高权重，堪当起事首领。

大家一致表决通过。

宇文智及回家把好消息告诉了兄长宇文化及。

宇文化及其实是个软脚虾，听了弟弟的话，脸色大变，全身冒汗，但鉴于木已成舟，只好硬着头皮顺从了众人的安排。

司马德戡让许弘仁、张恺去备身府四下放出风声，说："陛下闻骁果欲叛，多酝毒酒，欲因宴会，尽鸩杀之，独与南人留此。"

骁果将士人人自危，互相转告，反叛进程因此大为加速。

三月初十，风霾昼昏，司马德戡召集全体骁果军吏，宣布了劫持炀帝西归的计划。

军吏们都说："唯将军命！"

该日黄昏，司马德戡带领将士们偷出御厩马，人人披坚执锐。

傍晚，正在值班的元礼、裴虔通控制了大殿。

三更时分，负责守城的唐奉义放司马德戡纠合起来的数万人入城。

一时间，城内与城外点起的火光相呼应，一片通明。

炀帝从睡梦中惊醒，扑到窗棂上遥看那火光，耳闻宫外面喧嚣声，惊问发生了什么事。

值班的裴虔通在屋外高声答道："草坊失火，外人共救之耳。"

炀帝嗯了一声，倒头回床，又复睡去。

宇文智及和孟秉带了一千多人，劫持了巡夜的候卫虎贲冯普乐，安排了自己人分头把守街道。

司马德戡引兵顺利进入宫中，将兵马交给了裴虔通。

裴虔通先让一部分兵将替换掉守卫各门的卫士，然后率大部分骑兵到成象殿驱赶殿内值宿卫士出宫。

殿内宿卫突遇奇变，无可奈何，纷纷放下武器往外走。

右屯卫将军独孤盛警惕性很高，大声质问裴虔通说："何物兵势太异！"

裴虔通一身虎胆，回答道："事势已然，不预将军事；将军慎毋动！"

独孤盛大怒，骂道："老贼，是何物语！"顾不上顶盔披甲，与左右十余人跳出拒战。

只能说，独孤盛太冲动了，在数万铁了心要造反的乱兵面前，他的拒战不过是自取灭亡，很快，他和他身边的十几个人就被乱兵杀死了。

千牛独孤开远一看大事不好，带领数百殿内兵冲到玄览门，高声向隋炀帝叩请说："兵仗尚全，犹堪破贼。陛下若出临战，人情自定；不然，祸今至矣。"

但是，隋炀帝已复入梦，没有任何回应声。

独孤开远随即被擒。

原先，隋炀帝还专门挑选了几百名勇猛矫健的官奴安置在玄武门，称为"给使"，待遇优厚，甚至不惜许配以宫女，以防备非常之事发生。

可惜的是，宇文化及等人已勾结司宫魏氏，收买了她做内应。而在该日下午，魏氏已矫旨放全体给使出宫。

于是，司马德戡等人引兵从玄武门进入，竟然没有遇到一个给使的阻挡。

隋炀帝也于这时再次惊醒，衣冠不整，摸黑逃窜往西阁。

裴虔通和元礼进兵撞开左门，进入永巷，喝问："陛下安在？"

有位宠姬战战兢兢地出来指出了炀帝的所在。

校尉令狐行达拔刀前去搜索。

躲在西阁窗后的炀帝情知无法再藏，只好强作镇定地对令狐行达说："汝欲杀我邪？"

令狐行达哼了一声，回答道："臣不敢，但欲奉陛下西还耳。"他从黑暗中拽出炀帝，押至裴虔通跟前。

裴虔通在炀帝还是晋王时就跟随炀帝了，炀帝见到他，对他惊呼道："卿非我故人乎！何恨而反？"

裴虔通一翻眼皮，没好声气地回答："臣不敢反，但将士思归，欲奉陛下还京师耳。"

事已至此，炀帝不得不撒谎说："朕方欲归，正为上江米船未至，今与汝归耳！"

裴虔通嘿嘿冷笑，命人严加看守住炀帝。

也就是说，到了这时，裴虔通等人尚没有杀害炀帝的意思，而准备劫持着他统领大军西归。

外面天色将明，孟秉派武装骑兵去迎接宇文化及前来主持大局。

宇文化及浑身颤抖，话也说不利索，见了人，唯唯诺诺，只会低头说"罪过罪过"，以表示感谢。

裴虔通听说宇文化及已经到了朝堂，便对炀帝说："百官悉在朝堂，陛下须亲出慰劳。"让人牵来自己的坐骑，请炀帝上马。

炀帝经过短暂的慌乱，已经镇定下来了，他嫌裴虔通的马鞍笼头破旧，拒不上马。

裴虔通只好让人找来新的换上，提刀逼迫他上马。

当裴虔通牵马提刀走出宫城门时，乱兵欢声动地。

宇文化及远远看见炀帝骑马的身影，嘴里嘟嘟囔囔说："何用持此物出，亟还与手。"

于是，炀帝被带回了寝殿。

裴虔通、司马德戡等人在边上拔白刃侍立。

炀帝叹息道："我何罪至此？"

刚刚斩杀了炀帝宠臣虞世基的马文举，扬了扬刃上尚带血迹的大刀，凛然答道："陛下违弃宗庙，巡游不息，外勤征讨，内极奢淫，使丁壮尽于矢刃，女弱填于沟壑，四民丧业，盗贼蜂起，专任佞谀，饰非拒谏，何谓无罪！"

炀帝默然低头。

封伦这时受宇文化及之命进来宣布炀帝的罪状。

炀帝抬头对他说："卿乃士人，何为亦尔？"

封伦赧然而退。

炀帝看封伦退去，转头对马文举等人说："我实负百姓。至于尔辈，荣禄兼极，何乃如是！今日之事，孰为首邪？"

司马德戡厉声说："普天同怨，何止一人！"

司马德戡声如巨雷，声音在殿内回荡，震得人的耳朵嗡嗡直响。

炀帝的爱子赵王杨杲才十二岁，蜷缩在寝殿一侧，突然被司马德戡的声音震吓到，哇的一声，哭了起来。

裴虔通听了司马德戡的话，杀心已起，看这杨杲号哭不已，内心烦躁，挥刀上前，一刀将杨杲劈作两段，几点鲜血溅到炀帝的衣服上，空气里弥漫了凶杀的气氛。

余人血气翻涌，一不做、二不休，纷纷扬刀要杀炀帝。

炀帝心灰意冷，说："天子死自有法，何得加以锋刃！取鸩酒来！"

炀帝其实早料到有遇难的一天，常以罂贮毒药自随，对所幸诸姬说："若贼至，汝曹当先饮之，然后我饮。"但等到大难来临，找毒酒时，左右皆逃，遍索不得。这会儿，只好向马文举等人请要鸩酒。

马文举等人哪有鸩酒？他们让令狐行达按着炀帝坐下，准备找家伙将炀帝绞杀。

炀帝于是解下自己的练巾，交给令狐行达。

令狐行达接过练巾，套到炀帝颈脖上，双臂用力，练巾一点点绞紧，炀帝先是口鼻俱张，继而眼球瞪出，接着舌头吐出，最后七窍流血，魂销气绝。

第八章 隋朝余话

隋朝的国号"隋"是怎么来的？

国号后来受少数民族政权的影响，来历有所变化，否则，都基本与该国开国君主的爵位、封地有关。

这也很容易理解，少数民族政权在中原一无地位、二无渊源，只能因循谶语或文义来定国号了。

如与北宋对峙的契丹人，他们的国号"辽"，当然也和"辽河"有关，但"辽"字在契丹语中是"铁"的意思，那么，以"辽"为国号，自然就隐含有如铁一样坚硬的意思了。

受契丹欺压的女真政权为了从气势上压倒它，命名为"金"，表示比铁更坚强有力，可以压倒"辽"。

后来努尔哈赤的后金就沿袭了"金"这一国号。

至于后金后来改"清"，有史家认为是皇太极要避免引起尖锐的矛盾。

但也有人认为,"清"为水,"明"为火,以清克明,那是以水克火。

不用说,取国号最有气势的是元,是取《易经》上"大哉乾元"句中的"元"来的。

说回辽金之前,夏部落酋长启建国,以夏为国号;周酋长姬发(即周武王)灭商建国,以周为国号;汉以封地汉中为国号;曹魏以曹操曾受封为魏王为国号;孙吴曾得曹魏封吴王为国号;晋以司马昭曾封晋王为国号……

至于隋,是因为隋文帝杨坚之父杨忠,曾被北周封为"随国公"。

杨忠为什么得受封为"随国公"?

因为杨忠曾经被西魏任命为都督二荆、二襄、随等十五州诸军事,先后打下过南朝梁的随郡、安陆等地,立下过赫赫战功。而占据了随郡后,西魏又改随郡为随州。

杨坚继承了杨忠的爵位,后来又晋封为随王。

杨坚篡北周政权建国,以"随"作为国号,但是杨坚认为"随"字的"辶"偏旁有走的意思,不吉祥,硬生生地造出一个之前不存在的生字,为"隋"。

隋朝基业始自北周,天下正朔是否传承自北朝?

中国古代改朝换代,讲究民心、讲究气数、讲究正朔。

历史发展到信史时代,有文字可查的朝代更替、君主易姓,是从西周代商开始的。

西周的统治阶层大力宣称"天地革而四时成,汤武革命,顺乎天而应乎人"。

指称殷商的民心尽失、气数尽丧,说自己取代它,是"顺乎天而应乎人"。

即周家王朝已为天下"正朔",周家王朝的最高统治者就是上天的儿子——"天子"。

就依靠这一说法，周天子从西周到东周，名正言顺地当了将近八百年的天下"共主"。

秦灭六国，建立了帝制。

此外，秦始皇还别出心裁地令良工用蓝田山美玉制成"传国玺"。

但秦施暴政，民众不堪其苦，很快出现了"秦失其鹿，天下共逐之"的乱局。

最终，刘邦在楚汉争霸中胜出，执掌秦始皇的传国玉玺。

也就是说，从这时候起，"传国玺"也成了"皇权神授、正统合法"的信物。

西汉末年，权臣王莽准备篡汉代新，很是费了一番脑筋，一方面，他从皇后王政君手中强夺过传国玉玺；另一方面，模仿古代神话中"禅让"的传说，强迫孺子婴把帝位让给自己。

虽然王莽很快被兴复汉室的光武帝刘秀所灭，传国玉玺也回到刘秀手中，重新成为汉朝的玉玺。但王莽"复古"创建出来的"禅让"套路，却成了后世野心家篡位的必摹模式。

当然，篡位之前，野心家也都会先盯住传国玉玺不放。

东汉末年，天下乱起。何进、袁绍等人武装诛杀十常侍，汉少帝仓皇出逃，混乱中遗失了传国玉玺。

十余年后，十八路诸侯讨伐董卓。

董卓抵挡不住，一把火焚烧了洛阳宫廷，仓皇西逃。

率先入洛阳救火的孙坚部下在洛阳城南甄宫井中意外打捞出了传国玉玺。

孙坚是野心家，但比他野心更大的还有袁绍兄弟。

在袁绍兄弟的威迫利诱下，孙坚交出了玉玺。

但袁绍兄弟先后被曹操打败，玉玺又回到了汉献帝的手里，复归汉家所有。

其后，曹丕按照王莽当年禅让的剧本一丝不苟地演了一遍，从汉献帝处接过了传国玉玺，登上帝位。

不久，司马炎有样学样，从曹魏的曹奂手中夺过传国玉玺，重演了一出禅让大戏，登上帝位。

但是，西晋是个短命王朝，司马炎死，八王乱起，随后是永嘉之乱，匈奴部、前赵刘聪攻陷晋都洛阳，俘晋怀帝，收缴了玉玺。

所幸司马氏余脉未绝，衣冠南渡，在江东建立了东晋。

所以，玉玺虽在匈奴人之手，正朔尚在江东。

后来东晋的司马德文禅让给南朝宋刘裕，南朝宋刘准禅让给南朝齐萧道成，南朝齐萧宝融禅让给南朝梁萧衍，南朝梁萧方智禅让给南朝陈陈霸先，史家认为，正朔一直在江东传递。

不过，传国玉玺先后在前赵刘聪、后赵石勒、冉魏冉闵，以及后来的鲜卑慕容燕等国主手中传递。而到了北魏分裂以后，东魏元善见禅让给北齐高洋，西魏元廓禅让给北周宇文觉，北周宇文阐禅让给杨坚。

杨坚得到了传国玉玺，就宣称"传国玉玺"是王朝正朔的标志，既然"传国玉玺"在北朝传递，即正朔就在北朝传承；"传国玉玺"到了自己手上，则王朝正朔就在自己这儿。

于是，关于南北朝谁为正统的争议就在这儿出现了。

原本，南朝的宋、齐、梁、陈是上承汉魏晋的，脉络分明，不管有没有传国玉玺，明摆着正朔在南朝这边。

但隋朝作为大统一王朝，其身的正统性却是得到后世史家认可的。

有人因此认为，隋文帝杨坚统一中原时，不应该以正朔的身份讨伐南朝陈国，而应该走后世李唐代隋的路子，从南朝陈国中袭承正统。

当然，这是杨坚所不屑的。

但不管怎么样，以传统史观论，南北朝时期，正统的王朝在南朝。

隋杨本姓"普六茹"？李唐本姓"大野"？

前一段时间，电影《妖猫传》大火。

影片里的取景地点，在日本。

导演说，日本的"唐风"比中国更浓厚。

影片里的主角杨贵妃，是个混血美女。

导演说，要尊重原著作者，杨贵妃本来就是有一半少数民族血统的美女……

《妖猫传》原著小说为《沙门空海》，作者梦枕貘，日本人。

是吗？杨贵妃真有少数民族血统？

杨贵妃出生于弘农杨氏。

弘农杨氏是可以追溯到春秋战国的古老家族，在汉朝，特别是东汉杨震时期，已经成了名门望族，跟几代王朝上层联姻，其中包括西晋武帝的杨后，即在隋唐建立之前地位相当高。

弘农杨氏到了日本人嘴里，怎么就有了"少数民族血统"呢？

其实，日本人说杨贵妃有少数民族血统并不新鲜。

因为，20世纪30年代，就有日本人说唐太宗李世民有少数民族血统了。

为着各种目的，不但日本人不断宣扬李世民是少数民族，有些国人也跟着摇旗呐喊，甚至连隋文帝杨坚也不能幸免。

这些人还振振有词地说，杨坚本姓"普六茹"，李渊、李世民本姓"大野"。甚至，还有人拿宋人笔记中唐太宗"虬须壮冠，人号髭圣"的形象说事，说李世民生有络腮胡须，而且胡须上翘，"虬须上可挂一弓"，必是少数民族。

殊不知，杨、李两家姓"普六茹"、姓"大野"的历史，不过才短短十来年。

那是西魏宇文泰为了从精神文化入手完成统一大业，试图把关中作为中华文明的源头，让随他西征的中原将士放弃原来的祖籍，把籍贯都改成了关中或陇西，并给他们改了姓氏。

要知道，帝王有时为了向臣子示好，会赐姓，以示嘉奖。

实际上，帝王赐姓也是姓氏的主要来源之一。

早在先秦时期的赐姓，还带有封建的性质。

也就是说，当时的国君将某地封赐给谁，谁也就能因此以该地地名为姓。

比如屈原，本姓熊，祖上是楚武王熊通的儿子，因被封在屈邑，从而改姓了屈。

秦汉之后，赐姓不再具有封赏领地的含义，在奖赏的时候，只是代表着一种精神上的褒奖。

比如汉高祖刘邦为表彰娄敬、项伯的功绩，就赐娄、项二人姓刘。

另外，刘邦将一位宗室女嫁给冒顿单于，也赐冒顿单于以刘氏为姓。这支刘姓后人中出了灭亡了西晋的刘渊、刘聪父子。

汉高祖刘邦时代赐姓的规模很小，所赐都是汉朝国姓"刘"姓。

赐姓规模最大的是西魏和北周时期。

而且，这个时期，赐的不尽是国姓。

比如位列北周"八柱国"之一的李弼，被赐姓为"拓跋"。

又比如身为东汉司徒王允后代的王轨，被赐姓为"乌丸"。

再比如隋文帝杨坚的父亲杨忠，被赐姓为"普六茹"。

还有，唐高祖李渊的爷爷李虎，被赐姓为"大野"……

当然，也有被赐姓为北周国姓"宇文"的，如李和、刘雄、柳庆、赵昶、王悦、刘志、韩雄、叱罗协、韦夐、韦孝宽、薛善、令狐整、李彦、李昶、申徽、柳敏、张轨、寮允、崔猷、薛端、李昊氏、郑孝穆、崔谦、崔说、王杰、唐瑾等。

就是在这种情况下，杨坚的父亲杨忠和李渊的爷爷李虎把姓氏改了。但是，据《隋书·高祖本纪》记载，杨坚在北周后期掌实权的时候，下令"已前赐姓，皆复其旧"；《旧唐书·高祖本纪》也记载说"至隋文帝（在北周）作相，还复本姓"。

最后，还是借用朱希祖指责那些别有用心者捏造唐太宗少数民族论的谣言的目的，其实是"诬辱之尤，淆乱种族，颠倒史实，杀国民自强之心，助耽耽者以张目"！

以此敬请国人清醒自律，不要稀里糊涂地上了假历史的当。

说说隋朝的"千年粮仓"

这所谓隋朝的"千年粮仓"指的是洛阳的回洛仓。

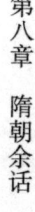

根据《隋书·食货志》记载：隋朝的大粮仓主要围绕着长安、洛阳两座都城进行兴建。隋文帝时代在卫州置黎阳仓，在洛州置河阳仓，在陕州置常平仓，在华州置广通仓。而到了隋炀帝时代，鉴于关中物资贫乏、漕运不畅，隋炀帝要把都城迁往洛阳，命宇文恺主持东都洛阳的营建工作，开凿大运河，并在洛河边建三座大型仓城：含嘉仓城、洛口仓城、回洛仓城。含嘉仓城在洛阳城内，规模较小（唐朝时进行扩建，成为最大的仓城）。洛口仓城因位于东都巩县洛河入黄河之口处，故名，是把城外粮仓粮食运入城内含嘉仓的中转仓。这城外粮仓指的就是回洛仓。回洛仓城位于洛阳城外七里的邙山上。

含嘉仓、洛口仓、回洛仓三座粮仓，储存了当时全国一半以上的税粮，被统称为"国家粮仓"。

其中的回洛仓共有仓窖七百座左右，各仓窖的大小基本一致，窖口内径十米，外径十七米，深十米，单个仓窖可储存粮食五十万斤，七百座仓窖，可储粮总数高达三亿五千万斤！

2013年1月，整个回洛仓城被发掘露出地面，其东西长一公里、南北宽三百五十五米，相当于五十个国际标准的足球场，气势磅礴，气象恢宏！

也因为这个回洛仓的出土，隋代被定义为我国古代大型国家粮仓建设的顶峰时期，也是我国古代地下储粮技术发展最完备的时期。

隋朝的灭亡，与回洛仓的丢失息息相关。

隋炀帝大业十三年（617年）二月，李密率瓦岗军长袭洛口仓，建立政权，国号魏，李密自称魏公，分封百官。紧接着，移师邙山，攻取回洛仓城。

镇守洛阳的隋炀帝子越王杨侗募七万"东都义兵"，以惨重代价夺回了回洛仓。

李密不甘心失败，率十万兵重来，大破七万东都义兵，再次夺取了回洛仓，并围攻东都洛阳。

该年六月，隋江都通守王世充等人率领十万援军击溃围城的瓦岗军，拉锯式地占领回洛仓城。

隋大业十四年（618年）正月，李密攻占洛阳东面的金墉城以为都城，四月，又拉锯式地夺取回洛仓，使东都缺粮而陷入困境。

原本，李密占领了回洛仓，有粮食，占据了主动权。但他的军备供应也不行，有仓没库。

仓和库是两个不同的概念，仓是存粮食的，库是存钱帛的。没有钱帛就没法犒赏将士，

当时的情况是："（王）世充乏食，（李）密少帛。"

瓦岗军元帅府右长史邴元真给李密出了个馊主意：和王世充做粮食买卖，用卖粮食得到的钱和衣物犒赏将士。

李密同意，洛阳城内的隋军得到了休整。

五月，隋炀帝在江都被弑的消息传到洛阳，城中官民拥立越王杨侗为帝，向瓦岗军全面反攻，李密大败，后投李渊招致死亡。

改年，李渊以李世民为统帅，大举东征从杨侗手中篡夺了政权的王世充郑王朝。

李世民取洛阳的策略非常明确——占领回洛仓城，截断大运河，断其粮道。

李世民的策略得到手下将士的有力贯彻，王世充军最终粮尽崩溃，全面败亡。

李世民杀郑王朝文武于洛河边，毁其都城的标志性建筑乾阳殿、则天门等，弃用回洛仓城，扩建城内的含嘉仓城。

虽说后来的含嘉仓城规模超越回洛仓城，到现在还可以发现储存在那儿的炭化粮食，但"隋朝千年粮仓"的名号只属于回洛仓。

隋名将杨素是否常送美女给年青才俊？

杨素、韩擒虎、史万岁、贺若弼并称为隋朝四大名将。

但韩、史和贺若三位，只是一时之艳，唯独杨素，不但遍历杨坚一朝的几乎所有战争，而且在北周时期就独当一面，并且，他的最后一战——平定汉王杨谅之战，也堪称完美。

所以，隋朝第一名将之称，杨素当仁不让。

关于杨素的故事，民间流传颇多。

最脍炙人口的，莫过于三个慷慨让出美女、成全才子佳人爱情的故事。

第一个故事流传极广，甚至还搞出了"破镜重圆"这么一个成语。

这个故事最早见于中唐人韦述的《两京新记》，后被晚唐人孟棨收录入其所著的《本事诗》，并加以重构、渲染，从而熟为人知。

故事说的是，陈后主的妹妹乐昌公主与丈夫太子舍人徐德言在隋军攻陈前夕，深恐国破后两人失散，因破一铜镜，各执其半，相约他年正月望日卖破镜于都市，冀得相见。徐德言颇有先见之明地说："今国破家亡，必不相保。以子才色，必入帝王贵人家。我若死，幸无相忘，若生，亦不可复见矣。虽然，共为一信。"陈亡后，隋文帝杨坚为了犒赏杨素大功，将乐昌公主赏赐给杨素为妾。深居杨府的乐昌公主不忘前情，让仆人于正月望日上街市卖半镜。徐德言也流落到了长安，出其半镜，二者相合。徐德言伤感之余，题了一首诗给仆人，让他带回给公主，诗云："镜与人俱去，镜归人不归。无复嫦娥影，空留明月辉。"公主得诗，情难自弃，泣报杨素。杨素嘉赏其二人情深似海，让人找来徐德言，完璧归赵，送公主以还。徐德言感恩不尽，偕公主归江南终老。

这个故事的迷惑性很大。

本来嘛，陈后主的父亲陈宣帝广纳嫔妃，共生有四十二子、二十六女，那么，他有一个女儿叫乐昌公主，先嫁徐德言，后被杨素所纳，再与徐德言"破镜重圆"，完全有可能。

另外，"破镜重圆"这个成语如此深入人心，很多人对这个故事的真实性深信不疑。

但是，"破镜重圆"之事史不见载，而陈宣帝二十六女中，正史只交待了第十三女齐熙公主陈净玲下嫁沈叔安；第十四女宁远公主于陈亡后成了隋文帝嫔妃，即宣华夫人；第二十四女临川长公主于陈亡后成了隋文帝嫔妃，即弘政夫人；还有一女，于陈亡后被隋文帝赏赐给了平南陈的大功臣贺若弼为妾。

《陈书》《隋书》《南史》等书都没有记载有赏赐陈后主妹给杨素之说，而且，都没出现过"乐昌公主"四字，可以怀疑是韦述捏造的假名字。

至于徐德言其人，仅见于晚唐林宝所编《元和姓纂》中卷二东海郯州徐氏条，一语带过，为"德言，陈太子舍人、隋蒲州司功"。

所以，"破镜重圆"这个故事，应该是假的。

第二个故事，出自中唐人刘悚所著《隋唐嘉话》，讲的是杨素作为开国大功臣，家财亿万，极其豪侈，后房妇女，锦衣玉食上千人。李德林之子李百药是个风流公子，与杨素的一个宠妾勾搭上了，夜夜偷入其室，与该宠妾私会。某日，事泄，两人双双被捉，人赃俱获。杨素醋意横生，准备将这对狗男女一斩了之。但是，"百药年未二十，仪神俊秀"，在烛光灯影之下，杨素越看越喜欢，说："闻汝善为文，可作诗自叙。称吾意，当免汝死。"李百药福至心灵，接过纸笔，用尽平生文学功力，诗文立就。杨素览称颂，以妾与之，并资从数十万。

这则故事也是假的，并不存在。

杨素的奢侈作风出现在隋炀帝朝，即隋炀帝感激他领兵讨平汉王杨谅叛乱，升他为尚书令，赐东京甲第一区，物二千段。

那一段时间，杨素家的僮仆有好几千人，后院披罗挂绮的乐妓小妾也数以千计。

注意，这个时间点，是在隋大业元年（605年）之后。

在隋大业元年之前，杨素在勤俭治国的隋文帝杨坚看管下，是不会这么张扬的。实际上，在隋开皇十五年（595年），杨素主持营建仁寿宫，因为宫殿修得太过奢华，还遭到了隋文帝的斥骂。隋文帝怒吼的那一句"杨素殚民力为离宫，为吾结怨天下"，杨素吓得半死。

然而，李德林之子李百药出生于北齐河清三年，即564年，在隋大业元年时，已经是个四十出头的人了，哪里还是什么"年未二十，仪神俊秀"？

这分明是刘悚没有细考，乱点鸳鸯谱，胡乱给编派成的故事。

第三个故事最假，出自唐末杜光庭创作的唐代传奇小说《虬髯客传》，讲的是杨素的侍妓红拂女慧眼识珠，一眼就看出前来拜谒杨素的布衣青年李靖是个世间英才，于夜里偷溜到李靖的房间，以身相许，与李靖私奔的经过。

这个故事假在哪儿呢？情节荒诞不经，比如说，红拂女与李靖私奔后，遇到了虬髯客，虬髯客取死人心肝邀李靖共食之事；又比如说，虬髯客到太原望王气之事；再比如说虬髯客传了一半兵法给李靖之事；等等。

事实上，李靖身出将门，祖父李崇义曾任殷州刺史，父亲李诠曾官至赵郡太守，他的舅父即是隋朝名将韩擒虎。李靖自小就熟读兵书，有文韬武略，每与舅父韩擒虎谈兵，韩擒虎常常赞不绝口，拍手称绝。韩擒虎还称赞李靖是孙武、吴起一样的人物。李靖在隋朝入仕，先后任长安县功曹、任殿内直长、驾部员外郎等职。被吏部尚书牛弘称赞为有"王佐之才"；杨素曾抚摸着自己的坐床对他说："卿终当坐此！"

那么，"虬髯客传兵法给李靖"之说，自然不攻而破。

最后总结一下，后人为什么会把诸多才子佳人的传说安插到杨素头上呢？

原因很简单，杨素晚年坐拥姬妾上千是事实，这就为产生这类才子佳人的传说提供了极好的土壤——杨素的姬妾这么多，随便写他流失了一两个，谁能考证其真假？

可惜的是，故事编得太假，最终还是经不起推敲。

抢到项羽一条腿的人，他的后代建立了一个强盛王朝？

有一段时间，网络上涌现了很多题目和内容都非常相似的文章，其题目大致是：抢到项羽一条腿的小兵，他的后代建立了一个强盛王朝。其内容大致说的是：项羽在乌江自刎身亡后，遗体被刘邦手下的五个小兵肢解。其中，一个名叫杨喜的人，抢到了项羽的一条腿，被刘邦封为赤泉侯。杨喜的后代里，有一个叫杨坚的人，篡周代隋，建立了大隋王朝，统一了分裂将近三百年的南北朝。

说杨坚是杨喜的后代，是有史料基础的。

首先，《后汉书·杨震传》里有明确的文字记载："杨震，字伯起，弘农华阴人也。八世祖喜，高祖时有功，封赤泉侯。"即东汉人杨震的八世祖就是杨喜。

这杨震可是个了不起的大人物，他是名满天下的大儒，门生众多，明经博览，无不穷究，人称"关西孔子"，又被誉为"关西堂""四知堂""清白堂"。

其次，《北史·隋本纪》中记载有杨坚乃是"汉太尉震之十四世孙"。《隋书·高祖纪》对杨坚的记载更详细一些："弘农华阴人也。汉太尉震八代孙铉，仕燕为北平太守。铉生元寿，后魏代为武川镇司马，子孙因家焉。元寿生太原太守惠嘏，嘏生平原太守烈，烈生宁远将军祯，祯生忠，忠即皇考也。皇考从周太祖起义关西，赐姓普六茹氏，位至柱国、大司空、隋国公。"即杨震的八代孙叫杨铉，杨铉生子杨元寿，杨元寿生子杨惠嘏，杨惠嘏生子杨烈，杨烈生子杨祯，杨祯生子杨忠，而杨忠是杨坚的父亲。按《隋书·高祖纪》记载里的世系递算，杨坚和《北史·隋本纪》的记载一致：杨坚是杨震的十四世孙。

因此，杨坚就是杨喜的后代。

但是，"杨坚是杨喜的后代"这一说法，是遭受史家质疑的。

疑点之一：《新唐书·宰相世系表》记："震字伯起，太尉。五子：牧、里、秉、让、奉。牧字孟信，荆州刺史，富波侯。二子：统、馥。十世孙孕，孕六世孙渠，渠生铉，燕北平郡守。"即杨震共生五子，长子杨牧生杨统、杨馥二子。杨馥的十世孙名杨孕，杨孕的六世孙名杨渠，杨渠生子杨铉。这么算来，杨铉应该是杨震的十九代孙，这与《隋书·高祖纪》所记杨铉为杨震的第八代孙相差甚远。这一点，清代沈炳震在《唐书宰相世系表订伪》已提出过质疑，由此可见《隋书》与《北史》所记载的内容有不可信之处。

疑点之二：从杨震到杨彪，弘农杨氏一门"四世太尉"，即杨震之后，弘农杨氏便成了名门望族。但按照《隋书·高祖纪》所记，杨元寿为杨忠的四世祖，又据《周书·杨忠传》记载："高祖元寿，魏初，为武川镇司马。"即杨元寿于北魏初年为武川镇司马。要知道，北魏初期都城定在平城，武川镇可是戍卫首都的重镇。在当时的情况下，北魏的统治者是不可能将如此重任交给汉族高门士族的。

疑点之三：据《隋书·外戚传·高祖外家吕氏传》记载："高祖外家吕氏，其族盖微，平齐之后，求访不知所在。至开皇初，济南郡上言，有男子吕永吉，自称姑字苦桃，为杨忠妻。勘验知是舅子，始追赠外祖双周为上柱国、太尉、八州诸军事、青州刺史，封齐郡公，谥曰敬，外祖母姚氏为齐敬公夫人。"这段话说的是，杨坚的外祖父名叫吕双周，是个寒族人氏。北周武帝宇文邕灭北齐之后，杨坚曾多番寻访，却不知外祖父所踪。直到篡周代隋之后，山东济南郡有个名叫吕永吉的男子，前来长安攀亲，说他有个姑姑，小名叫"苦桃"，嫁给了杨姓人。而杨坚母亲的小名，就叫"苦桃"。杨坚于是进行严格勘验，最终确认吕永吉就是自己的舅舅，从而高高兴兴地追赠外祖父吕双周为齐郡公，外祖母姚氏为齐敬公夫人。

大史学家陈寅恪先生认为，南北朝的士族门第等级地位分明，杨忠如果出自弘农杨氏这样的望族，那是绝对不会与山东寒族结为亲家的，他的推断是："从文帝母系来看，疑杨家本系山东杨氏。"

疑点之四：据《隋书·河间王弘（子庆）传》："河间王弘字辟恶，高祖从祖弟也。祖爱敬，早卒。父元孙，少孤，随母郭氏，养于舅族。及武元皇帝与周太祖建义关中，元孙时在邺下，惧为齐人所诛，因假外家姓为郭氏。元孙死，齐为周所并，弘始入关，与高祖相得。高祖哀之，为买田宅。"这段话说的是：杨弘是杨坚的族弟，他的父亲名叫杨元孙。杨元孙自小父母双亡，跟随母亲郭氏生长于舅舅家。当杨忠跟随北周太祖宇文泰在关中起兵时，杨元孙生怕被北齐政府论罪，改随母姓，一直到死。北齐被北周灭亡后，杨弘进入关中，与杨坚相认。

另外，《隋书·河间王弘（子庆）传》又记：杨弘之子杨全，在任荥阳郡太守时，曾勒兵拒守占据了洛口仓的李密。李密写信给杨庆，里面有"王之先代，家住山东"之语，由此可知，杨坚族群的先祖既不出于门阀士族弘农杨氏，也不是武川镇将的后裔，而是山东寒庶。

疑点之五：史志中记载，杨坚在登基前，曾到山西省永济秘居了四十五天，不知所为何事。有人猜测，他是在永济密修家谱，撰刻碑文。

疑点之六：与杨坚同时代的杨素也自称是弘农杨氏后人，而且，他所提供的谱书中世系传承明晰：杨震——杨奉——杨敷——杨纂——杨品——杨国——杨袭——杨隆——杨结——杨继——杨晖——杨恩——杨钧——杨暄——杨敷——杨素。隋大业九年（613年），隋炀帝第二次东征高句丽，杨素的长子杨玄感发动了黎阳兵变。这时，一个奇怪的现象发生了：弘农杨氏全都一边倒地站在了杨玄感的一边，纷起响应。由此可见，隋杨的"弘农杨氏"身份并未得到弘农杨氏的认同。

疑点之七：有史家参考《汉书·杨敞传》《汉书·高惠高后文功臣表》《后汉书·杨震传》《晋书·后妃列传》《晋书·杨骏传》《晋书·杨佺期传》《魏书·杨播传》《新唐书·宰相世系表》等正史和墓志材料对杨氏的世系表做了一个简单排列：杨喜生子杨敷，杨敷生子杨胤，杨胤生子杨敞，杨敞生子杨忠、杨恽，杨忠生子杨谭，杨谭生子杨宝、杨并，杨宝生子杨震、杨衡，杨震生子杨牧、杨里、杨秉、杨让、杨奉。杨牧生子杨统、杨馥，杨馥生子杨奇，杨奇生子杨亮，杨秉生子杨赐，杨赐生子杨彪，杨彪生子杨修，杨修生子杨嚣，杨嚣生子杨准，杨准生子杨乔、杨髦、杨朗、杨琳、杨俊、杨仲，杨琳生子杨亮，杨亮生子杨思平、杨佺期、杨广。杨奉生子杨敷，杨敷生子杨众，杨众有孙杨炳、杨骏、杨瑶、杨济。杨济生子杨毖；杨瑶生子杨超，杨超生子杨结，杨结生子杨珍、杨继。大家注意看，杨震的曾祖就叫作杨忠！另外，杨震的七世孙中有一个杨俊，九世孙中有一个杨广。而我们也知道，杨坚的父亲也叫杨忠，杨坚有两个儿子也叫杨广、杨俊。如果杨坚属于杨震的后代，那么，他的父亲和儿子怎么会与先祖同名？

据此，杨坚一系应该是伪造牒谱，冒充为著名门阀华阴杨氏之后。

兰陵王古尸容貌复原出来了吗？

某电视台于2015年推出一档姓氏揭秘互动脱口秀节目，声称是针对中国姓氏文化进行的深度挖掘,"认清自己,从姓开始",寻根问祖,寻找先人,谈古论今。

其中在该年 11 月有一期是专门解读百家姓之高姓的。

主持人和嘉宾在聊历史上的高姓名人时,不可避免地聊到了北齐高氏一族。

北齐高氏一族中,又因 2013 年电视剧《兰陵王》、2014 年电视剧《兰陵王妃》的大火而使兰陵王高肃成了人气极高的历史名人。

高肃字长恭,又名孝瓘,北齐神武帝高欢之孙,文襄帝高澄第四子,他有两大特点:貌美、能打。《北齐书》《北史》中说他"貌柔心壮,音容兼美";《兰陵忠武王碑》中说他"风调开爽,器彩韶澈";《旧唐书·音乐志》中说他"才武而面美";《隋唐嘉话》中说他是"白类美妇人"。即兰陵王的美是超凡脱俗的。《北齐书》称其打仗"骁勇,所向披靡";《乐府杂录》则说"神武弟,有胆勇,善战斗,以其颜貌无威,每入阵即着面具,后乃百战百胜";《教坊记》说"性胆勇,而貌妇人,自嫌不足以威敌,乃刻为假面,临阵着之"。现在尚流传在世的《兰陵王入阵曲》是纪念其以五百骑兵在邙山大破周军、解金墉城之围的作品。高肃功高,前后以战功别封钜鹿、长乐、乐平、高阳等,终招致北齐后主高纬忌恨,赐毒酒毒死。

伶牙俐齿的脱口秀节目主持人在叙说高肃个人历史时,一方面称高肃是"战神",一方面又称高肃是"中国古代四大美男"之一,说他和宋玉、潘安、卫阶是古代 F4 组合,与西施、昭君等中国古代四大美女相对。

节目气氛非常热烈,妙语连珠,笑语欢腾。

但是,主持人突如其来说了一句,都说兰陵王是美男,那他美到什么程度呢?他咽了一口唾沫,一副高深莫测的表情,说:"就是兰陵王那个墓,后来也被发掘出来了,然后考古学家就公布了高长恭……就拿了那个骨骼,是可以还原的嘛,生前的相貌,还原了以后,是真的非常清秀俊美。"话音刚落,他身后的大屏幕上就出现了所谓的"高长恭古尸容貌复原图"!

听着主持人的话，看着大屏幕上的"高长恭古尸容貌复原图"，让人错愕莫名。

什么？兰陵王高长恭的墓什么时候被挖掘了？

电视里做客的嘉宾低低地说了一句："这复原图怎么跟现代动漫画一样呢？"

其实，这简简单单的一句，基本可以戳穿主持人所说事件的真相了。这样一幅现代动漫画怎么可能是科学家、考古学家们本着认真负责精神研制出来的严肃作品呢？

还是来说说兰陵王高长恭墓地和尸骨的下落吧。

高纬于北齐武平四年（573年）五月鸩杀兰陵王高长恭，该年，高长恭尚不足三十三岁。兰陵王高长恭遭鸩杀后，于北齐武平五年（574年）五月才正式葬于邺城西北，北齐皇陵兆域之西南部，今磁县南刘庄村东路口。陵墓封土残高六米多，南北十五米，东西二十米。其南三十米处有墓碑，因千余年淤沉，碑下部已埋入地下。

清光绪二十年（1894年），磁州知州裴敏中将之挖出，今立于河北省邯郸市磁县南刘庄村东路口，墓冢高大，周围建有透花围墙，墓地建有碑亭。

1920年，当地村民在修公路取土时，又挖出了《兰陵王高肃碑》。碑为青石雕成，龟座，碑首与碑身为一石，总高四点一米，碑圭额镌阳文四行十六篆字"齐故假黄钺太师太尉公兰陵忠武王碑"。碑文真实记载了兰陵王高肃的生平经历和立碑年份。字迹遒劲、古朴，因其史料及书法艺术价值，被称为北碑第一品。

1988年，兰陵王碑被国家列为重点保护文物，严格规定任何人、任何单位都不得擅自发掘。

事实上，自从1955年发生了发掘定陵的惨痛教训后，国家已经明确规定："由于文物保护方面的科学技术、手段等条件尚不具备，对大型帝王陵寝，暂不进行主动发掘。"

所以，说"拿兰陵王骨骸还原生前的相貌"的"高长恭古尸容貌复原图"应该是一些媒体为博人眼球而恶搞出来的闹剧！

早在"高长恭古尸容貌复原图"出来之前，网上就流传过一份所谓的高长恭墓考古资料了。该文自称出自河北省文化局，却将墓中情境描绘得漏洞百出，已有网友将这些漏洞一一指出，全方位证明了这是一篇伪文了，在此不再赘言。只说该伪文结尾的那一句："壁画布局严谨，人物各具神态，显示出东魏壁画艺术的较强功力"，就这一句足以让人惊奇出一身冷汗！

还东魏呢，高长恭都已经是北齐皇子了。

只能说，这作伪者的历史水平还有待提高。

隋人《出师颂》为何这么值钱？

2003年7月，中国收藏界出现了一件引人瞩目的大事：嘉德拍卖行计划在其十周年庆典上拍卖西晋章草书法家索靖所写的《出师颂》。

索靖，字幼安，敦煌龙勒人，其书法艺术名动千古，后人盛赞"如凤乎举，鸷鸟乍飞，如雪岭孤松，冰河危石"，险峻遒劲，堪"与羲（王羲之）、献（王献之）相先后也"。

王羲之、王献之父子的书法造诣，为书坛数一数二者，索靖与之相提并论，则评价之高，不言而喻。

实际上，索靖的书法，与王羲之、王献之父子还是有传承的。

索靖是东汉章草书法家张芝的姐姐之孙，王羲之本人自称"对汉、魏书迹，唯推钟（繇）、张（芝）两家，余则不足观"。

后人称王羲之为"书圣"；东汉时人却称张芝为"草圣"。

索靖是张芝家书法传承者，其成就对王羲之、王献之草书影响亦深。

王羲之的书法老师之一、同时也是他的叔叔王导，为晋元帝的姨弟，在随王室南渡时，随身只在怀里揣了叠成四折的索靖墨宝，并密密缝在内衣里。宋人看此帖时，四叠印仍在。

现在书法界有一定论：索靖的书法是中国书法从章草向行草过渡的特殊历史时期的代表。惜乎其真迹稀有，盛名淡却，后世几忘。

但不管如何，说王羲之在索靖、陆机、钟繇的章草基础上创造出流行至今的行草书法，那是没有任何异议的。

即嘉德拍卖行要拍卖索靖作品，自然轰动一时。

还有，《出师颂》是东汉人史孝山所写的一篇著名文赋，作于东汉名将邓骘出师讨伐羌人前夕，文中内容气如长虹，势若千军。此文因此在南梁朝时被辑录入昭明太子萧统的《文选》中。

而索靖书写《出师颂》，也是有着深刻的历史背景的。

《晋书》记载："元康中，西戎反叛，拜靖大将军，梁王肜左司马，加荡寇将军，屯兵粟邑，击贼，败之。"

看，索靖曾拜大将军，统兵平定"西戎反叛"，那么，他在这一时期写下的《出师颂》，意义更加重大了。

在此基础上，嘉德拍卖行还大张旗鼓为这次要拍卖的宝物造势，他们在宣传品上是这样写的："上面有宋高宗篆书大字晋墨，乾隆御笔题跋。索靖书《出师颂》，米友仁题记……谓之书林至宝，毫无溢誉之嫌。"

《出师颂》引首部分宋高宗之"晋墨"二字最具说服力，因为在宋朝，皇宫还藏有索靖的其他真迹，皇上对照题鉴，则其当为索靖作品的铁证。

国内媒体因此纷纷以"中国现存最早书法""索靖存世真迹之唯一作品""中国书法第二件作品""晋代真迹"等词来形容这即将现身的国宝。

还有媒体煽情地说："这将是一件改变中国书法史与文物史的国宝，而且最终的拍卖价格还可能再创新高。"——紧接着透露国内有买家欲以三千万元的天价竞购此作品。

嘉德拍卖行也将这一宝物底价定为两千万，并放出风声："徐邦达、启功、傅熹年都说好，是国宝，徐邦达与傅熹年都建议国家买。故宫博物院与北京文物局都开了研讨会要买这件好东西。"

随后，嘉德拍卖行作出严正声明，为了国宝不流失海外，只作定向拍卖，即只准国内博物馆、国有企业等举拍。

接下来发生的事，几乎与嘉德拍卖行所说一致：7月13日定向拍卖、两千万起价、故宫博物院以两千二百万元天价成交。

事件本来应该就此结束，但剧情发生了"逆转"——许多亲眼见过拍卖宝物的业内专家、学者指出：该作品并非索靖手笔，"故宫花重金买了假货"。

为什么样说这是一幅"假货"呢？

作品上面有北宋大书法家米芾之子米友仁的题跋，赫然书"隋贤书"三个字。

即米友仁认为这幅《出师颂》是隋朝人写的。

米友仁是北宋末年至南宋初年非常有名的鉴定家，对书画有极高的鉴赏力，曾被召入南宋绍兴内府鉴定所藏书画，多有鉴题，存世书法墨迹也多为鉴题，可信度极高。

为此，故宫方面不得不做出了回应。

故宫博物院研究员、同时也是《出师颂》专家鉴定小组成员的单国强向媒体做出解释，他的态度简单明了：故宫从来就没认为这个《出师颂》是索靖的作品，而将之视为隋代的作品。而且，在清宫内，也是将它作为隋代作品加以保存的。在乾隆时期刻的《三希堂法帖》中，也是将其视作隋人书。

既然已经知道它是一件"伪作"，为什么还要花大价钱拍下呢？

单国强说："对于古代字画的鉴定首先必须明确鉴定的主旨。对于有款题的作品，鉴定的主要目的在于论证此作品是否确为落款作者的手笔，这里有真作和伪作的区别；而对于没有款署的作品，是没有所谓'真伪'问题的。因此，对无款作品《出师颂》大谈是真还是假，是真迹、摹本还是伪作，都是没有意义的，是缺少起码的书画鉴定常识的。"

那么，既然明知不是"晋墨"——不是晋朝人的作品，而是隋朝无名人氏临摹之作，为什么还要坚持购买呢？

单国强回答"隋代存在的历史年代非常短暂，则其能够流传下来并确定是隋代名家的书画作品十分稀少。即使有，也往往被认作是六朝或者是唐代的作品。而《出师颂》是以明确的隋书身份出现的。目前，故宫收藏的隋代作品只有一部写经。而《出师颂》完全可以弥补故宫博物院在隋代书法藏品中的空白,所以院方决定购买。"

然而,敦煌出土隋人写《妙法莲华经》的拍卖价仅为六万元,现在这个隋朝无名人氏的作品却需要两千两百万元,它到底值不值这个价?

代表故宫从嘉德拍卖行购回《出师颂》的梁金生的回答是:"值!每次办书法展,西晋有陆机《平复帖》,东晋有王珣《伯远帖》,唐代就更多了,而隋代作品是个缺件。《出师颂》回归后,故宫的馆藏书法就能够'串'起来了,而与敦煌出土隋人写《妙法莲华经》不同,隋人《出师颂》属于名迹。"

应该说,故宫方面的解释可以平息一切争议了。

但是,事情还没有完。

有人提出,所谓"隋人《出师颂》"的说法也是靠不住的。

上海书法家协会秘书长、《书法研究》杂志主编、中国书法家协会学术委员戴小京指出:"宋高宗与米友仁是一殿君臣,在此卷中有米友仁题字:右《出师颂》,隋贤书,绍兴九年(1139年)四月七日,臣米友仁书。要知道米友仁因精于鉴赏而被任命为御用鉴定师。文献记载,高宗每得法书、名画,命之鉴定题跋于后,或谓一时附会帝意,画颇未佳而题识甚真者。如果米定为隋贤,高宗不会在卷首书晋墨,如果高宗已题晋墨于首,附会迎合帝意的米友仁断不敢再定为'隋贤'。嘉德版本的《出师颂》在历史上出现在明朝,当时过眼之人没有晋墨的记载,而在清初安仪周《墨缘汇观》时出现了'晋墨'的记载。可见晋墨是明朝人加上去的。"

戴小京这一说法极具杀伤力,宋高宗与米友仁为一殿君臣,既然有米友仁题"隋贤书"就不会有宋高宗书"晋墨";有宋高宗书"晋墨",就不会有米友仁题"隋贤书",足见此条幅是后人作假。

中国美术史权威、书画家陈传席,以及上海博物馆书画部研究员钟银兰又指出:"晋墨"两字是写在有五爪龙的纸上的,而"宋只有三爪龙、四爪龙,没有发现过五爪龙,这两字不可能是宋高宗所写"。

上海书法家协会副主席、隶章体书法权威张森加入研讨,说:"一眼就可以看出,这幅作品不是隋唐之前的东西,因为它没有晋代书法的时代韵味，隋唐之前的作品与其后的相比，要质朴厚重得多，唐之前毛笔用短锋，下笔就有厚重感，从笔法、结构、气势上来看，这幅作品下笔单薄，很可能是明人摹本。"

完了，《出师颂》不但不是晋人索靖的作品，也不是隋朝无名氏的作品，而是"明人摹本"，这回，故宫方面该怎么说？

单国强和梁金生都曾强调：故宫每次购买文物，都会组织专家反复论证。这次决定购买《出师颂》前，故宫组织启功、傅熹年等六位专家成立六人小组，召开过鉴定论证会的。

当时九十二岁的启功老先生是六人小组中最权威的书法家，他在接受记者采访时，明确表示："晋墨两字是假的，那是明朝的纸，宋高宗如何可能在明朝的纸上写字？拍卖行是商业行为，乱炒！炒得越高越好。这就是他们的想法。我们从没有向国家推荐买这件东西。"

记者又电话采访了六人小组中的国宝级鉴定大师傅熹年，问："傅老，听嘉德说您向国家建议购买这件国宝。"

傅熹年立刻回答说："没有这个事情，绝对没有这个事，我没有写任何东西。《中国文物报》说我讲这个东西非常好，让国家买，我已经让他们更正了。国家问我什么态度，我就说了。哪些部分是假的，我也跟国家说了。媒体我一概不说。不要理它，炒作起来要加几倍的价格，吃亏的是国家。"

最后，对这事给出有力回应的还是单国强，他说："《出师颂》属于故宫藏品，1922年被溥杰携带出宫，后来流失。现在重新出现，故宫当然要不遗余力地回购收藏。"

时任故宫博物院院长的郑欣淼也说："因为种种历史原因，大量的故宫藏品流失。故宫博物院一直都在通过各种途径收回属于自己的藏品。如今成功购得《出师颂》，使得一件离开故宫八十年的珍品重新'回宫'，这是为保护珍贵的国家文物所做出的努力，故宫所做的这一切，很值！"

不管怎么样，故宫购回《出师颂》已成不可改变的事实。

上海书法家协会副主席王伟平却因此哀叹，称："如果没有媒体炒作，一千万都卖不掉，媒体作用起了百分之五十，现在所有的媒体都是道听途说没有做具体调查。"

张伯驹卖掉北京胡同里十五亩豪宅，只为购这幅《游春图》

"隋人《出师颂》回购事件"虽然已经过去了十多年，但在这次事件中、包括事件后，有一个人却屡屡被后人提起，并致以诚挚的敬意。

这个人，就是爱国民主人士，著名收藏鉴赏家、书画家、诗词学家张伯驹先生。

这样说吧，上面梁金生提到的，故宫馆藏书法作品中，远比"隋人《出师颂》"更具收藏价值的西晋陆机的《平复帖》，就是张伯驹慷慨捐赠给故宫博物院的！

实际上，除了《平复帖》，故宫收藏的唐代诗人李白的手书《上阳台帖》、杜牧唯一传世手书长卷《张好好诗》、中国南宋女画家杨婕妤的《百花图卷》、范仲淹唯一传世楷书长卷《道服赞》、蔡襄自书诗册、黄庭坚《诸上座帖》、元赵孟頫《千字文》等一百一十八件世间珍稀的一等一书画作品，全是张伯驹慷慨捐赠给故宫博物院的！

可以说，故宫博物院顶级书画藏品中，张伯驹的捐赠占了半壁江山！

张伯驹的女儿张传綵老人曾开玩笑说："那些书画父亲随便留给我们一件，就够我们几代人吃不完的，那可是百万富翁、千万富翁啊！""很多人不理解父亲，把好大一座房子卖了，换了一个帖子，再把这个帖子捐出去，到底为的是什么？但我能理解他，我真的能理解他。父亲就是这样一个人，他是一个爱国家的人，他认为这些文物首先是属于一个国家、一个民族的，只要国家能留住它们，他付出多大代价也在所不惜。"

张传綵老人的语气虽然平淡，但也透露出张伯驹先生当年为收购这些书画所经历的艰辛。

以购《平复帖》为例。

《平复帖》出于西晋著名文学家、书法家陆机之手，本身是一封用秃笔写于麻纸上的信札，因文中有"恐难平复"之语，故名。

此帖笔法纵横，笔意婉转，是汉字由隶书向楷书过渡的重要佐证，为历代名家所推崇，于宋徽宗朝进入皇家内府，明万历年间归韩世能、韩逢禧父子，再归张丑。清初递经葛君常、王济、冯铨、梁清标、安岐等人之手，上面印满了收藏章记，由此被收藏界尊为"中华第一帖"。

"中华第一帖"于乾隆年间再次进入皇家内府，由乾隆帝赐给皇十一子成亲王永瑆。光绪年间为恭亲王奕䜣所有，并由其孙溥儒（溥心畬）继承。

清朝末世，皇子、皇孙的生活也不好过，溥儒为了一家子人的生计，曾将唐代韩干《照夜白图》卖与他人，致使这件国宝流失海外。

张伯驹知《平复帖》在溥儒手里，生恐此宝重蹈《照夜白图》的覆辙，登门向溥儒求购。

溥儒眼皮抬都不抬，说道："一口价，二十万大洋。"

张伯驹当时所能拿得出的全部资金，只有六万大洋，他无比沮丧。

但张伯驹不死心，又请张大千说合："全盘托底，自己只有六万大洋。"

溥儒摇头道："分文不少。"

1937年底，溥儒丧母。张伯驹心知溥儒急需用钱，有心借机求购《平复帖》，但又觉得这是乘人之危，非君子所为，于是请教育总长溥增湘出面，主动借溥儒一万元，以资周转。

曾有一个白姓字画商人事后透露，当时有日本人欲购得此帖，出价便是二十万元。

但溥儒被张伯驹的诚意打动，主动降价，表示"我邦家之光已去，此帖由张丛碧（张伯驹号"丛碧"）藏也好。《平复帖》只要四万元。"

张伯驹购得《平复帖》，夜不能眠，灯下看了一遍又一遍，激动得流泪，写下这样一行字："在昔欲阻《照夜白图》出国而未能，此则终了夙愿，亦吾生之一大事。"

谁能想得到，后来他竟将此帖连同其他一百多件宝物全部捐赠给了故宫博物院！

另外，还有一件国宝不可不提。

该国宝就是有"天下第一画卷"之称的《游春图》。

《游春图》为隋代画家展子虔所绘。

前面说了，故宫博物院仅仅因为"隋人《出师颂》"是隋人作品，也不管这个"隋人"是名家还是无名人氏，不惜豪掷千金回购，则以展子虔在隋朝史学地位和艺术地位之尊，其《游春图》不知比"隋人《出师颂》"高出多少倍了。

而和"隋人《出师颂》"一样，展子虔《游春图》也是"末代皇帝"溥仪通过溥伟偷运出宫而变卖到民间的。

1945年，《游春图》落入了北京琉璃厂古玩商马霁川手中。

古玩商和收藏家不同，古玩商重在"商"字，说穿了，就是倒买倒卖，在一入一出中赚取差价，闷声发大财。

果然，1946年，张伯驹就听说马霁川准备把《游春图》卖往海外。

张伯驹急得不行，直奔马霁川家，进门便是一声吼："《游春图》可在你手中？"

马霁川咧嘴一笑，狮子大开口，说："这《游春图》举世无双，是真正的国宝，如果卖给洋人，少说也得一千两黄金。你拿出八百两黄金，画就交给你了。"

十几年来的收藏，张伯驹已耗尽万贯家财。

况且，这之前不久，他刚以一百一十两黄金买了范仲淹的《道服赞》，家中已空无余财。

张伯驹悻悻而归，辗转反侧了好几个夜晚，只好厚着脸皮，前往故宫博物院央求："你们去买下来吧……"

但几日过去，故宫方面毫无回应。

迫不得已，张伯驹便到琉璃厂一家家店铺里发话："《游春图》是中华文化瑰宝，如果有谁为了多赚金子，把它转手洋人，谁就是民族败类，我张某人决不轻饶他。"

马霁川看见张伯驹使出这种"流氓"招数，气又气不得、笑又笑不得，只好主动找到张伯驹，说："你出两百二十两黄金，画就给你了。"

这已经是大降价了。

但张伯驹囊空如洗，拿不出钱。

怎么办？

张伯驹咬牙想了一夜，狠起心肠，把自己住的宅子给卖了！

张伯驹的住宅地处弓弦胡同，占地十五亩，原为清朝太监李莲英私邸，有四五个小院子，种满了花草、果树，极适合追求雅致生活的人居住。

观复馆馆主马未都估算，这个宅院若搁到现在，光拆迁就得一个亿！

张伯驹捧着卖宅子得来的两百二十两黄金大步流星地扑往马家。

马霁川看着金子，露出"奸商"本色，说这黄金成色不好，要再加二十两。

张伯驹欲哭无泪，只好回家跟夫人潘素哭闹，要夫人卖首饰凑足二十两金。

潘素起初不肯，张伯驹就像小孩子一样，躺在地上耍赖。

最终，张伯驹通过卖住宅、卖首饰，才买回了梦寐以求的《游春图》。

回头又将之捐献给了故宫博物院。

为此，有关部门专门给他颁发了一张奖状。

"难道你耗尽家业，就为了得到这样一张奖状？"张伯驹的一位至交非常不理解，当面这样问他。

张伯驹洒脱一笑，说："不知情者，谓我搜罗唐宋精品，不惜一掷千金，魄力过人。其实，我是历尽辛苦，也不能尽如人意。因为黄金易得，国宝无二。我买它们不是卖钱，是怕它们流入外国。"

1980年，已是八十三岁高龄的张伯驹醉心于北京戏曲、北京昆曲的研究。

1982年正月，张伯驹患病，被送进北大医院，和七八个病人挤在一间病房里。

家人想换安静一点的病房，却被拒绝。

1982年2月26日，等到女儿张传綵终于拿到同意调换医院的批令时，张伯驹已经离开了人世。

张伯驹临终前，写了一首七律诗和一首《鹧鸪天》词。词的最后两句是：长希一往升平世，物我同春共万旬。

张伯驹好友周汝昌是这样评价他的："阅读张伯驹，我深深觉得，他为人超拔是因为时间坐标系特异，一般人时间坐标系三年五年，顶多十年八年，而张伯驹的坐标系大约有千年，所以他能坐观云起，笑看落花，视勋名如糟粕、看势力如尘埃。"

隋末瓦岗寨今何在？

现在的滑县东南部、距县城三十五公里有一个瓦岗寨乡政府。

这个地方，东边是大广高速和213省道，南边是新荷铁路，307省道直接横穿而过，属于平原地区，一马平川，四通八达。

古代农民起义军要斫木为兵、举旗跟朝廷对着干，是不会选择这样一个四面受敌的平原地带作为大本营的。

他们必须是聚啸山林。

这里既然没有山林，那么就不应该是历史上那个曾经聚积了数十万大军、震烁一时的瓦岗寨了。

可是，它现在为什么又叫瓦岗寨乡呢？

原来，这个瓦岗寨乡的本名叫"瓦堽"。

"瓦堽"和"瓦岗"读音相近，一不小心就会混淆。

1974年，滑县向省政府、地域行署申请，将"瓦堽"改为"瓦岗"。1981年又干脆把"瓦岗"扩展为"瓦岗寨"；1983年改社建乡，称"瓦岗寨乡"。

事实证明，滑县这一做法，颇具前瞻性。

现在的瓦岗寨乡已经被打造成隋末瓦岗军的发祥地，所谓"历史悠久，闻名中外"，开发建设起了"一街两景"，"一街"指"隋唐商业街"，"两景"为瓦岗寨景区开发和生态旅游园。

那么，隋末农民起义的瓦岗寨到底在现在的哪个位置呢？

隋末农民起义的瓦岗寨应该是在现在的浚县大伾山一带。

浚县在隋唐时期被称为黎阳，西依太行、东临黄河，形势险要，是历代兵家必争之地。

昔日东汉光武就是在黎阳立营以障河北，取幽、并二州而并天下的。

三国时曹操与袁绍交兵，也以黎阳为制胜之枢。

这黎阳境内有大伾、浮丘二山，东面有紫金、凤凰二山，西面有童山、白祀、善化等山环布。众山互为犄角，可谓易守难攻，正是藏龙卧虎之所。

瓦岗军兴起之初，翟让用李密之计斩杀了隋朝大将张须陀，继而攻破洛阳附近的兴洛仓，再破洛口仓和黎阳仓，声威大震。

特别强调一下，新、旧《唐书》以及《资治通鉴》都交代得非常清楚，李密计斩张须陀时，是在山中密林里埋下伏兵的，现在的滑县瓦岗寨乡没有山，哪里埋得了伏兵？

还有，李密与宇文化及激战之所童山陂，就在现在浚县小河乡境内，距离大伾山西南二十公里处。

现在大伾山也有不少瓦岗寨的遗迹，如大伾山顶禹王庙前，就是瓦岗寨用以练兵点将的中军亭；山北坡观音岩旁有懋功宅等。

最重要的是，1969年卫河清淤时，人们在大伾山西南罗庄发现了李密墓志铭。

综上所述，隋末农民起义根据地瓦岗寨应该是在现在的浚县大伾山一带。